社会経済の基礎

社会経済の基礎（'25）

©2025　松原隆一郎

装丁デザイン：牧野剛士
本文デザイン：畑中　猛

m-23

まえがき

　本講「社会経済の基礎」は，経済学について先入観を持たない初学者に，経済につき知っておくべき事実や理論を紹介しています。高校までは正しいとされる理論を学習しますが，大学では社会は複雑で謎であること，その理解に向け理論を構築することを学びます。

　とりわけ市場経済は大きな謎だといえます。古来，あまたの経済学者がその謎を解き明かそうとしてきましたし，一応その結果はミクロ経済学，マクロ経済学にまとめられています。しかしそれで本当に謎が解けたのなら，21世紀前半の日本が長い不況に苛まれることはなかったでしょう。長い不況は，経済学者たちが空振りした歴史だとも言えます。

　社会経済は部分的には意図的に設計されても総体としては自生してきました。過去は既存の理論で説明できますが，社会経済には新たな要因や制度が自生しています。経済学は社会科学の一分野であり，今日も現実のデータによって理論が逐次修正されています。一般的に経済理論とされるミクロ経済学，マクロ経済学を紹介しますが，それらにも答えられない現実があり，修正が止まれば理論は社会科学ではなくなります。本講では理論の詳細や細かいデータよりも，社会科学としての経済学が視野に入れるべき歴史的事実や大きな枠組み，修正のための考え方を説明しています。経済学が直視してこなかった「事実」には，次のようなものがあります。

一．経済学の父とされるアダム・スミスは18世紀後半，見知らぬ人どうしが物々交換するところから経済活動が始まると考え，そのためには商品が見知らぬ相手であっても受けとってもらえる必要があるとし，そこから誰もが受け取る貨幣が発生したと推測して，それを基軸に経済学の体系を構想しました。けれどもスミス死後の考古学や民俗学の知見では，物々交換は歴史的に発見されていません。それならば人類はどのようにして取引を始めたのでしょうか。

二．戦後日本では毎年，年末から年明けにかけて各種の経済予測が発表

され，中でも旧経済企画庁は経済予測を本業とした機関で，最新の経済理論と統計数字，優秀な人材と高度なコンピューターを駆使して予測を行っていました。けれども1959年から95年までの間，誤差を10％としてたったの1割4分しか的中しませんでした。前年のデータをそのまま予測値とした「ナイーブ予測」，すなわち経済理論を知らずコンピューターを用いない予測よりも，的中度が劣っていました。予測が反証されたなら理論が否定されたことになるとする科学観を持つM.フリードマンなら，そこで用いられたマクロ経済学は敗北したとみなしたでしょう。

　そもそもマクロ経済学は，同じ年度であれば半年の時を隔てた付加価値のデータであっても足し合わせ，翌年度と比較します。そうしたナンセンスとも見受けられる知見は，どんな場合に役に立つのでしょうか。

三．2010年代の安倍政権で，日本銀行総裁は異次元金融緩和によりインフレを起こすと宣言しました。ところが緩和されたはずの貨幣は日銀内の口座に貯まるばかりで，インフレを起こすどころか市中を流通する現金や預金通貨，すなわちマネーストックも管理できませんでした。

　中央銀行には何ができるのでしょうか。また日本銀行総裁は，どう考え違いしていたのでしょうか。

　本講では，大きな社会についての「解釈図式」を説明していきます。「解釈図式」としては，生産要素を生み出す「共有資本」について，人間関係資本論や自然資本論，文化資本論や贈与論・負債論を含む金融資本論があること等も示します。

　経済学とその周辺を一望し，経済が不調である一因として経済学がその周辺を理解し損なっていることに気づいていただければ，本講の狙いは達成されたことになります。それを念頭に置きながら，経済学の専門的な学習へ進んでください。

　本書の編集には平圭一郎さんが誠意と情熱をもって当たられました。記して謝します。

令和6年12月
松原隆一郎

目次

まえがき　　3

1 経済学は何を論じるのか　　9

1-1 「大きな社会」と「小さな社会」──経済学は科学であるのか　9

1-2 見取り図を描く──経済学入門　12

1-3 イデオロギーとしての「推測的歴史」　17

1-4 各章の内容──不確実性のもとの共有資本と市場制度　24

2 経済の黎明　　31

2-1 経済とその外部　31

2-2 光合成が生み出す自然資本　34

2-3 共有資本という境界──人間関係，自然，文化，金融　37

2-4 共有資本と生産活動　42

3 近代以前の市場経済 ──農業・商業・金融　　49

3-1 農業が生み出す余剰と信用　49

3-2 遠隔地商業の始まり　54

3-3 共有資本の性質と私有化　58

3-4 農業経済の臨界──私有化の限界　63

4 | グローバル化する商業と資本のゆくえ　68

- 4-1　冒険的商業と株式会社——オランダ東インド会社　69
- 4-2　商業信用と銀行信用——信用と流動性の管理　73
- 4-3　グローバル市場と資本家の役割——A.スミス『国富論』　76
- 4-4　江戸期日本における米市場と清算　80

5 | 工業経済への模索　87

- 5-1　ものづくりにおける自由と保護　88
- 5-2　工業経済の基礎——法と公教育　92
- 5-3　消費社会化と「効用」の発見　95
- 5-4　信用創造と中央銀行の誕生　103

6 | 工業経済の誕生と部分均衡分析　109

- 6-1　A.マーシャルの部分均衡分析　109
- 6-2　部分均衡分析と余剰分析　115
- 6-3　限界主義（一般均衡論）の部分均衡分析　117
  - 6-3-1　短期と長期の利潤最大化　117
  - 6-3-2　市場過程と産業均衡　124
  - 6-3-3　生産要素への派生需要　127

7 | 社会主義の幻想と一般均衡分析　133

- 7-1　ワルラスの調整過程　134
- 7-2　新古典派経済学の枠組み　136
- 7-3　厚生経済学の基本定理と産業政策　141
- 7-4　社会主義は実現可能か　145

8 | 化石燃料が生み出した新たな社会経済　152

8-1　化石燃料がもたらした大分岐　153
8-2　株式会社の制度化と資本の流動化　155
8-3　化石燃料が共有資本に与える影響　161
8-4　市場競争の変容——自然独占と供給独占　165

9 | マクロ経済分析と不確実性　174

9-1　金融危機と不確実性　175
9-2　国民経済計算　180
9-3　有効需要の発見——ケインズ　186
9-4　マクロ一般均衡分析の展開　190

10 | 信用と中央銀行——金融政策の仕組み　198

10-1　貨幣の定義　199
10-2　二つの金融政策観　203
10-3　金融政策と物価水準の安定　211
10-4　金融危機とプルーデンス政策　214

11 | 財政政策による再分配　222

11-1　財政の仕組みと働き　223
11-2　公的福祉　230
11-3　災害支援　233
11-4　社会保険——医療保険と年金　236

12 | 景気循環と安定化　245

12-1　景気循環論　246

12-2　財政政策による景気の安定化効果　251

12-3　正規雇用と非正規雇用　256

12-4　財政政策批判と現代貨幣理論（MMT　Modern Monetary Theory）　260

13 | 国際経済学が示唆すること　267

13-1　比較優位説をどう理解するか　268

13-2　帝国主義とキャッチアップ　273

13-3　国際通貨制度　279

13-4　国際マクロ経済学と国際金融　284

14 | 成長と分配　292

14-1　経済成長理論　293

14-2　経済成長の源泉　299

14-3　何が経済成長を制約するのか　301

14-4　格差はいかにして生まれるのか──分配の理論　305

15 | 私たちはいまどこにいるのか ──共有資本の衰退と持続　313

15-1　公共財と準公共財，シェアとコモンズ　314

15-2　準公共財と共有資本の対立　316

15-3　私的財と共有資本の対立　コモンズの悲劇とシェアの悲劇　319

15-4　成長の源泉はいかに維持されるか　326

索引　334

1 │ 経済学は何を論じるのか

1-1 「大きな社会」と「小さな社会」──経済学は科学であるのか
1-2 見取り図を描く──経済学入門
1-3 イデオロギーとしての「推測的歴史」
1-4 各章の内容──不確実性のもとの共有資本と市場制度

《要約》 経済学は自然科学を模したものの，対象が「大きな社会」である場合，要因が多すぎて厳密な実験は困難です。そこで要因を減らす「モデル」が利用されますが，それでも検証が可能なのは「小さな社会」に限られます。「大きな社会」について示されるのは人文学と同じく解釈図式に止まりますが，歴史的事実に反する解釈はイデオロギーとして変更を求められます。経済学では物々交換や商品貨幣説という架空の解釈が「推測的歴史」として仮構されてきました。しかし歴史学や民俗学，考古学の調査からそれらは否定されており，本講では視野の狭い経済学の定説だけでなく，歴史のなかで生成してきた制度やそれを対象として考案された経済理論を紹介していきます。前半は時系列に沿って，後半は日本を例に説明します。

《キーワード》 自然科学／人文学／実験／予測／因果関係／差異法／小さな社会／大きな社会／行動経済学／実験経済学／解釈図式／イデオロギー／推測的歴史／物々交換／分業／欲望の二重一致の困難／取引費用／商品貨幣説／金融恐慌

1-1 「大きな社会」と「小さな社会」──経済学は科学であるのか

高校まで学習とは，正しいとされる説の内容を理解し記憶することで

した。教科書では定説がコンパクトに説明されます。それに対し大学では、定説につき論拠を挙げ、他の仮説よりもよい説明である理由を確認します。定説とは、そのように比較されてもなお生き延びた仮説です。

では仮説の優劣は何を基準に判定されるのでしょうか。自然科学が現れる以前、**人文学**は「内省」により思索を展開しました。みずからの内面や価値観、理性について考察を加え、その際に参照されたのが論じ方のお手本である『論語』や『聖書』、『ソクラテスの弁明』といった宗教や哲学の古典でした。それらは言葉によって捉えられた観念が他の観念といかなる関係にあるのかを論じます。けれども内省は価値観の反映であって、宗教論にせよソクラテスやプラトンの哲学にせよ、議論には容易には決着が付きません。

それに対し中世末から近世にかけて、つまり15〜16世紀のルネサンス時代から18世紀頃まで、自然にかんする思索を「仮説」とみなし、論理と事実（エビデンス）によって優劣を付けようと試みる**自然科学**が登場しました。アリストテレスも自然を原理から論じていましたが、その天動説（地球中心説）は16世紀にコペルニクスが唱えた地動説（太陽中心説）に取って代わられました。

自然科学が用いたのが「**実験**」や「**予測**」です。ガリレオ・ガリレイは「物体は質量が大きいほど速く落ちる」という当時の定説を批判し、「質量にかかわりなく物体の落下時間は同一である」という仮説を唱えました。そして自説の優位性を示すため、ピサの斜塔から重さの異なる物体を落とす実験をしたと伝えられています。「実験」とは、対象に何らかの操作を加え、他の要因の影響を排除した上で生じた変化を比較し、原因と結果の関係すなわち因果関係を推定する試みです。**因果関係**が「諸事象ＡにはＢという諸事象が必ず追随するという普遍的仮説」[1]として描かれるならば、仮説からは将来予測が導かれ、的中したか否かで

1　K.ポパー（1980, 原著1963）藤本隆志他訳『推測と反駁』法政大学出版会, p.383

仮説の適否が定まります。

　実験では，事象の間に因果関係があるのか，それとも偶然に起きただけかが識別されます。コペルニクスの生前には天体の観測手段の精度が低かったため天動説と地動説には決着が付きませんでしたが，観測精度が上がると惑星の運動につき予測の的確な地動説がより優位な定説とされていきます。定説が覆ったのです。

　一見しただけでは因果関係に見える命題であっても，偶然の一致にすぎない場合や別の原因（交絡因子）が存在する場合，因果が逆である場合等が含まれています。そこから純粋な因果関係だけを選ばなければなりません。よくあるのが，ある時期に起きたAの推移とBの推移を重ね，AとBには因果関係があるかのように述べる主張です。ニコラス・ケイジの出演本数の推移とプールの溺死者数の推移が似通っていた時期があるそうですが，これは偶然の一致でしょう。「体力のある子は学力も高い」という命題はもっともらしいですが，別の原因（教育熱心な親の子は体力も学力も高い）がありえます。「警察が多い地域には犯罪が多い」は因果関係が逆で，「犯罪が多い地域には警察が多い」のかもしれず，いずれが正しいのかを確認する必要があります。

　J.S.ミルは『論理学大系』（原著1843）[2]で，因果関係を確認する5つの方法を挙げました。「共変法」（method of concomitant variation）は，条件aと結果Xの間でaが大きく（小さく）なればXも大きく（小さく）なる関係を言いますが，これだけでは偶然の相関である可能性が打ち消せません。それに対し「**差異法**」（method of difference）では，二つの対象に加えられた条件が一つだけ違うときに帰結も違う場合，その条件が帰結の原因だと判定されます。自然科学の実験はこの「差異法」を採用し，定説を覆していきました。ガリレオの場合，質量と落下時間以外に空気抵抗という隠れた要因が物体の落ちる速度に影響しないよう，落

---

[2]　J.S.ミル（2020）江口聡他編集，翻訳『論理学体系1〜4』京都大学学術出版会（近代社会思想コレクション）

とす物体の形を同じにする工夫を加えました。

　ここで難問が生じます。ミルの「差異法」では一つを除き条件がすべて等しくなければならず，二つ以上の条件が違っているならどの条件が本当の原因なのか識別できません。自然科学の実験では工夫により相違のある条件を一つに絞りますが，現実の社会においてかかわる条件は無数にあります。特殊な状況を管理しうる実験室とは異なり，一つの条件だけが異なる環境を現実の社会で作り出すことは容易ではありません。

　そこで経済学に自然科学の方法を持ち込むことを根本的に批判したのがF.A.ハイエクでした。同じ財であっても存在する「時と所」によって価格が異なれば，運ぶことで利潤が得られます。同一の商品につき同一の価格で需要と供給が一致するように経済学では市場を語りますが，価格が同一だと利潤は消滅しており，商業活動は「終わって」います。そこで「時と所」により同一の商品でも価格が異なるとすると，価格は無数になってしまいます。ハイエクは市場を無数に存在する価格差に導かれて物流や生産といった経済活動が発生する革命的な機構ととらえるため，自然科学の考え方で市場経済を論じるのは「反革命」だと批判しました[3]。自然科学の方法が利用できるのは変数の数がごく少ない「**小さな社会**」であり，比較的に多い「**大きな社会**」とは区別しなければならないのだ，と言うのです。

　互いが顔見知り程度の「小さな社会」であれば，人口を始め比較的少数の変数で経済が描写でき，政府が計画を立てて運用することも可能（第7章，社会主義計画経済の可能性）だけれども，多くが見知らぬ他人となった「大きな社会」ではそれも困難になります。

1-2　見取り図を描く──経済学入門

　このように経済学においては「変数をいかにして減らすか」が重要で

---

[3]　F.A.ハイエク（2011，原著1952）『科学による反革命』春秋社，ハイエク全集第Ⅱ期第3巻

す。そこで近年の経済学では，実験を取り入れることが可能な範囲で因果関係をデータから特定していく「**行動経済学**」や「**実験経済学**」が台頭してきました。たとえば日本では「メタボ健診」が政策的に実施され財政資金が投入されていますが，それは無駄ではないのかを，「メタボ健診」と長生きの因果関係の有無から評価するといった経済理論です[4]。「メタボ健診」と長生きの関係では，自然現象と同様に「時と所」によって変化しない変数が扱われるため実験は可能です。実験や観察で因果関係を推定する行動経済学や実験経済学は，科学の手続きに従うもので，経済学において今後勢力を拡大していくと思われます。

　けれどもメタボ健診の是非は，経済現象としては部分的かつ特殊な事例です。発展は期待されるものの，経済の全体像が理解できるようになるとは感じられません。私たちが新聞やテレビで読み，語る経済変数は，所得や利子率，個人消費や企業投資，ベースマネー（第10章参照）や財政支出，一般物価水準などでしょう。私たちにはGDP（国内総生産）のような国家レベルの変数で経済を理解したいという欲求があります。これは「大きな社会」にかかわる経済変数です。マクロ経済学では「時と所」により性格が異なる変数を集計して「マクロ変数」とし，変数の数を減らしています。

　経済学ではそれ以外にも「**モデル**」を多用し，変数を減らします[5]。モデルは世の中の出来事を簡単化して描写します。平面地図も地球儀も地球の表面を表わすモデルです。平面地図は球体であり起伏もある地球の表面を正確には描いていませんが，それでも東京都内を観光するには地球儀よりも便利です。起伏についての三次元情報が必要なのは，東京から外国に飛行する場合です。平面地図は，航空機が山脈をすり抜けて飛行するには地面の起伏が省略されており，十分な情報を与えません。モデルについては妥当か否かを十分に配慮して評価する必要がありま

---

[4]　中室牧子・津川友介『「原因と結果」の経済学』（ダイヤモンド社，2017）等参照。
[5]　アセモグル／レイブソン／リスト（2020）『ミクロ経済学』東洋経済新報社，第2章，pp. 34-36

す。

　マクロ経済学は，集計した変数の関係をモデルによって数式表現しています。それは科学としてはどう評価されるでしょうか。M. フリードマンは仮説を評価するために，予測の重要性を力説しました。「仮説の妥当性の，意味のある唯一のテストは，その予測を経験と比較することである。仮説は，その予測が（「頻繁に」あるいは代替的仮説からの予測以上の頻度で）矛盾しているならば棄却される」[6]。仮説から予測を導き，その結果を現実と照らし合わせて反証されれば（矛盾すれば）その仮説は捨てられると言うのです。

　マクロ経済学について言えば，戦後の日本では官庁がデータとして把握しやすい GDP や物価，労働者数といったマクロ変数間の関係をモデル化し，将来予測を行ってきました。ところが結果は芳しくありませんでした。鈴木正俊（1995）『経済予測』[7]は，ショッキングな事実を紹介しています。戦後日本では毎年，年末から年明けにかけて各種の経済予測が発表され，政府から民間のシンクタンクまで数百種類はあるとされますが，中でも旧経済企画庁は経済予測を本業とした機関で，最新の経済理論と統計数字，優秀な人材と高度なコンピューターを駆使して予測を行ってきました。ではその的中率はというと，1959年から95年までの間，誤差を10％としてたったの１割４分の成績しか残せなかったというのです。

　それがどれほど致命的な数字かというと，前年のデータをそのまま予測値とした「ナイーブ予測」，すなわち経済理論を知らずコンピューターを用いもしない予測よりも，的中度が劣っていたのです。巨額の予算を傾けるよりも経済学を学んでいない方が余程成績が良いというのですから，予測としては天気予報と比べても悪すぎると言わざるをえません。

---

[6]　M. Friedman（1953）"The Methodology of Positive Economics," in Essays in Positive Economics, Chicago : Chicago University Press, pp. 3-43

[7]　鈴木正俊（1995）『経済予測』（岩波新書）

第1章 経済学は何を論じるのか | **15**

　ひとつには，１年間の付加価値を合計したとして，４月と10月では値の元となる費用条件や収益機会がまったく別物になっているかもしれません（第９章マクロ経済学）。変数の「集計」といった雑な変数の減らし方を通じて構成されたモデルでは，科学と呼ぶに足りる実験や予測には耐えられないらしいのです。

　ふたつには，予測値は年初に公開されるため，予測に応じて人々が行動を変えてしまうことがあります（「自己成就性」とか「行為遂行性」と言います）。天体観測では，たとえば日食がいつどこで観測できるかは，予測を公表しても太陽も月も運動の軌跡を変更しません。それに対し経済活動をしている人間は，経済の趨勢を観察し，政府が予測を発表すればそれも参考にして，日々行動を変更してしまいます。

　ここで「大きな社会」と「小さな社会」という区別を用いて，経済学が論じる対象と方法を述べておきましょう。「小さな社会」においては，変数がさほど多くない，もしくは時や所で偏差があまり大きくはなく，実験や予測によって因果関係の特定を行うならば，「法則」として定式化できます。そこで行動経済学や実験経済学は自然科学の方法を用い，実験や予測を用いて因果関係を特定し，「法則」を仮説として定式化しています。

　ところが「大きな社会」では，変数が多すぎるとか，逆に変数の値が歴史上，一回限りしか起きない事件であるとかして，いつでもどこでも成立するような法則として定式化し，実験によって確証することができません。そうしたことからハイエクは，マクロ経済学を「反革命」とみなしています。そのようにマクロ変数間の関係を「法則」とみなす経済モデルは，フリードマンが言うようには法則科学としては正当化できないのが実情です。マクロ変数で一国経済を把握する予測は，変動の少ない「平時」においては的中度が上がりますが，肝心の経済にかかわる

図1-1　大きな社会と小さな社会

「危機」においては極端に下がります。それでも緊急の財政・金融出動が必要だとして，概算と知りつつ施策の目安として利用することはありえます。

　特定時点の所得や利子率，個人の消費や企業の投資，特定業界で集計した収益やベースマネー（第10章参照）や財政支出などにつき経済の原理的な仕組みを語ることは，「大きな社会」であるため比較実験による因果関係の特定は困難であっても，依然として有用と思われます。本講では，経済において自生し，制度として進化して互いに関わり合い，現代に至る所得や利子率といった概念を組み立て，「**解釈図式**」として説明していくことをもって「経済学入門」とします。

　解釈図式というのは，因果関係とは言えず相関関係の可能性があり，1回限りしか起きないかもしれない歴史的事象について推定する枠組みです。本講では歴史的事実をいくつか紹介しますが，それは経済史を説

明するほど多くはありません。理論がどんな現実に対応する解釈図式なのかを説明するための解説です。

また経済学は，「外部経済」という概念を持ちながらも他の学問分野が対象とする「外部」との境界については詳述しません。本講ではそれにも注目し，経済の「境界」を説明することも「入門」に含めます。

ただし部分均衡分析や一般均衡分析，産業連関表等については，妥当性をどう考えるのかとは別に，計算方法等は知っておくべきでしょう。演習問題として授業の特設ウェブサイトに収納しておきます。逐次参照して下さい。

1-3 イデオロギーとしての「推測的歴史」

「大きな歴史」については経済成長率のような具体的な数値の予測は不可能だと述べましたが，解釈図式についても評価は必要です。解釈が歴史的な事実に反し，それでも改められない場合，偏向した価値観という意味で「**イデオロギー**」と呼ばれます。解釈図式は量的な予測には向いていませんが，イデオロギーに堕しているかは点検する必要があります。市場経済の動向につき自然科学のような因果関係の特定は困難ですが，それでも解釈図式を覆すに足りる歴史的事実が存在するのも事実です。

経済学を拘束する価値観が生じる理由として，「**推測的歴史** conjectural history」[8]と呼ばれる思考法が用いられてきたことがあります。経済学に限らず社会科学の古典に共通する考え方で，自然科学の影響から人文学を脱し，社会を歴史的な経験や事実と結びつけて考察する社会科学が勃興してきた17〜18世紀においては，人類学や民俗学，考古学の調査

---

[8] スミスは，言葉は適切に使われたとき心地よさをもたらすと主張しました。数学よりも健全なたとえの訴求力を重視するという姿勢は終生変わりませんでした。日常生活や歴史の事例から推論を重ね，常識と経験に訴えたのです。それが『法学講義』や『道徳感情論』でも用いられた「推測的歴史」という方法だったと N. フィリップソン (2014)（永井大輔訳『アダム・スミスとその時代』白水社）は述べています。

が十分には進んでいなかったため、古代の歴史は「推測」されました。

政治学ではT.ホッブズの『リヴァイアサン』（原著1651）やJ.J.ルソーの『人間不平等起源論』（原著1754）の「社会契約論」が、未開社会にかんし想像上の「自然状態」を出発点として「仮定」し、そこから国家が契約によって創出される過程を理論化しました[9]。「推測的歴史」とは、自然状態を想像し、そこから現在の現実が生まれる過程を理屈で構築するという方法です。

A.スミスもまた『国富論』（原著1776）[10]において、経済の始原として「自然状態」を想定し、そこから理論を導くという方法を用いました。経済の原初状態は商品の「**物々交換**」であったと仮定し、そこから複雑な現代経済が発生する過程を推測したのです。けれども古代の歴史について様々な事実が明らかになった現在からすれば、物々交換説はイデオロギーでしかありません。

スミスは『国富論』の第一章の冒頭で、経済の複雑さが「**分業** division of labor」によると指摘しました。分業には2種類あります。工場内での専門の違いや現場と営業など企業内の職務の分担は「企業内分業」と呼ばれます。原材料メーカーと完成品メーカーといった企業間での職務の特化は「社会的分業」です。

ここでスミスは、社会的分業には交換が前提されると断言し、しかし物々交換には困難があることを示すために仮想例を挙げました。肉屋とパン屋、酒屋が分業しており、肉屋はパンも酒も必要なだけ持っており、それ以上は必要としないとしました。一方パン屋と酒屋は肉を持ち合わせず、しかし肉を欲しているとします。そうした状況では肉屋は肉

---

[9] ホッブズは人々が孤独で貧しく辛く残忍で短い、いわゆる「万人が万人と争い合う戦争状態」にあったとし、ルソーは正反対に豊かな実りを採集できる森で小さな集団にしか属さなかった野生人は欲望を競わず平等かつ平穏に暮らしていたとしました。
[10] アダム・スミス『国富論 国の豊かさの本質と原因についての研究』上下、山岡洋一訳、日本経済新聞社、2007 Adam Smith "An inquiry into the nature and causes of the wealth of nations", 1776

をパンや酒と交換することには応じないでしょう。パン屋と酒屋は肉を手に入れることはできません。この仮想例が「推測的歴史」で，経済学はそれはあたかも歴史的事実であるかのように前提し，理論を構築していきました。

　分業して特定の商品Aを製造し，自分が欲する商品Bと交換するためには，Bを作る人の中で自分が作った商品Aを求める人を探し出さなければならなりません。こうした状況は「**欲望の二重一致の困難**」と呼ばれます。肉を余分に持っている肉屋は果物を欲しているとすれば，肉を欲しがるパン屋や酒屋ではなく，果物屋の中から肉を求める人を探し出さねばなりません。それにはかなりの労力を要するでしょう。相手をみつけるのにかかる時間や労力は取引にかかる費用，すなわち「**取引費用** transaction cost」です。

　スミスはこうした状態の不便さを解消し取引費用を引き下げるために，「自分の仕事で生産したもの以外に，他人が各自の生産物と交換するのを断らないと思える商品をある程度持っておく方法をとったはずである」[11]と，やはり歴史を推測しました。他人が各自の生産物と交換するのを断らないと思える商品が存在したならば，手元に置いておけば自分の手持ちの商品を欲する人を探す労力を省けるでしょう。スミスは物々交換が繰り返される内に，そうした商品が自然に選ばれていくと推定しました。

　それを「貨幣」と呼ぶならば，貨幣は商品のひとつであり，交換の営みが長く続くなかで貨幣に相当するものが自然に選び出されていったとスミスは主張しました。これは貨幣についての「**商品貨幣説**」です。経済が物々交換と分業に始まるとすれば，貨幣には「欲望の二重一致の困難」の解消が求められます。スミスは貨幣の本質を，「交換手段」であり，誰もが受け取る「一般的受容性」にあると考えました。

---

[11]　スミス（2007）第一編第四章「通貨の起源と利用」

以上はあくまで推測です。スミス自身，そうした想定を架空の推定の
まま終わらせてはいけないと考えたらしく，貨幣が商品から自然に誕生
した過程を歴史的事実によって裏付けようと試みました。まずホメロス
の『イリアス』から，鎧が牛や羊のような家畜と交換されたと書かれて
いる例を引用します。また伝聞から，ニューファンドランドでは干鱈が
交換の手段となり，こんにち（18世紀）のスコットランドのある村では
職人が金銭の代わりに釘をパン屋や酒屋の支払いにあてることが珍しく
ないと述べます。商品でもあるモノが貨幣として使われた事例を示し，
それによって商品貨幣説を正当化しようとしました。

　スミスはさらに，貨幣としてより適当な素材があるはずだと推論し，
それを金属だとしました。商品の中でも金属ほど腐りにくいものはな
く，保存しても損失が少ない。塩が欲しいとしても交換できる商品とし
て牡牛しか持っていなければ，牡牛一頭に相当する大量の塩をいちどき
に買わなければならない。それに対し金属ならば分割しても価値が下が
らないし，溶解すればひとつに融合させることもできる。金属であれば
必要とする塩の分量に合わせて分量を調整することができる。そこでど
の国においても，「どの商品よりも金属が選ばれるようになった」と推
測するのです。

　では金属の内で何が使われたのでしょうか。古代スパルタでは鉄，古
代ローマでは銅，商業が盛んで豊かな国では金銀が用いられた，とスミ
スは述べます。つまり貴金属ですが，証拠となる文献してスミスは古代
ローマのプリニウス『博物誌』を挙げています。そこでは歴史家ティマ
イオスの記述が引用され，ローマには紀元前まで鋳造された硬貨がな
く，当初は刻印も鋳造もされていない銅の延べ棒が交換手段として使わ
れたとします。けれども加工していない金属だと重さを計るのに正確な
錘や秤が必要であるし，純度をはかるには一部をるつぼで溶かさねばな

らず煩雑です。そこで社会がある程度発達した国では，金属の決まった
重さに公的な刻印が押されるようになったのだ，と言います。以上が，
スミスが推測した金属貨幣の成立史でした。

　けれどもそうしたスミスの推測には，『国富論』の出版直後から続々
と誤りが指摘されました[12]。1805年に出版されたウィリアム・プレイ
フェア版の『国富論』では，スミスが挙げたスコットランドの村におい
て業者が釘の製造業者に対して原材料や食料を販売し，逆に釘の完成品
を購入したのは事実であるとしても，物々交換で取引が終わるのではな
く，差額が負債から償却されていたと付言されています。貨幣を使わ
ず，しかし通貨価値で測って交換と清算を行い，残額は信用（負債）で
取引したということです。

　T.スミスは1832年に「通貨と銀行」[13]という小著において，ニュー
ファンドランドでは商業者が漁獲期にのみやってくる漁業者からポンド
やシリング，ペンス通貨単位で計算した市価で干鱈を買い，帳簿上の信
用で日用品を売って，差額は銀行の口座振替で支払われたと述べていま
す。こちらも信用で売買されたのであり，干鱈のような商品が貨幣とし
て用いられることはありませんでした。なぜなら「干鱈を払って干鱈を
買うのは馬鹿げている」からです。A.スミスが発見したと早とちりし
たのは，通貨としての干鱈ではなく信用による干鱈の取引でした。

　歴史学や考古学，人類学は，スミスの死後，物々交換が実在したのか
について多くの調査を重ねました。スミスは古代ギリシアまでしか知り
ませんでしたが，メソポタミアで紀元前3100年頃の地層から大量に粘土
板が発見され，それに刻まれた楔形文字が解読されると，過去にかん

---

[12]　M.イネスの指摘による。「貨幣とは何か」（1913）A. Mitchell Innes, "What is
Money?" The Banking Law Journal, May 1913, pp. 377-408（A.M.イネス「貨幣と
は何か？」楊枝嗣朗訳，（上）佐賀大学経済論集第52巻第4号，（下）同第53巻第1
号

[13]　Thomas Smith "Essay on Currency and Banking" Philadelphia, J. Harding,
Printer 1832

する知識はスミスの時代に知られたホメロスの叙事詩よりも2000年以上遡ることになりました。その大量の粘土板に書かれていたのは債権と負債の証書でした。取引は信用で行われ，債権と負債を管理する会計技術も整備され，商業活動も営まれました[14]。スミスの推測では，金属貨幣の存在しない古代においては物々交換が支配していたはずです。ところがこれまでの調査では，物々交換が行われた社会の実例は見つかっていません。人類学者のD.グレーバーは2012年の『負債論』でこう総括しています。

「悩ましいのはそのようなこと（注；物々交換からの金属貨幣の発生）が実際に興ったという証拠がないことであり，むしろそんなことが起こっていないことの方を膨大な量の証拠は示していることである。数世紀にもわたって研究者たちは，この物々交換のおとぎの国を発見しようと努力してきたが，だれひとりとして成功しなかった」[15]。商品貨幣説は学術の世界では経済学でしか支持されない孤立した立場というのが実情です。

スミスが自然状態における物々交換やそこからの貨幣の発生を推定したのは，当時のヨーロッパでは考古学の調査が進んでいなかったためです。問題は，歴史的な事実をはるかに多く知るに至った現在においてまでスミスの誤解を継承している現代の経済学者です。商品貨幣説が現代の経済学においても死守される理由は何なのでしょうか。

貨幣もまた商品であるならば，それ以外のすべての商品とともに一律に市場で取引され，需要と供給が一致するように価格比（相対価格）が調整します。そこから新古典派経済学の「一般均衡論 general equilibrium theory」（第7章で説明します）が展開する，価格メカニズムが資源配分を調整するという楽観的な市場観が導かれます。価格が調整しすべての商品の供給が需要と均衡するならば貨幣はすべて使われ売れ残り

14　A.H.ウルフ（1954，原著1912の抄訳）『古代会計史』中経文庫

15　D.グレーバー（2016，原著2011）『負債論—貨幣と暴力の5000年』以文社，p.45

がなくなり，労働の売れ残りである失業もなくなります。商品貨幣説は
価格メカニズムがいつでも経済を調整するという経済観を支える基礎な
のです。

　商品貨幣説は歴史的には「金本位制」に具体化されます。金は他のど
の商品よりも受容されやすいため，紙幣は金と兌換されれば価値の裏付
けを持つとされました。その限りで商品は紙幣で購入されても物々交換
だとみなされました。そして20世紀の後半には基軸通貨であるドルが金
と兌換されるというブレトン・ウッズ体制が維持され物々交換であるか
のような外見は保たれましたが，1971年のニクソン・ショック以降，そ
れも廃止されました。現在では中央銀行が発行している各国の紙幣は
「不換通貨 fiat money」となっており，「紙」の額面が商品価値を表さ
ないでいるのに，問題なく流通しています。ここでも商品貨幣説は歴史
的事実に反しています。

　20世紀末に C.P. キンドルバーガー（2004）が過去400年の世界経済史
を振り返ると（『熱狂，恐慌，崩壊　金融恐慌の歴史』[16]），金本位制下の
19世紀においてすら**金融恐慌**が10年周期で起きていました。商品貨幣説
が含意するような秩序を貨幣経済が自律的に維持してきたとはとても言
えません。

　このように商品貨幣説はイデオロギーと化しており，歴史的事実を真
摯に受けとめる社会科学には耐えられません。「解釈図式」は，歴史的
事実に反すればイデオロギーとなり，取り替える必要があります。本講
では，金貨や紙幣という現金通貨が経済を支配したという商品貨幣説だ
けでなく，古代メソポタミアに始まる債権と負債の管理から現代の預金
通貨に至る信用貨幣にも注目します。

---

[16]　C.P. キンドルバーガー（2004，原著1978）『熱狂，恐慌，崩壊　金融恐慌の歴
史』日本経済新聞社

1-4　各章の内容——不確実性のもとの共有資本と市場制度

　各章で述べる内容を要約しておきましょう。**第2章**では，太陽からの贈与である太陽光のエネルギーのもと，労働の母体である「人間関係」，海産物や植物をもたらす生態系という「自然」，象徴や知識，技能を生み出す「文化」，負債と交換に与えられる「信用」が，人間関係資本，自然資本，文化資本，金融資本として蓄積されたことを説明します。それぞれの資本は共有され，社会学や生態学，人文学や民俗学（負債論）が学術的に扱いました。商品の交換だけに注目すると見えてこないこれらの「外部」は，現実には商品取引にも大きな影響を与えます。

　第3章では，農業が余剰を生み出すことが，まず限界生産力の原理で説明されます。余剰は蓄積されると収穫時期まで農民に信用で貸し出すことが可能です。土地により生態系が異なると農産物にも差異が生じ，商人が運べば販売によって利潤が得られます。商業は集積されると「市」となり，信用取引が行われると債権と債務を残します。定期市はその決済を行う国際金融市場も兼ねるようになりました。こうして銀行口座を用いた振替決済システムが生成し，市場経済はその裏面で信用と流動性の管理を必然とします。

　第4章では，顔見知りの信用にもとづく「小さな社会」から海外まで拡張された未知の人どうしの「大きな社会」の商業について眺めます。オランダの東インド会社は株式会社制度によって複数回の航海の通算で利益を株主に分配するやり方を導入，初めて資本を継続する株式会社となりました。個々の株主は赤字が出ても出資以上には責任を追及されない有限責任を負います。それに対しA.スミスは資本家には国内でものづくりに資本を投下することを求めます。このようにヨーロッパ諸国の

経済活動は，貿易と競合しつつ展開されました。対照的に鎖国の元で農業経済が発展した例として日本を挙げ，堂島の米市場と金融機能を紹介します。

　イギリスを経済覇権国に押し上げたのは，国際競争から保護された技術革新が起こした産業革命でした。**第5章**では，途上国が工業を軸として発展する経路をF.リストの幼稚産業の保護論に学びます。工業製品は多様で，それに応じて「欲望」が生成するという見方から消費者行動の理論が整理されていきます。ロンドンでは金融の専門業者が銀行口座を通じて為替手形の引受を行うようになり，預金が現金以上に商品取引を仲介するようになります。振替決済制度を維持するためにイングランド銀行が中央銀行に昇格，中央銀行を中心とする現代の金融制度が始まりました。

　第6章では，覇権国となって19世紀いっぱい長期的に利潤や賃金の上昇を経験したイギリス経済の仕組みを簡潔な理論で説明したA.マーシャルの「部分均衡分析」を紹介します。企業は利潤を最大化するよう意思決定するものの，赤字になれば操業停止や企業閉鎖も考慮します。需要と供給の均衡点では消費者と生産者が余剰の総和を最大化しています。

　第7章では，すべての財市場が互いに影響を及ぼし合しつつ，需給を均衡させる経済のあり方を連立方程式で表したワルラスの「一般均衡分析」を説明します。主体的均衡をそれぞれの経済主体に委ね，オークショナーが価格を呼び上げ均衡価格を見出すというのは自律分散型市場の場合ですが，ハイエクはそうした社会主義的な市場観に対し，同一の財であっても「時と所」によって価格や条件が異なるとき，それを発見して利潤を得るという市場像を提唱しました。一般均衡分析は，多すぎる財のすべての需給を表す連立方程式が現実には解けないという欠点が

あります。それに対してアムステルダム銀行などで定着した口座振替では，銀行口座を用いた取引では逐次「清算」が行われ，現金通貨が媒介する決済が必要となる取引の数は激減しています。

第8章では，産業革命で蒸気機関が生産過程に取りこまれ，化石燃料に何百万年も蓄積されたエネルギーを解放する工業化で何が起きたかを確認します。工業化は手仕事や軽工業に対する代替財・補完財の開発を軸とし，商品の素材を農業中心の有機的自然から化学的人工へと転換しました。流通には鉄道レールや機械設備などの巨大な資本が必要となり，イギリスで株式会社法が成立します。ここから投機を目的とする素人にも株式市場が開放されていきます。

第9章では，1929年の株式市場の暴落を経て，危機状態の経済につきケインズが提唱したマクロモデルを紹介します。ケインズは「換金のしやすさ」という意味での「流動性」に注目，危機の後には信認が低下し，貨幣が債券のみならず消費や投資にも使われなくなる情勢を描写しました。「流動性の罠」においては，総需要が総供給から乖離し，市場による価格調整を受けなくなります。

日本は明治維新以来，欧米の模倣に邁進，20世紀には先進国の制度を定着させます。ここからは日本の現実を例に説明します。**第10章**では，何が貨幣とみなされるか，信用創造の仕組みと日本の決済システムを紹介します。中央銀行は意のままにはマネーストックを管理できませんが，W.バジョットが求めた通り，金融危機への対応においては比類ない重責を担います。

第11章では，日本を例に財政の仕組みを説明し，それが資源配分の調整において果たす役割を述べます。当人には責任を帰せない問題が生じて生活状況が困窮した場合，財政政策としては経済に起因するときは公的福祉，自然災害に起因するときは災害支援が講じられます。それに対

し医療保険と年金等の社会保険は加入者が多いことのメリットを生かす制度ですが，デメリットも顕在化しています。

第12章では，景気変動について J. A. シュンペーターの新機軸（イノベーション）説から説明します。また景気変動の安定化にマクロ経済政策が有効かを検討します。21世紀に入ってからの日本では，表面上は失業していなくても，社会保険や企業内教育が支払われない非正規雇用が増えています。国債を購入して自国通貨を発券する日本のような国では，総需要が総供給を超えインフレになるまでは財政支出を拡大して構わないと唱える「現代金融理論 MMT」の「就業保証プログラム」も紹介します。

第13章では，国際経済学を紹介します。比較優位説は，すべての国が比較優位にある産業に特化し貿易できることを解き明かしました。けれども特化されない産業の労働者は慣れた仕事を追われます。また自由貿易は帝国主義と表裏一体でもあり，途上国は先進国を模倣し輸入代替することでキャッチアップしていきました。貿易を組み込んでマクロ経済学を拡張し，その裏面における国際金融の見方を説明します。

第14章では，経済成長の理論として，需要の一部でありながら資本ストックを増加させ生産力を高める設備投資に注目する R. ハロッド，労働が設備資本と代替的な場合に安定的に成長すると主張した新古典派の R. ソローの理論を紹介します。価格による調整が長期的に実現すると前提する新古典派とは対照的に，ケインズは「一般理論」として総需要が総供給を下回ると主張しました。成長の果実の分配において格差が生じる理由を，分配の理論に探ります。

第15章では，伝統的な生産法で生産された財に代替財をぶつけることで日本経済は高度成長を果たしたことを確認します。その一方で自然資本や文化資本といった共有資本は衰退を余儀なくされました。そうした

中で公害に代表される外部不経済が認識され，水産資源の乱獲のような
コモンズの悲劇や上空のスカイラインの眺望が高層ビルに私有化される
というシェアの悲劇が生じてもいます。共有資本は生産要素を生み出す
温床であり，生産活動によって摩耗するのは資本主義経済にとって根本
的な矛盾です。先進国の模倣と共有資本の衰退は，日本経済を袋小路に
陥れました。一方，私有財にも無形資産が台頭しています。社会的規制
を刷新しつつ共有資本を持続することの必要性を確認します。

理論のまとめ

　経済学は人文学の一領域ではなく，自然科学の登場後にその方法を模倣して誕生しました。けれども科学の方法が適用可能で「法則」が導かれるのは経済学のごく一部（変数が少ない「小さな社会」を扱う行動経済学，実験経済学）であり，一国経済の全体を対象とする「大きな社会」については「解釈図式」が提示されるにとどまります。それは事実を踏まえつつ世界を意味づける点では，人文学的でもあります。

　歴史を反映する本講の解釈図式には次のようなものがあります。

・経済とその外部との境界には生産要素（労働，土地，文化，信用）を自生させる共有資本（人間関係資本，自然資本，文化資本，金融資本）が位置している。

・商品の売買には，貨幣でなく信用が媒介するという信用経済が大きな役割を果たしている。

・平時において経済は一般均衡の方向へ収斂するが，均衡価格や取引量は予測不能である。

・将来の不確実性に由来する危機においては「流動性の罠」により総需要が総供給から乖離し，総需要不足のまま市場による価格調整が機能不全に陥る。

・農業段階で実現した有機的循環は，化学燃料がもたらす代替財により蝕まれていった。

・共有資本は生産要素を生み出す温床であり，生産活動により摩耗するのは資本主義経済にとって根本的な矛盾である。社会的規制を刷新しながら共有資本を持続することが必要である。

参考文献

齊藤誠・岩本康志・太田聰一・柴田章久（2016）『マクロ経済学　新版』有斐閣。新古典派マクロ経済学の最新のテキストです。

G.マンキュー『マンキューマクロ経済学II応用編（第3版）』（2012）はイングランド銀行によって否定された信用創造理論を掲載していますが，齋藤他はそうした点にも配慮しています。

アセモグル／レイブソン／リスト（2020，原著2019）『ミクロ経済学』（第II版）東洋経済新報社。実験経済学の知見も含めた最新のミクロ経済学のテキストです。

D.カーネマン（2014，原著2011）村井章子訳『ファスト＆スロー』1，2　ハヤカワ文庫。行動経済学の主唱者によるわかりやすい紹介です。

吾郷健二・佐野誠・柴田徳太郎編（2008）『現代経済学　市場・制度・組織』岩波テキストブックス。反主流派の経済学についての見取り図を与えてくれます。

松原隆一郎（2009）『経済学の名著30』ちくま新書。経済学の古典についてわかりやすく説明しています。

F.マーティン（2014，原著2014）遠藤真美訳『21世紀の貨幣論』東洋経済新報社。商業信用から銀行信用に至る信用を重視しつつ，貨幣の歴史を紹介しています。

2 | 経済の黎明

2-1 経済とその外部
2-2 光合成が生み出す自然資本
2-3 共有資本という境界——人間関係，自然，文化，金融
2-4 共有資本と生産活動

《要約》　主流派経済学は金銭取引以外の領域を「外部」と呼び，内部で市場の秩序が完結するとみなします。本講はそのようには内外を区別せず，市場経済とその外は境界で連続し依存関係にあるととらえます。太陽からの贈与である太陽光のエネルギーのもと，家族やコミュニティの「人間関係」，生態系という「自然」，協団や地域の「文化」，債権と負債からなる「金融」が，人間関係資本，自然資本，文化資本，金融資本を蓄積し，それら「共有資本」は労働や資源，情報・技術や信用を生み出し，生産要素として生産過程に投じられます。生産要素が持続的に生み出されるためには浪費しないための制約が必要です。江戸時代には入会地で村の掟などが入会権を規制し，現代の社会的規制の起源となりました。

《キーワード》　社会経済／外部性／完全情報／時間／贈与／余剰／資本／エコロジー経済学／ストック（stock）／フロー（flow）／共有資本／自生的／人間関係資本／自然資本／金融資本／文化資本／民藝／資本の異質性／入会／入会権／社会的規制

2-1　経済とその外部

　生産したものが消費されるという循環が社会において一定の期間，安定的に反復するとき，それを本講では「**社会経済**」と呼ぶことにしま

す。「社会経済」では生産と消費が「生産して消費する」と「消費するために生産する」が連鎖し循環していますが、さらに遡ると生産要素は家族やコミュニティという人間関係、生態系としての自然、知識や技術という文化、贈与や貸借にまつわる信認が生み出しています。

　それに対してA.スミスは1776年に出版した『国富論』[1]において、物々交換と交換手段としての貨幣を起点に経済が成立したとみなし、その過程を推測しました。それゆえ金属貨幣が登場する以前から信用にもとづき営まれた現実の歴史は無視せざるをえなくなり、物々交換と貨幣を起点に架空の経済を論じました。そうした視点を引き継ぎ現在に至る主流派の新古典派経済学は、長期的に需要と供給が貨幣と価格によって均衡し、市場経済はその「内部」で循環が完結すると考えました。市場経済の内部において、生産者である「企業」や消費者である「家計」は経済主体として、それぞれの意思決定が他の経済主体の意思決定からは直接には影響を受けないとも仮定しています。

　それでも現実には経済主体が金銭以外で他の経済主体に影響する関係は無視できず、一括して「**外部性** externality」と呼んでいます。価格が調整する市場を通さずに影響を与える「技術的外部性」は、さらに養蜂家と果樹栽培農家のように良好な関係にある「外部経済」と、有害な汚染水を費用負担なく排水するように悪影響を及ぼす「外部不経済」に分類されます。経済主体はコミュニケーションを通じて互いに影響し合いますが、価格に照らして意思決定する際、関連情報についてもすべてを知っているとする「**完全情報**」が仮定されると、情報の伝達過程は考察されなくなります。市場とは商品（財）とともに情報を交換する場だと考えるF.A.ハイエクらオーストリア学派は、完全情報は「市場が終わった」状態を指す仮定だと批判しています。

　スミスはすべての財が「商品」としてすでに存在すると仮定し、肉屋

---

[1]　アダム・スミス（2007, 原著1776）山岡洋一訳,『国富論　国の豊かさの本質と原因についての研究』上下, 日本経済新聞社

とパン屋，酒屋が，肉とパン，酒という商品の物々交換から経済を論じ起こします。貨幣は一部の商品が発展したものとみなしました。「商品貨幣説」です。けれども肉屋とパン屋，酒屋の店主はどこで生まれて成長し，それぞれの製造技術を学んだのでしょうか。各店主には家族や故郷があり，肉を取得しパンや酒を発酵させるには自然が生態系として有機的な秩序をもっていたはずです。各地で文化として展開された調理技法は他の地域に伝わり，融合して料理文化を形成していきます。商業が発展して市場が現れる以前から，家族や故郷，有機的自然，各地の料理文化が存在していました。

　スミス自身，市場が成り立つには条件があると考えていました。『道徳感情論』(1752)[2]で，市場における交換が正当とみなされるには，互いの立場を想像し合うような「共感」がなければならないと論じていました。けれどもスミス以降の経済学は，そうした「共感」さえも考察の対象とはしなくなります。

　けれども現実には，企業家や消費者といった「経済主体」は家族や地域における愛情や友愛の共感関係，自然において海産物や果樹，野生動物を生み出す生態系，言葉や象徴，技能によって秩序を形づくる文化，人格に対する信認にもとづき債権と債務を交換する金融関係に取り囲まれて成長します。

　社会経済は現在を生きる個人によって創出されたのではなく，それ以前から連綿と続いてきた「人間関係（**社会**）」や「**自然**」，「**文化**」や「**信認**」を背景に形成されたのです。それらは全体として秩序を持ち，個人の生死を超えて歴史を刻んでいます。経済社会は将来や過去という**時間**の流れの中にあり，市場取引だけでなく，市場の外部にある社会や自然，文化や信認の持続可能性を安定の条件としています。人間関係は労働，自然は資源，文化は技術情報，信認のもとにある金融は信用といっ

---

[2]　アダム・スミス（2003-2003，原著1752）水田洋訳『道徳感情論』岩波文庫・岩波書店

た生産要素を生み出しますが，持続が危機に瀕すると，人手不足，環境問題や資源の枯渇，新機軸の停滞，金融危機を招きます。

　本講では経済の外部として直接には注目されなかったそれらの境界領域にも配慮することにします。

2-2　光合成が生み出す自然資本

　ヒトは過去，三度にわたり急激に人口を増加させたと考えられています。最初が約15万年前の狩猟や採集の道具が普及し火の使用が始まった頃で，50万人まで増えたと考えられています。その後，氷期におそらくは寒さのために人口は1万人まで減り，サピエンスが生き残ります。第二の人口爆発は12,000年前から5,000年前で，その頃に定住型農業と都市化が始まり，人口は世界で500万人まで増えたようです。それからは産業革命が始まる17世紀まで人口はゆるやかにしか増えませんでした[3]。以上から，火の使用，農業の普及，産業革命による化石燃料の使用が人口をも急増させるほどの衝撃を人類に与えたことが窺われます。

　地上の万物はエネルギーによって生成しますが，それは太陽からいわば一方的に「**贈与**」されています。地上に降り注ぐ太陽光を，植物は光合成を通じて自らに必要な化学エネルギーの蓄えに変換します。そこで育まれた木の実や山菜，海の幸を人類が得て，狩猟採集社会を形成しました。[4]

　農耕以前には小規模な集団しかなかったとながらく考えられてきまし

---

[3]　J. E. コーエン（1998，原著1995）『新人口論　生態学的アプローチ』農山漁村文化協会．図 8‑1 （p. 154）参照。

[4]　D. グレーバー，D. ウェングロウ（2023）『万物の黎明　人類史を根本からくつがえす』光文社，参照。本書は文字記録のない先史から人類史を見直しています。類書には歴史学者 Y. N. ハラリの『サピエンス全史』，進化心理学者 S. ピンカー『暴力の人類史』，進化生物学者 J. ダイヤモンド『昨日までの世界』等非専門家による「ポップ人類史」がありますが，執筆時点でも知り得た考古学の発見につき全容を踏まえておらず，グレーバー＝ウェングロウは「子どもたちからはおもちゃを取り上げねばならない」と手厳しい評を下しています。

た。ところがこの社会について発見が続いています。1990年代にトルコ
で発掘された世界最古の神殿「ギョベクリ・テベ」は，農耕が始まる1
万年前よりもさらに1,000年も前に建造されていますが，1トンもある
200の巨石の柱によって形成され，大規模な集団が動員されたことを示
唆しています。未開社会についても断定できないことは多く，集団で獲
物の群れを追って移動し，季節によりヒエラルキーを組織しては解体し
ていたと主張する民俗学者，考古学者もいます。

　それでも農耕技術の開発が転機となったことは疑いありません。太陽
から地球に届けられる熱エネルギーは植物が光合成によって化学エネル
ギーに変換しますが，多くが散逸します。それに対し人類は農業を開
発，植物が化学エネルギーを蓄える過程を意識的に管理・統御し，穀物
の形で効率的に固定することに成功しました。

　原始農業は1万年前（紀元前8000年）に西アジアのザグロス山脈の山
麓[5]で現れたと言われます。ここで狩猟採集社会は終焉に向かい，一部
地域にのみ存続して，農業社会が拡大します。農耕が始まると人類は一
か所に定住し，多量の食料を定期的に生産するようになります。とくに
イネ科やマメ科の植物の種子つまり**穀物**は均質で一定の収量を期待で
き，貯蔵も可能であるところから普及します。エジプト，メソポタミ
ア，インダス，黄河といった古代文明はいずれも穀物を栽培し，なかで
も水田による稲作の技術は紀元前に日本に伝わりました。社会経済をめ
ぐる制度はそうした穀類の生産と流通にともない整備されていきます。

　農業は種子や道具，労働者が生命を維持するための食糧といった投入
物を上回る産出物を，**余剰**（surplus）として生み出します。余剰を生み
出す元本を，一般化して「**資本** capital」と呼ぶことにしましょう。「資
本」は価値あるものを増殖させる母胎となります。一粒の種籾が何十倍
もの小麦を生み出す，モノが増殖するという事実は，18世紀までは驚異

5　現イラクのジャレルモ遺跡で栽培種の大麦，小麦，石臼等が発見されました。
『クロニック　世界全史』講談社（1994）p.27

であり謎とみなされました。狩猟するだけでは確実に獲物に出会えるとは限りませんが，農業は人が労働して消費する以上のエネルギーの余剰を確実に生み出します。農産物とりわけ玄米のような完全食は，それを食べるだけで人が生きていけます。けれども余剰が何故生まれるのかは不明でした。18世紀に登場した「重農主義者」（フィジオクラート）たちはその不思議を農業を中心とする経済学の体系にまとめ，種子と穀物，労働と賃金の循環から余剰が生じる過程を描写しました。[6]

　ケネーは農産物の増殖と配分，流通に注目し，人間の階級を三つに分けました。生産階級と不生産階級（不妊階級），地主です。生産階級は農業に従事する人々で，農業労働者と，彼らを雇い地主から土地を借りて生産する農業資本家が含まれます。不生産階級とは商工業者と工業従事者で，商業は同一のモノを人から人へと移動させるだけ，工業は原材料を組み立て，形を変えて製品を作るだけで，モノを増殖させないとみなされました。ケネーは地主を加えた三階級の間でモノと貨幣が流れる循環図を描き，「経済表」と名付けました。貨幣が人体を流れる血液のごとく循環するうちに富が蓄積されるありさまを表現したのです。こうして社会経済の営みは，循環としてとらえられるようになります。

　ではなぜ農業は，一定の人命を維持するだけの農産物を生み出すのでしょうか。現代の知識からすれば，植物は光合成により太陽光をエネルギーとして取り込み，増殖します。1804年にニコラス・テオドール・ド・ソシュールが，植物は根からではなく葉から二酸化炭素を吸収していること，1862年にユリウス・フォン・ザックスが，植物は日光に当たることで二酸化炭素からデンプンを合成していることを発見しました。

　エコロジー経済学はそうした知見を踏まえて重農主義を刷新し，「農業は，太陽から地球に届けられる熱エネルギーを，光合成によって自らに必要な化学エネルギーの蓄えに変換し，さらにこのエネルギーを用い

---

[6]　元は「エコノミスト」を自称していましたが，A.スミスが「農業の体系」と一括したために，「重農主義者」という呼び名が定着しています。以下 F. ケネー（2013，原著1758，59，66）平田清明他訳『ケネー経済表』岩波書店を参照します。

土壌の栄養素を吸い上げて成長する植物を管理・統御する技術」と定義し直しています。[7]

　ところが後年，農業以外にも太陽光から贈与されたエネルギーを活用する産業が現れます。重工業です。石炭，石油という化石燃料は「何百万年の間に地球に到達した太陽光のたくわえ」で，その解放が第三の人口爆発を引き起こします。世界人口は18世紀には9億人，19世紀には16億人まで増えました。エコロジー経済学は産業革命を，化石燃料を蒸気機関により動力に転換することを可能にした点で革命的だったととらえています[8]。これについては第5章，第8章で触れましょう。

2-3　共有資本という境界——人間関係，自然，文化，金融

　農業社会においては穀物に固定された化学エネルギーの「余剰」は，「資本」として人間関係や自然，文化，金融を派生させます。それらを**ストック（stock）** としてとらえると，生産要素である労働，土地，技術，信用はそこから単位時間当たりの**フロー（flow）** として生起します[9]。貯水池に水が溜まる状態にたとえれば，ストックは貯水池に溜まった水の全体，フローは単位時間（たとえば1秒）当たりの入出水量です。

　経済人類学者のK. ポラニーは次のように述べています。

> 労働，土地，貨幣が本来商品でないことは明らかである。売買されるものはすべて販売のために生産されたのでなければならないという仮定は，これら三つについてはまったくあてはまらない。つま

---

[7]　桑田学（2023）『人新世の経済思想史』青土社，p. 39
[8]　桑田（2023）第1章。また人口学者E. R. リグリーの『エネルギーと産業革命：連続性・偶然・変化』（同文館，1991年）も参照。リグリーの新著はE. A. Wrigley Energy and the English Industrial Revolution, 2010, Cambridge
[9]　David Throsby, "Economics and Culture" 2001 （『文化経済学入門』日本経済新聞社，2002）

り，商品の経験的定義に従うなら，これらは商品ではないのである。労働は生活それ自体に伴う人間活動の別名にほかならず，その性質上，販売するために生産されるものではなく，まったく別の理由から産出されるものであり，・・・土地は自然の別名にほかならず，人間はそれを生産することはできない。最後に，現にある貨幣は購買力の象徴にほかならない。それは一般には，けっして生産されるものではなく，金融または政府財政のメカニズムを通して出てくるものなのである（『大転換：市場社会の形成と崩壊』1944）。[10]

　家庭やコミュニティにおける人間関係は個人を育む環境であって個人そのものではありません。生態系も私有される土地に止まらず，より広く地下水や空気の循環の内にあります。文化はなんらかの団体，協団や学会，地域で創出され伝承される体系です。融資は返済する意思や実績，十分な資産が信認されて実行されます。労働は家族やコミュニティ，資源は土地や海洋，河川や森林という自然の生態系，技術や知識は文化，信用は信頼や実績という「源」すなわちストックから，一定時間のうちに変化分のフローとして生起します。ストックが持続し，フローが枯渇しないという条件のもとで，生産要素は持続的に雇用されます。社会や自然，文化の将来が安定し，金融が媒介して社会経済の循環が定着するのです。それらは国家が強制する以前から，すなわち国有ないし公有ではなく，地域や集団で「共有」されています。共有される資本ですので，これを**「共有資本」**（common capital, shared capital）と呼んでおきましょう。

　販売する商品を製造する物的資本設備は「意図的」（artificial）に導入されます。対照的に労働や土地利用，知識・技術，信用は，背後にある人間関係や自然，文化，金融という「源」から生み出されますが，意

---

[10]　Karl Polanyi, "The great transformation" 1944（カール・ポラニー『大転換：市場社会の形成と崩壊』吉沢英成ほか訳，東洋経済新報社，1975）

図的にではないので「**自生的**」（spontaneous）と形容できます。

　「共有資本」にはどのような仕組みや秩序があり，持続可能であるにはどんな条件が必要であるのかは，調査分析しなければ具体的には把握できません。共有資本については，社会科学の各分野や生態学といった異なる文脈において考察されてきた経緯があります。

　第 1 は「**人間関係資本**（social capital）」です。人々の信頼関係や社交を指し，「社会関係資本」とも呼ばれます。労働者は家族や地域における人間関係資本とのかかわりが安定してこそ毎日の労働を持続的に生み出せます。単身者であっても，誰もが親とともに家族を構成した時期があり，言葉を受け継ぎ人格を形成しています。人間らしい家屋に住み，平均して 7 時間の睡眠や十分な栄養をとったなら，ひとは翌日も能力を発揮して働くことができるでしょう。人間の関係としてのコミュニティは，インターネットの普及により血縁や地縁に止まらない広がりがあります。

　スミスの『道徳感情論』は利己心によって個人が営む市場経済においてではなく，利他心でもなく，人が他人に共感を抱くところから公正な道徳感情が生まれるとみなし，人間関係資本論の先駆的な業績と見ることもできます。人間関係資本は社会学と社会経済学が研究しています。

　第 2 は「**自然資本**（natural capital）」です。自然は生態系として秩序や循環を持ち，土地や河川，海洋，森林は鉱物や水，魚介や木材を生み出します。そうした資源には，生成に人類史よりもはるかに長い時間がかかる鉱物や石油などから漁獲資源のように年単位で再生産されるものまで広がりがあり，適切な量であれば人間が取り出し消費しても生態系は維持されます。また自然環境は廃棄物を分解・吸収しますが，それにも限界があります。「有機農業」（ないし肥料も用いない「自然栽培」）は，地域の生態系における循環を持続可能にする農業技術ですが，20世紀の後半には化学肥料と農薬を用いる「慣行農業」が普及し，土壌や周

辺環境を荒廃させました。そのことへの反省から，生態系が地域で共有されており，その持続に配慮する有機農業が再発見されました。

水産資源においては魚種によって湾内に止まるもの，国内を回遊するもの，国境を越えるものと地域といっても多様な水準があり，魚種ごとに毎年，生態系が維持されているのか調査が行われています。

第3は「**金融資本**（financial capital）」です。貨幣は第10章で詳述する「マネーストック」としては現金通貨および預金通貨ですが，それぞれがポランニーの言う通り政府財政と金融資本とのかかわりにおいて生成します。金融資本のうち債権は一定の期日に特定の利子を支払うことを条件に交わされた貸借契約で，利子を付けた返済は実行することが約束されています。契約を結んだ貸し手と借り手にも返済期日までに想定外の出来事が起きる可能性があり，信用はそうした状況においても約束を履行するという借り手の支払い能力に対する判断から供与されますが，借り手が会社であれば社債，国ならば国債です。紙幣は中央銀行，日本では日本銀行の負債で，日銀が民間銀行から国債や株式など金融資産を購入することで多くが発行されています。貴金属と交換を保証されず製作費用が数十円程度であっても1万円札として流通していますが，それは国民が紙幣を信認しているからです。商業信用や銀行信用が大半を占める金融資本については，W. バジョット，H. D. マクラウドや J. M. ケインズ，H. ミンスキーらの異端の金融資本論が注目してきました。

第4が「**文化資本**（cultural capital）」です。「文化経済学」と呼ばれる領域は多く有形の文化財が配分される過程を扱っていますが，ここで言う文化資本は，絵画や歴史的建造物のような「有形」の作品に止まりません。有形であれば誰かが所有すれば他の人は所有できず，競合性があって私的財です。

建築や工藝，食や音楽，街並みを形成する知識や技術は勘やコツ，感

覚によって模写され，それぞれの共同体や協団で継承されてきました。多くの場合，抽象的かつ潜在的な秩序として，職人の親方と弟子の関係だけでなく，学会においても指導教員と指導を受けた弟子の間には知識や技術の運用につき暗黙の方法が共有されています。

　文化資本には様々な種目がありますが，そのうちで「工藝」の技能をここで言う共有資本として説明したのが柳宗悦です。柳は昭和3（1928）年，代表作『工藝の道』を出版，11の箇条書きでありふれた手仕事が日常生活を美によって彩ることの驚異を説明しました。

　柳によれば，無銘の民器に美を見いだしたのは利休や紹鷗ら茶人たちでした。たとえば豪雪で家に閉じ込められる東北地方の冬，地域で入手しうる素材と歴史に育まれた職人の技術により，美しい工芸品が手作りされました。手仕事の技術は地域ごとに共有され，民衆の暮らしを彩りました。陶芸は「萩」や「備前」等地名で呼ばれ職人の銘を欠いていることが少なくありません。

　柳が際立つのは，美を形にするのが，名工と呼ばれる著名な工芸家でも，西洋美術において頂点を極めたかに見られがちな芸術家でもなく，名もない職人だと主張した点においてです。その作品を享受したのも，高価な工藝作品や名画を所蔵しうる富裕者ではなく，安価に買い求めた庶民でした。「不断使いにするもの，誰でも日々用いるもの，毎日の衣食住に直接必要な品々」，「民衆が日々用いる工藝品」である民藝にこそ美が宿ると世に唱えたのです。柳は美を富者が持つ高級品でなく手仕事の工藝品に見出し，それが名もなき職人により生みだされ万民の生活を彩るとして，その不思議を語る言葉に「民藝」を当てました。それは民衆に共有される技術であり知識だと言えます。

　それに対し経済学では，情報は私的所有権の対象とされます。たとえばプレハブ住宅は技法が共有される伝統家屋とは異なり，技術が企業に

私的所有され，特許で保護されています。そこで研究投資や人的資本，無形資本[11]が中心的に研究されています。

「文化資本」という概念を普及させた P. ブルデューは，文化資本（capital cultural）を階層や格差を前提し高い（卓越した）社会的地位にあることを誇示するための趣味の体系と唱えました。この用法が著名ですが，本講では各地域で民衆が育んだ文化体系の方を文化資本と呼んでいます。[12]

それぞれの資本はストックとして共有され，フローとして生産要素を生み出します。社会学や生態学，人文学や民俗学（負債論・贈与論）はもちろん独立した学術領域ですが，それらと経済学との境界に共有資本論が位置づけられます。

2-4　共有資本と生産活動

以上，労働力を生み出す「人間関係資本」，資源を生み出し廃棄する「自然資本」，知識を生み出す「文化資本」，信用や利子を生み出す「**金融資本**（financial capital）」をさらに併せて「共有資本」（common capital）と呼ぶことにします[13]。近代社会において共有資本は，労働，資源・土地，知識・技術（技能），信用と貨幣を生み出し，それらが生産過程に投入され，原材料となり，加工されて，最終的には資本設備や消費財となります。その過程を簡単に図示しておきます。

物的資本（資本設備，固定資本）は新古典派経済学ではたんに「資

---

[11]　ハスケル，ウェストレイク『無形資産が経済を支配する』（東洋経済，2020）参照。

[12]　一国の政府が特定の文化資本，たとえば日本民謡を差別し西洋音楽の下に置くとき，日本における西洋音楽はブルデューの言う意味での文化資本となります。

[13]　これらの4項目のうち，ポラニーが挙げたのは社会・自然・貨幣でした。しかし宗教は M. ウェーバーや W. ゾンバルトが資本主義経済の出発に大いに寄与しているとしましたし，技術や知識は生産要素とされることもあるため，併せて「文化」と呼び，共有資本の一項目としておきます。文化資本には他に音楽・食・建築・景観・工藝などがありえます。

本」と呼ばれ，生産要素として労働と並列され，財を生み出します。けれども労働が能力差を平均すれば「○○人」の「××時間」を単位として集計されるのに対し，物的資本は多種多様な工作機械であったり輸送設備であったり建物であったりと，種類が異なるため売却した場合の市場価格でしか平均することも足し合わせることもできません。これは「資本の異質性」と呼ばれる性質で，「足し合わせる」のではなく「コーディネート」して消費財やサービスの生産に用いられます[14]。また物的資本は意図的に制作されるものであり，自生する共有資本とは異なります。そこで物的資本は共有資本には含めず，財として生産され，他の消費財を生産する過程で利用される私的ストックとしておきます。ただし中核産業が農業から化石燃料を用いる工業に移行すると，資本設備が不可欠となり，購入するための資金を銀行信用や株式でいかに調達するのかが課題となります。

　共有資本の領域において重要なことは，それぞれが市場経済とは別の秩序を持ち，別のリズムで維持され自生するということです。中世まで，それらは身分制や封建制における権力，「村の掟」などの拘束を受けました。しかし近代に入って市場社会が成立すると，身分制や村落は解体され，拘束は解除されて土地や労働力は私有化され，市場で売買されるようになりました。共有されるのは道路などコモンプール財や行政などクラブ財といった意図的に供給される準公共財に限られます。けれども共有資本が固有の秩序やリズムを持つことには変わりはなく，労働力として企業で働くことと家族やコミュニティでの暮らしが不調和を来さないよう，また資源を乱獲したり環境を汚染しないよう，文化活動が

---

[14]　F. A. ハイエクは，たとえば酒樽やコンピューター，圧搾機，光ファイバーケーブルなどの雑多な生産設備があるとしても，それらの物的資本は異質であるから足し合わせることができないと主張しています。消費財は単一の資本財だけでは生産できないから，経済資本は異質な資本財の組み合わせのはずです。その「組み合わせる」能力と利潤を発見する観察力を持ち合わせた経営者が成功するのです。山本崇広（博士論文，2021）『ハイエクの市場社会論—異質な期待のコーディネーションを中心とした再解釈』東京大学大学院総合文化研究科。

一定の水準を維持しうるよう，法が市場活動を規制する必要があります。

　そこで日本では歴史的に，入会の慣行が生まれました。日本では江戸時代まで農民の生活には林野が重要な役割を果たしました。農民は燃料用の薪や牛馬の飼料となる秣，農耕用の草肥となる草を林野から採取し，生産と生活を維持しました。その際に過剰に採集して他の村民が利用できなくならないよう気を配ることが村の掟とされ，掟の運用は村が共同管理しました。そのように共同管理された共有地を「**入会**」と言います。入会では入会地を維持する費用を相当に払うまで新参者は入会地に入る権利が与えられなかったし，規律違反に対しては村八分というもっとも重い罰則が与えられました。利益を共同で享受しつつ存続させるために林野の占有や排他的な行動は認められず，村民の入会をめぐる権利と義務はルール化されたのです。「**入会権**」です。林野の薪や秣，草は，最大限に生み出されるよう共同で管理され，配分されていました。

　「入会」は日本に特有の現象ではありません。近世以降のイギリスでは，囲い込み運動による私有化にさらされながらも共有地の性格を残存させる土地は「コモンズ（Commons）」と呼ばれました。こうしたルールは地域コミュニティに適用され，コミュニティ外にまでは強制力を持ちませんでした。江戸時代までの入会権は，村というコミュニティ内で完結していました。

　近代化の過程でそれ以前の「村の掟」は国の法や規制へと刷新されますが，不十分な状態です。それらの法を一括して，「**社会的規制**」と呼びましょう。8時間労働制のような労働時間規制は，残りの時間で休息を取り家族やコミュニティに尽くして，翌日にふたたび活力をもって労働しうるための規制です。漁業についての漁獲の規制は乱獲を抑え生態

系が翌年に回復するために，魚種ごとに設けられます。金融規制は資産が危険な投資に供されて金融危機をもたらさないよう課されます。

　社会的規制は「所有権」の定義を含め，各分野の調査を行った上で規制の対象が定められますが，税や幼稚産業保護のための「経済的規制」とは異なります[15]。規制緩和は経済成長に直結するかのように言われることが少なくありませんが，それは経済的規制には妥当しても，無社会的規制とは区別する必要があります。

---

[15]　M.ヘラー，J.ザルツマン（2024，原著2021）『Mine!』早川書房には，所有権が裁判を経て様々に定義されてゆく過程が豊富に紹介されています。所有権の論拠としては「早い者勝ち」と「占有は九分の勝ち」，「労働への報い」と「付属」，「自分の身体は私のもの」「家族のものは私のもの」が古くから知られていますが，状況の変化に即して逆の解釈が現れることも少なくありません。

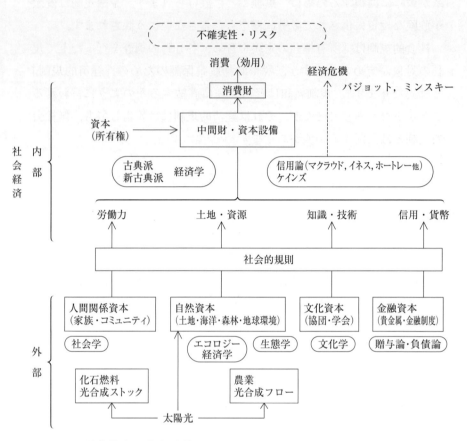

図 2-1 共有資本と生産活動

第 2 章　経済の黎明　｜　**47**

✏️ 理論のまとめ

　市場取引される商品は，すべてが商品化を意図して生まれてきたのでしょうか。ポラニーは，労働，土地，貨幣はもともと商品とは意図せず生まれてきたと述べています。それら生産要素は賃金や地代，利子を対価に市場取引されはするが，市場で取引されない領域から生まれてきたということを意味します。

　労働する人は家族やコミュニティで愛情の証として生まれ，土地の生態系は自然の一部であり，貨幣は信用として債権・負債の金融関係から派生します（第10章）。技術や知識を生み出す地域の文化や技芸の団体，学術の組織もそれに加わります。これらは経済の「外部」にあって太陽光から贈与されたエネルギーにより物的な増殖が起き，生産要素を再生産します。経済学はながらく資本が貨幣で測った価値を増殖させる理由を経済の「内部」だけに求めてきましたが，物的な増殖が生じる理由は「外部」にあり，それを起点として「内部」で価値が増殖します。内外の境界に注目すべきゆえんです。

　対照的に現代の主流派である新古典派経済学は，個人が当初から自立し他人との影響関係にないとする方法論的個人主義を採用し，またすべての商品が物々交換されるとしています。この立場（第 7 章，図 7 - 2 と比較して下さい）だと，経済は境界で周辺とどのような影響関係にあるか，周辺にはどのような学術領域があるのかには関心を持たなくなり，周辺を持続させて生産要素としての労働や土地，文化や信用が十分に供給されるための配慮にも欠ける傾向があります。

　境界では，「周辺」の共有資本を持続可能にするために「社会的規制」が必要になります。それには「所有権」の定義を含め各分野の調査が前提となりますが，日本では海産物の乱獲等，規制が不十分であることが指摘されている分野もあります。

参考文献

　「人間関係資本」の代表的な著作は James S. Coleman（1990）"Foundations of social theory"（『社会理論の基礎』上下巻，久慈利武監訳，青木書店，2004），Robert D. Putnam（2000）"Bowling Alone: The Collapse and Revival of American Community. Simon & Schuster"（『孤独なボウリング—米国コミュニティの崩壊と再生』柴内康文訳，柏書房，2006）等。

　「文化資本」をめぐる代表的な著作は，柳宗悦（2005，原著1928）『工藝の道』講談社学術文庫。ブルデューは当該社会において高い地位を持つ文化において能力を発揮すればその人物は文化資本を所有しているとみなします。Pierre Bourdieu, Jean-Claude Passeron（1964）"Les héritiers: les étudiants et la culture"（『遺産相続者たち——学生と文化』石井洋二郎監訳，藤原書店，1997）。

　自然資本にかんする「コモンズの悲劇」は Hardin, Garrett（1968）"The Tragedy of the Commons"で指摘されました。ゲーム論による説明は入会地を調査した政治学者 E. オストロムが用いています。Elinor Ostrom（1990）"Governing the Commons: the Evolution of Institutions for Collective Action."（『コモンズのガバナンス　人びとの協働と制度の進化』原田禎夫他訳，晃洋書房，2022）。

3 | 近代以前の市場経済
——農業・商業・金融

3-1 農業が生み出す余剰と信用
3-2 遠隔地商業の始まり
3-3 共有資本の性質と私有化
3-4 農業経済の臨界——私有化の限界

《**要約**》 農業が余剰を生み出すことは，限界生産力の原理で説明されます。余剰は蓄積され顔見知りの農民に信用で貸借されました（「小さな社会」）。さらに土地により生態系が異なると農産物にも差異が生じ，余剰を商人が運べば販売によって利潤が得られます。顔見知りでない商人は貴金属で支払いましたが，道中の安全性もあり，為替や信用で節約されました。ヨーロッパ内で商業が集積されると「市」となり価格が収斂（れん）しましたが，信用取引が行われると債権と債務も残し，定期市はその決済を行う国際金融市場も兼ねるようになりました。土地を私有化することの正当化がJ.ロックによって行われそれが現実になると，農業を営む資本家は他の資本家と地代の引き上げを競い合い，せっかく生まれた利潤は消滅に向かいます。

《**キーワード**》 限界生産力／限界生産力の逓減／債務／債権／記帳／決済／信用／信用リスク／計算単位／為替／遠隔地商業／ソブリンマネー／貨幣鋳造益／有機経済／地域経済圏／一物一価／為替手形／清算／共有／公有／私有

3-1 農業が生み出す余剰と信用

農業が余剰を生み出す様子を W. S. ジェボンズが考案したとされる図

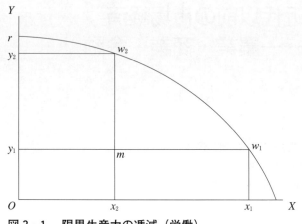

図3-1 限界生産力の逓減（労働）

と「**限界生産力**」という概念を用い描いてみましょう。土地所有者や資本家がおらず，農業を営む農民は暮らしに必要な最低限の農産物（穀物）を得ているとします。余剰というのは農民が耕作して得られた収穫のうち，農民が労賃として得た残りを指します。

　OYは収穫する穀物の量，OXは投入された労働量とします。いま農業という技術がなく，通りすがりの土地の一定面積に天然の穀物が実っており，一人の人間が収穫したら穀物の量はOrだったとします。またその人間が暮らすのに必要な穀物がOy_1だとすると，余剰はry_1です。もっと余剰が欲しくなりますが，採集してしまえば天然の穀物はそれで終わりになります。

　ここで農業が始まり，同じ土地を開墾して穀物を複数の農民で植え付け，同じ場所で一定面積にOx_2だけ単位の労働を農民が施したとします。そのときの収穫はOx_2w_2rです。ここで最初の労働単位で得られた収穫はOrですが，この土地に投入する労働単位を増やしたとして，追加的に投入する生産要素の1単位から得られる収穫量を「限界生産力」

と呼びます。ここでは面積が一定の土地で労働の投入量を増やすと次第に混雑が増し，限界生産力が減ってきます。その土地面積で生産できる穀物量に制約があるからで，Or から w_2x_2 へと図では右下がりに収穫が漸減します。この現象を「**限界生産力の逓減**」と呼びます。Ox_2 の労働には労賃が Ox_2my_1 与えられるので余剰は y_1mw_2r となっています。

　文明の直前まで迫っていた狩猟採集社会では余剰は ry_1 であり，農耕経済が定着し余剰が y_1mw_2 まで広がると，そのエネルギーは人間関係資本，自然資本，文化資本そして金融資本に蓄積されていきました。農業の余剰が人間関係資本を築けば国家や権力となり，とりわけ日本では米が武士と農民に配分されて江戸時代の徳川幕府を形成しました。自然資本は国家権力が灌漑や水利を整えて災害に備え，乱獲を規制することで沿岸漁業が拡大します。文化資本は宗教や神話，文学や工芸として文明の萌芽となりました。ながらく経済学が気づかなかったのがこの段階の金融資本で，それは「債権」と「債務」の形で蓄積されていきました。

　農耕が始まって5,000年ほど経過した頃のメソポタミアでは，文字による記録に粘土板が用いられていました。粘土板は18世紀に発見され，発掘された数は現在までに40万枚に及ぶとされます。紀元前3000年から同2000年頃のもので，記された楔形文字の厳密な解読は20世紀に進みました。記されていたのは多くが経済と行政にかんする記録でした。

　驚いたことに，多くの粘土板には穀物の量や「受領済み」の語句，受け取った人物の名前，日時，受領者の印章が描かれていました[1]。収穫した穀物を共有の倉庫に預けた際の「受領証」と考えられ，倉庫の側にとっては**債務**（debt），預けた側にとっては**債権**（credit）に当たります。粘土板には債権と債務が「**記帳**」されており，信用にもとづく貸借が存在したことをしていたことを示していました。

　ここで分かるのは，穀物の余剰が倉庫で貯蔵されていたこと，そして

---

[1]　A. M. イネス（2020，原著1913）「貨幣とは何か？」楊枝嗣朗訳，（上）佐賀大学経済論集第52巻第4号，（下）同第53巻第1号（A. Mitchell Innes, "What is Money?" The Banking Law Journal, May 1913, pp. 377-408）

それは貸し出され，債権・債務の管理がなされていたことです。けれども考えてみれば，農業経済に信用が伴うのは当然ではあります。狩猟採集社会では，木の実や肉は狩猟採集に赴いて出会ったその場で手に入ります。ところが穀物は年に１・２度しか収穫できず，農民は労働しても半年後まで穀物を収穫できません。その半年間は食糧としての穀物を得られないのです。収穫以前の労働者は，手元の穀物が不足すると，生活するため将来に収穫で返済することを約束し，どこかから穀物や他の商品を借りてくる必要があります。それを貸し出したのが農産物の余剰を神殿や宮殿，官吏が保管する倉庫で，借りのある農民たちは収穫の時期に大麦で返済したようです。逆に以前の収穫で余剰があった農民は倉庫に預け，必要に応じて引き出すか，別の農民に貸す元手となったと思われます。

　農業では日々の労働と暮らしに必要な穀物を得たい時点と，収穫が行われる半年後との間に越えられない時間差があります。借りた分の返済を「**決済** settlement」と言います。倉庫側が労働者を信頼するならば，穀物を支払って一定期間の後に労働者が利子を付け穀物で返済するという約束が成り立ちます。穀物の余剰と信用貸しは生産と消費に「時間差」がある経済を可能にしました。

　借りることが可能になるには，借りる人が定められた日に返済し，貸す側は借りる側がちゃんと返済できることを知っている必要があります。その点，農業社会では，長距離を移動した狩猟採集社会とは異なって，労働者は農地に定住するようになっていました。コミュニティでは互いが顔見知りです。顔見知りから成る「小さな社会」では，穀物がいつ収穫されるのか，誰にどれくらい収入があり支出するのか，借りた分を返済するモラルを持ち合わせているのかについての情報すなわち「**信用** credit」は共有されていたと考えられます。地域における信用は共有

資本です。スミスは物々交換する相手と初対面であるような「大きな社会」を想定し，相手は知らなくとも受け取ってもらえることが分かっている商品とりわけ金であれば，商品を購買できると考えました。しかし「小さな社会」であっても，顔見知りの相手に信用があればすなわち「信認」（confidence）が得られていれば，信用取引が成り立ったのです。

現代でも月末にまとめて払う飲食店の「ツケ払い」では，月末まで決済しません。月末の電気代やガス代もツケ払いです。現在急速に普及しているキャッシュレスでの売買は，紀元前3000年にすでに存在していました。

倉庫側は信用貸しした対価として「利子」を得ます。けれども天候や災害等による不作で収穫できない可能性はあります。その場合の返済できない可能性が**「信用リスク」**で，倉庫側は不作のリスクに耐えられるだけの余剰を蓄積していたことになります。

粘土板には穀物の貸借だけでなく地代や手数料の記録もありました。銀で負債の額を計算していましたが，銀貨はまだ存在していません。実物の銀貨を使わずに穀物と銀の交換比率を設定し，「銀であったなら」と計算していたことになります[2]。このような想像上の貨幣単位を**「計算単位」**と言います。

物々交換が金属貨幣で媒介される必要があったとすれば，貸借も金属貨幣で行われなければなりません。貨幣で得た所得のうち消費されなかった分の貯蓄を他の人に貸し付けるのだとすれば，信用は金属貨幣の登場以降に出現するはずです。歴史上，発見されている最古の硬貨は現在のトルコの西部に存在したリディア王国で鋳造されています。金銀に鉄等が混じった「エレクトラム金貨」で，紀元前670年頃のものです。古代ギリシアでは次々に鋳造所ができ，前480年には100箇所を数えるほどになりました[3]。

---

[2] グレーバー（2014）p. 61。

[3] A. Meadows and K. Shipton eds. (2001) "Money and Its use In the Ancient Greek World" Oxford University Press.

物々交換は貨幣の登場を促し，それ以降に信用が発生するという考え方は，金属貨幣の誕生より2,500年も前に粘土板に書かれていた信用の痕跡によって覆りました。商品の購入は信用と想像上の計算単位で媒介されており，物々交換や金属貨幣の出現は必須ではありませんでした。

3-2　遠隔地商業の始まり

前20世紀から前18世紀，チグリス河中流域のアッシュールはバビロニア，イランとアナトリア（トルコ）との交易中継点で，アナトリアとの間で30もの商業居留地が存在したとされます[4]。アッシュールからはアナトリア中部にあるカネシュまで錫や毛織物が持ち込まれ，交換に銀がアッシュールに持ち帰られました。

こうした最古の交易は遠隔地間で同一の財につき価格に差異があったために生まれたと考えられます。地域間で価格差が存在するならば，財を移動させれば高価格で販売できます。これが**遠隔地商業**の基本原則で，その際顔見知りの間では信用が成り立ちますが，顔見知りでない（「一見さん」）ならば，取りはぐれがないよう代金はその場で決済する「即金」が求められます。信用が使えない商業では，即金の支払いには価値を誰もが知る貴金属の硬貨が便利で，それはスミスが主張した通りです。けれども生活圏での日用品の売買とは異なり，遠隔地をつなぐ商業では途中で追いはぎや強盗に貴金属を奪われる恐れが小さくありません。それでも遠隔地商業は絶えることなく，貴金属を持って歩かない工夫がなされました。

紀元前4世紀の古代エジプトでは，各地の穀物倉庫の保管状況が地中海岸のアレクサンドリアにある中央倉庫で把握され，その様子がパピルスに記録されています[5]。それによれば，近隣の穀物倉庫に穀物を収め

---

[4]　明石茂生「前近代経済における貨幣，信用，国家：古代メソポタミアから中世ヨーロッパまで」成城大学経済研究所年報(31)2018-04（経済研究所創設30周年記念号），p.56

[5]　冨山忠二「古代文明における経理思想と会計教育」『關西大學商學論集』15 (5-6)，398-420，1971

れば遠隔地の倉庫で受け取ることができました。つまり穀物を移動させず貴金属も運ばずに穀物の取引と代金の支払いが可能だったのです。これが「**為替**」の起源です。

最初の国家貨幣つまり支配者の名前を刻印した硬貨は5世紀後半に製造されました。それ以降、領主等の主権者は統治権を行使して、強制通用力を備えた法定通貨を発行するようになります[6]。これが「**ソブリンマネー** sovereign money」です。硬貨の額面価値と金属としての価値には差があると、硬貨の発行者すなわち領主は利益を得ます[7]。「**貨幣鋳造益（シニョレッジ）**」です。貴金属の含有量を減らす悪鋳を行えば、さらに利益が改鋳者にもたらされます。それゆえ各領主は貨幣の鋳造に強い関心を寄せました。

商業が成立するには、地域によって価格差がなければなりません。共有資本は自生しますから、自然や文化はそれぞれの土地で特徴がありました。化学的な技術革新が本格化する前、すなわち化学肥料や農薬が導入される以前の有機農業では、田畑には一年中米か麦が植えられ、牛やヒトの糞を発酵させて肥料にし、風土と地形に合わせ小さい畑でも多様な作物が作られました。土壌で自然が循環し生態系が異質だと、遠隔地間で農産物を運ぶ商業が利益を生み続けます。海産物についても同様です[8]。このように地域の生態系によって循環し、他の地域とは相違のあ

---

[6] 「スエビー族、ヴァンダル族、イタリアのオドアケルの王国や東ゴート王国、南ガリアに定住した西ゴート王国、最終的にメロヴィング王国において製造された」。名城邦夫（2018）「ヨーロッパ古代中世貨幣史＊　―カール大帝の貨幣改革まで―」『名古屋学院大学論集社会科学篇』第55巻第2号　pp.97-113

[7] 現在の1万円の日銀券は製造費用が20円程度と言われていますが貴金属ではなく、また紙幣は中央銀行の負債であるためにシニョレッジの定義は複雑化しています。小栗誠治「セントラル・バンキングとシーニョレッジ」滋賀大学経済学部研究年報 Vol.13, 2006等を参照のこと。

[8] 「有機」という言葉は協同組合運動家の一樂照雄による造語で、1970年頃から普及しました。有機の「機」は「しくみ」、天地有機には「自然のしくみを活かす」ということで、植物が植物自身の生命力を活かすという意図が込められています。一樂の功績は農山漁村文化協会編『暗夜に種を播く如く　一樂照雄―協同組合・有機農業運動の思想と実践―』協同組合経営研究所, 2009。

る経済を「**有機経済**」と呼んでおきましょう。

　文化にも超えがたい差異があります。J. アタリによると[9]，古代ギリシアでは肉食が尊ばれたが，紀元後中世いっぱいキリスト教が支配した地域では食に戒律が課されました。それを打ち破ったのがアラブの商人で，11世紀のヨーロッパ人はアラブ料理に夢中になります。乾燥パスタはイタリア生まれではありません。旅するアラブ商人が携行していたものがシチリア経由でイタリアに普及しました。イタリア各地の商人は東方との貿易で，香辛料やワイン，茶，陶器や織物を持ち帰り，アジアから持ち込まれた香辛料や砂糖を用いて独創的で洗練された料理が次々に生み出されました。

　貴金属が貨幣となり物々交換を可能にするという A. スミス以来の貨幣観は，商業が見知らぬ他人同士で行われる限りで貴金属通貨の発展を説明します。しかし商業はやがてその場限りでなく，特定の場所で定着するようになります。

　F. ブローデルは「13世紀には，価格はすでにヨーロッパ全域で一致して変動している」と述べています[10]。それぞれの商品で価格が一致していた（一物一価）ということは，13世紀には価格差を少しでも見つければ塗りつぶすようにして交易が行われたことを意味します。ただし「一物一価」は商人が互いに競争をする結果として達成される状態であって，どの商品がどんな価格に収斂するのかは独占者でなければ目標にはできません[11]。

　ヨーロッパでは各地で権力者が交通安全と往来の自由を保護するようになり，市が定期的に開かれるようになりました[12]。シャンパーニュ伯

9　ジャック・アタリ（2020，原著2019）『食の歴史』ダイヤモンド社
10　フェルナン・ブローデル（1988，原著1982年）山本淳一訳『交換のはたらき』みすず書房，第 1 冊，p. 281
11　「もし仮に完全競争の理論によって想定されている事物の状態が存在するとしたならば，それは『競争する』という動詞が表現するすべての行為に対して，その活動の余地を奪うばかりでなく，そのような行為を事実上不可能にしてしまうであろう」。F. A. ハイエク（1946）「競争の意味」『個人主義と経済秩序』全集 I -3，春秋社
12　以下，小梁吉章（2013）「17世紀リヨンの手形決済規則」広島法学37巻 2 号

の領土では毛織物が売買され，1140年頃に定期市の回数が増えました。シャンパーニュの大市はワインを販売したことでヨーロッパ各地から商人が集まり，地中海と北欧交易圏の中間にあるだけに双方から多様な商品が運び込まれて賑わいました。領主の意思もあり，両替や為替の決済，それに預金の引受や貸付までが行われました。賑わいは13世紀半ばに頂点を迎えましたが，1285年に領土争いを経てフランスに併合されると，衰退していきます。

　中世も末期の14世紀にはヴェネチア，フィレンツェ，ミラノ，ジェノヴァ，ナポリが10万都市となっています。それぞれが別の都市国家として地域経済圏を持ち，互いをつなぐ「地中海交易圏」が生まれました。とくにヴェネチアは造船と航海術に長け，ヨーロッパに延びる定期航路を開設しました。バルト海からドイツ・中欧にもハンザ同盟の都市商人が活躍する交易圏が存在しました。ヨーロッパ内は交易網と市により覆われていきます。

　こうしてヴェネチアやジェノヴァは郷土料理に目覚めます。初めての料理本『ル・ヴィアンディエ』は，イタリアで1486年に印刷されています。冒険家が茶やコーヒーを含め世界中から食材を集めるようになると，それらを集大成した美食術（ガストロノミー）がフランス料理に結実しました。[13]

　商業が特定の場所の顔見知りの間で営まれるなら，悪鋳されやすいソブリンマネーではなく信用取引が有利になるはずです。ところが紀元前に存在していた信用取引は，容易には拡大しませんでした。キリスト教カトリック協会が，金貸しを固く禁じたからです。キリスト教が支配した中世には，時間により利子（ウズーラ）を取るのは「神が創造した時間」に対する冒涜だとヨーロッパでは考えられました。ましてや預金以上の貸付を行う信用創造はながらく認められず，1300年代のバルセロナ

---

[13]　J. アタリ（2020）p.105

では預金を預かった銀行家が顧客の払い戻し要求に応じられるよう求められ，支払準備が不足して斬首されました[14]。1500年代のヴェネチアを舞台とした『ヴェニスの商人』では，利子を取る金貸しは異教徒であるユダヤ人（シャイロック）の卑しい仕事とされました。

　それでも利子に相当するものは，キリスト教徒の間でも表面的には分かり辛いやり方で芽生えていきます。両替です。遠距離商業では，仕入れと販売で使われる通貨が異なって不思議ではありません。そこで長椅子（Banko）を記帳台とし両替と為替で手数料を得るサービスが登場します。遠距離商業には時間がかかります。時間当たりで通貨が増殖するのですから，この手数料は実は利子に相当していました。

　両替屋は14世紀にはイタリア各都市やパリやロンドンにも支店を持ってネットワークを築き，通貨以外の決済手段である「**為替手形**」が登場します。Ａ国の支店でＡ国通貨の為替手形を買い，Ｂ国の支店で同額をＢ国通貨で支払うよう記載して送れば，支払相手はＢ国の支店でＢ通貨の代金を得ることができます。これにより旅先に現金を持参する必要がなくなります。こうしてカトリック教会も，利子を黙認するようになりました。キリスト教にプロテスタントが生まれると，一部で利子は公然と認められていきました。

3-3　共有資本の性質と私有化

　「社会」や「自然」「文化」「信用」は誰のものでもなく，「**共有**」されていました。ところが農地は余剰を生みます。それに気づいた人々の間で余剰の争奪戦が起きるようになり，農地そのものを占有するという考えが生まれます。

　15世紀になるとイギリスでは**囲い込み**（エンクロージャー）が本格化し，牧草地の一部が「**私有**」されていきました[15]。毛織物産業が勃興し，

14　F.マーティン（2014）『21世紀の貨幣論』p.157
15　第１次，第２次と囲い込み運動を分ける見方もあるが，連続しているためここでは分類しない。

第3章　近代以前の市場経済——農業・商業・金融 | **59**

羊毛を生産するためです。ここで余剰を自分のものにできなくなった農民の貧困化が社会問題化しますが，私有地はごく一部に止まりました。しかし世俗の国家が台頭すると，国家が所有するという意味の「**公有**」もまた公認されるようになり，共有資本としての土地は浸食されていきました。

　16世紀から18世紀にかけてのヨーロッパでは貿易を含む商業が活発化し，商人を支持基盤とする絶対王政が台頭します。ヨーロッパの国際社会においては，神聖ローマ帝国とローマ・カトリック教会という超国家的権威が衰退し，30年にわたる宗教戦争が1648年のウェストファリア条約で終結すると，神聖ローマ帝国を構成していた各国の主権と独立が承認されました。宗教戦争の時代が終わり，ヨーロッパにおいて戦争は独立国家間の紛争を解決するための外交の手段とみなされるようになりました。とりわけ17世紀には戦争が頻繁に起き，富国強兵が国策とされるようになりました。国家が独立し市場を利用して経済の活性化を図るためにも，共有資本の私有化，公有化が進みます。

　とりわけ1600年代後半のイングランドでは商品経済が浸透し，農業生産物は労働に支払われる以外の余剰で，土地・資本等，生産要素の所有者へ分配される割合が拡大します。囲い込みにより地主が発生すると，みずからは農地を耕作せず資本家に貸し，資本家は農民に耕作させるようになります。封建時代のようには生産要素の所有者を身分慣行では定められなくなると，土地や労働，資金の所有権が誰に属するかが問われるようになりました。J. ロックは『統治論』（1690）でこう述べます。

　　人が耕し，改良し，栽培し，そしてその作物を利用しうる限りで，
　　それだけの土地がその人の所有権に属する。彼はその労働によっ
　　て，それだけの土地を共有地からいわば囲い込むのである。また彼

以外のすべての人が同じようにその土地に対して権利を持っているのであって、したがって、仲間のすべての共有権者の同意がなければ、彼は、その土地を占有することも囲い込むこともできない、といっても、彼の権利は無効にはならないであろう（第二篇第五章「所有権について」）。

名誉革命（1688-69）以前、伝統や慣習の裏付けが財産所有の根拠とされていました。ところが生産要素の所有者が誰であるかが封建時代のように身分で決まらなくなると、所有権が誰に属するかは政治や裁判の場でその都度「根拠」を挙げて決められてきました[16]。ロックはそうした論拠を挙げての弁論を行ったのです。

ロックは、神は人間に対し規範すなわち自然法を共有することを命じたとします。人間は生まれたばかりだと、理性や道徳にかわる先天的能力を持ちません。それでも、自然法に従いつつ教育を通して自律性を獲得すると、自分の人身（生命・身体・健康・能力・行為）を支配する「自由」を有するようになります。成人はみずからの理性や感覚で意志を統制し、行為を支配する「自己決定する主体」だから、他者は本人の同意なく人身の自由に介入できません。それが、他者が私の労働を好き勝手に売る奴隷労働が許されない理由だとロックは論じます[17]。生命と財産・自由に対する所有権は、当人の「同意」によってしか解除されないのだ、と。

農産物はどうでしょうか。自然資源や生物は人類に共通の財産として神から授かったものですが、自然に人間が労働をもって働きかける、たとえば土地を耕し野菜を植えると、労働と自然物は混合し、自然物に対する所有権を獲得することができるとロックは言います。私的所有権は、手つかずの自然に労働を混ぜることで得られる、というのです。

---

[16]　M. ヘラー，J. ザルツマン（2024，原著2021）『Mine!』早川書房

[17]　ジョン・ロック（1972，原著1689）大槻春彦『人間知性論1〜4』岩波文庫，岩波書店

第3章　近代以前の市場経済──農業・商業・金融 | **61**

　ロックは，労働とは手つかずの自然で狩猟や採集をすることではなく，伐採や整地，石垣の整備により土地を改良する農業行為という見方を取り，これに従ったアメリカ最高裁の19世紀の判決では，狩猟採集民であった北米大陸の先住民は土地の所有権を持たないとして排除されました。共有資本が私有化される際，誰が所有するかは，弁論によって正当化されるのです。

　ただしロックはこの論理に重要な制限を付けています。他人に危害を及ぼさないようにすること，および他人にも十分に自然資源を残しておくことです。この「他人にも資源を十分に残す」という但し書きは，手つかずのフロンティアが発見され，それがごく一部しか独占されてはいない段階，資源の限りが見えてこない状態には当てはまります。[18]

　イギリスでも土地の私有化は紛糾を招きましたが，他人に危害を及ぼし，暴力に暴力で対抗する勢力が乱立すると，内戦にまで立ち至ることも稀ではありません。農薬や肥料を用いない原初的な農業だと生産要素の中でも労働や機械設備は稀少性においてさほど重視されず，生産性の高い土地が重視されます。

　歴史的事例を日本の中世に見ることができます。墾田永年私財法によって水田の私有化が認められ，豪族，貴族，寺院などによる水田の私有化が進むと，これが中世の荘園の基礎になりました。11世紀には土地をみずから開墾する開発領主が現れ，しかしせっかく広げた土地を強奪されないよう，より強い者に所領を寄進して保護を仰ぐようになりました。「寄進地系荘園」です。平清盛は西国一帯の武士から寄進を受け，東国では源氏が勢力を拡大しました。ここから数世紀にわたる大混乱が始まります。

　ここで源頼朝は，「御恩と奉公」というルールを考案します。合戦で武勲を挙げた者には恩賞として土地を与えるというのです。源氏方の御

---

[18] インターネットという以前には存在しなかった情報空間のフロンティアが突然に拓かれ，ブラウザーや検索エンジン，SNS といった新領域が開発されている状況には該当するかもしれません。

家人が平家を討ち取っては土地を与えられて関西へ移住しますが，鎌倉時代から室町時代まで戦乱は収まりませんでした。経済的に見れば戦国時代とは，農業生産にとって人命以上に重要な農地の私有化をめぐる大混乱でした。結局のところ，豊臣秀吉による統一が行われ，徳川家康が反乱分子を徹底して取り締まって，滞っていた開墾が1600年代に大幅に進みます。共有資本に所有権を確定するには，それを支持する権力が必要になるのです。[19]

　ただしここで重要なのは，あくまで土地は環境や生態系という共有資本の一部に過ぎず，私有化することには無理があります。環境や生態系が秩序を保つには，部分としての私有化された土地がその秩序を破らないよう規制に従う必要があります。ところがその後の経済学の見方は逆転し，環境や生態系は私的所有権からなる市場取引の「外部」だとみなされるようになりました。けれども共有資本には独自の秩序があり，それが接続する限りで私有化が起きうるということは確認しておく必要があります。

---

[19]　そうした日本の中世において，現実の地域経済はどう営まれていたのでしょうか。近年の歴史学の知見（高木久史『戦国日本の生態系　庶民の生存戦略を復原する』（講談社メチエ，2023））によれば，「越前国極西部」，福井県西南部で越前海岸沿いの30〜40km とその内陸の山村では，15〜16世紀の戦国時代に森林に囲まれ燃材豊かな地域から越地神社への納税一覧に液状のウルシ，屋根材のカヤ，ブナを成形した木器，芋粥にするヤマノイモや地下茎もデンプンとして食べるワラビ，それに斧持参での従軍奉仕が並んでいたとのことです。

　そこから推測されるのは，コメが乏しくても複数の食物を生産し，木材加工技術を修得し，燃材を切り出して海岸に運び，食塩を持ち帰ったことです。支配者がタケや木の伐採を許可制としたことからは，神木まで切り出し筏で搬出するほどの過剰な需要があったと考えられます。越前焼を大量生産して庶民向けの安価な消費財に供しようとする窯の大型化があり，越前焼は海路で北海道から島根まで運ばれました。山と海が隣接する村々であっても自給自足ではなく，庶民は海山の生態系から恵みを受け，技術革新に挑み市場を開拓し，森林で使う斧持参で従軍する一方，資源の利用権を行政に認めさせるなど，積極的な活動が展開されました。庶民は被支配層という先入観がありますが，単純には決めつけられないということです。

3-4　農業経済の臨界——私有化の限界

　さて地主みずからは農地を耕作せず資本家に貸し，資本家は農民に耕作させるようになって，資本を投下し続けるとどうなるでしょうか。図 3-2 で，OY は収穫する穀物の量，OX は投入された労働量とします。今回は土地が肥沃な場所から順に開墾されて O から X へと並んでおり，肥沃の度合いは単位面積当たりの生産量として rw_2w_1 の縦方向の高さで示されているとします。土地には同じ面積に同じ人数の労働が当てられているとします。このとき開墾された面積の拡大に応じて肥沃度が下がり，「**限界生産力の逓減**」が起きて，新たに開墾された土地の単位面積当たりで収穫される穀物の量は右下がりに減るとします（rw_2w_1 が右下がり）。

　開墾された土地は地主が私的に所有しているとし，資本家は土地を地主から借り，農業経営者として労働者を雇用し，小麦生産を行うとします。この場合には地主への土地賃貸料として「**地代**」が発生します。

　ここで労働者は土地を借り経営する自己資金を持ち合わせていないとすると，農業生産が増大しても労働者の賃金は生存に必要な最低費用（**生存費**）に張り付いてしまいます。「**マルサスの罠**」の状況です。R.

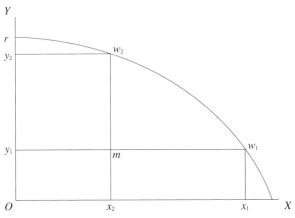

図 3-2　限界生産力の逓減（土地）

マルサスは1798年に出版した『人口論』で，人口は放置すれば1，2，4，8・・・と等比数列的に増加するが，食料は1，2，3，4・・・と等差数列的にしか増産しえないと主張しました。労働に分配された小麦の一人当たりの量が生存費を上回れば労働者の家計は余裕を持ち，人間の生殖衝動は人口をできる限り増やそうとすると考えたのです。図では小麦で換算した賃金が生存費を超えると労働人口が増えるため，労働者が得る賃金は長期的に生存費 y_1mw_1 に押し下げられています。

　ここで地代がどれだけになるのかを考えてみましょう。当初，社会全体の需要が小麦量 Ox_2w_2r ですべて満たされるとします。土地は O から x_2 地まで耕作されており，労働者に Ox_2my_1 の取り分が支払われます。このとき O 地を借りている資本家は限界生産力 Or だけの小麦を得ており，x_2 地を借りている資本家は x_2w_2 を得ています。

　そこで O 地の地主が地代を請求したとします。それに対し O 地を借りていた経営者が支払いを拒否したとすれば，x_2 地を借りている資本家が O 地に入れ替わって地主に地代を支払うことに応じるでしょう。O 地の地代が ry_2 以下であれば x_2 地を借りている資本家は得をするからです。このようにして各地で地主が地代を請求したとすると，O 地から x_2 地までそれぞれの土地で地価が発生し，地主階級は rw_2y_2，資本家階級は $y_1mw_2y_2$ が取り分となります。

　次に小麦への需要が拡大し，Ox_1 まで耕作されたとします。そのとき収穫の全体は Ox_1w_1r，労働者の取り分は $Ox_1w_1y_1$ で，残りの y_1w_1r を地主と資本家が分配することになります。けれども x_1 地での限界生産力が x_1w_1 なので，O 地の地代は ry_1 まで高騰しています。これまで O 地から x_1 地までで耕作できずにいて，ry_1 までなら支払って O 地の耕作を受け持ちたい資本家がいるからです。ここで地主階級の取り分は y_1w_1r まで増え，資本家階級の取り分はなんと消滅しています。利潤がすべて地

代に吸収されてしまったからです。

　ここで分かることは，経営者が土地を借り労働者を雇う市場経済では，限界生産力の大きさに応じて地代が発生するということです。穀物に対する需要が満たされる範囲での最劣等地では，限界生産力が賃金に等しいために地代は生じません。それ以外の土地では最劣等地と肥沃度に差があり，その差の分だけ地主は地代を請求できます。地代は肥沃度という自然の恵みの大きさに相違がある場合に発生しています（D. リカードの**差額地代説**）。

　農産物への需要が拡大しても，資本を過大に投下すると地代が増えるだけで経営者の利潤は低下するというのです。地主は土地をいちはやく私的所有しただけで，実際に労働者を雇用し農業経営を行っているのは資本家ですが，その仕事の成果は地主に吸い上げられてしまいます。

　似た現象は現代においても鉄道駅前の繁華街に散見されます。そこそこに客を集める飲食店があったとしてもさほど儲からず，次々に借り手が入れ替わるという現象です。駅前という集客できる希少な土地においては，より高い地代を支払っても借りる意思を持つ資本家が他に潜在しており，資本家は他の資本家と競って地代を上げ，結果的に地代が高止まりしてしまうのです。こうして利潤は消滅へ向かいます。資本家階級から利潤を奪う真の相手は地主階級なのです。

　実際の18世紀のイギリス農業では，資本家である経営者が耕作と牧草地利用を交互に行う（穀草式農法）農耕技術を導入しました。利潤の復活を目指して技術革新が生じたのです。利潤が消滅した理由は rw_1w_2 という限界生産力線を前提にして利潤が地代に吸収されてしまったからなので，技術革新により限界生産力線を垂直上方向へシフトさせ，利潤の復活を図ったのです。土地を持たず，農業に固執しない資本家は，資本を投じて利潤が得られる他の産業分野を探すようにもなりました。

📝 理論のまとめ

　農業は光合成により穀物にエネルギーを蓄積する技術であり，開墾を行うと余剰が発生します。けれども収穫は年に少数回だけであり，また災害もあって収穫が一定ではないため，金属貨幣が誕生するよりも2,500年ほども早くから貯蔵や前借りを通じて余剰が配分されたと推測されます。そのための信用は，定住している地域の顔見知りの間で共有されていました。

　一方，有機的な農業は自然や文化に地域的な差異をもたらし，運んで販売すれば利潤が生じるため商業が開始されました。見知らぬ商人間の取引では貴金属が用いられましたが，それぞれの経済圏から商品が集積する定期的な大市が開催されるようになると，顔を知られた商人は信用で取引を行うようになります。商業においても主権者が鋳造した金属貨幣（ソブリンマネー）ではなく，為替手形で商品の売買が行われ，後日決済されるようになりました。

　イギリスでは16世紀に囲い込みが進み，土地に私的所有権が設定されていきます。しかし所有権がどの財に付されるかは自明ではなく，裁判等で国により論拠が挙げられていきました。しかし資本家が土地を借り，他の資本家と競い合って地代を支払い，開墾を進めると，地主が利潤を吸い上げてしまいます。

参考文献

　負債論については D. グレーバー（2016, 原著2011）『負債論』以文社と M. アグリエッタ, A. オルレアン編（2012, 原著1998）『貨幣主権論』藤原書店, が有力な文献です。

　財やサービスの所有権にかんする議論は, M. ヘラー, J. ザルツマン（2024, 原著2021）『Mine!』早川書房に無数の事例が挙げられています。

　M. ヘラーと J. ザルツマンは所有権の「根拠」は自明ではなく, 古くから知られる「早い者勝ち」,「占有は九分の勝ち」,「労働への報い」,「付属」,「自分の身体は私のもの」,「家族のものは私のもの」の6つがあると指摘しています。例えばプロ野球のホームランボールは誰のものでしょうか。いったんボールをミットに収めたが周囲の観客に押され逃してしまったのが「先の占有者」です。ボールが外野席を転々と転がった場合, 最後に掴んだ人が「事実上の占有者」です。「労働に報いる」立場ではバッターに所有権があります。アメリカの裁判ではボールをオークションにかけ, 売上金を折半すべきだとの判決が出たことがあります。

4 グローバル化する商業と資本のゆくえ

4-1　冒険的商業と株式会社——オランダ東インド会社
4-2　商業信用と銀行信用——信用と流動性の管理
4-3　グローバル市場と資本家の役割——A.スミス『国富論』
4-4　江戸期日本における米市場と清算

《要約》　大航海時代のヨーロッパ経済は「大きな社会」に転換することになります。オランダの東インド会社は，アジアまでの航海という危険を経済的に賄いうるよう，株式会社制度を導入しました。複数回の航海の通算で利益を株主に分配するやり方で，初めて資本を継続する株式会社になりました。個々の株主は赤字が出ても出資以上には責任を追及されない有限責任となり，大きな資本を集められるようになります。またアムステルダム銀行は口座振替を実現し，貿易決済の中心となりました。綿織物（キャラコ）がイギリス東インド会社によってイギリスにもたらされると爆発的な人気を呼びましたが，イギリス本国の毛織物産業は壊滅の危機に瀕し，代わりに輸出できる財貨もなく銀が流出しました。こうした情勢に受け身で対応し，規制をかけて貿易でもうけようとする重商主義に対し，A.スミスはものづくりに資本投下することを求めました。このようにヨーロッパ諸国の経済活動はグローバルな貿易と競合し，「大きな社会」に組み込まれていきます。それに対し鎖国の元で経済発展した例として日本があり，堂島の米市場と金融機能を紹介します。

《キーワード》　大航海時代／東インド会社／株式会社／複式簿記／資本家／会計／有限責任／キャピタルゲイン／所有と経営の分離／無限責任／合本会社／不確実性／重商主義／価格メカニズム／生存費／マルサスの罠／差額地代説／ピール条例／中央銀行／金融政策／会計制度／準備／ベースマネー／

信認

4-1　冒険的商業と株式会社——オランダ東インド会社

　13世紀には遠隔地交易網がヨーロッパを覆い，大市では１商品の価格が唯一に収斂していました。企業は農業経営で利潤を生み出しますが，土地は地主に私有化され地代で貸し出されると，企業間の地代引き上げ競争で利潤は地代に吸収され，消滅に向かいます。そのように前章では農業に限界が見え始める18世紀まで話が進みましたが，商品を移動させる商業はそれまでにもヨーロッパ内に止まらず，冒険的商人が世界の果てまで赴いていました。

　香辛料は，以前はイスラム商人がインドや東南アジアで安価に仕入れて陸路で運び，地中海では東海岸との東方貿易で主にヴェネチア商人が買い取っていました。地中海交易圏が興隆すると，彼らは航海術を駆使してヨーロッパと遠隔地貿易を営み，高価で売却しました。ところが

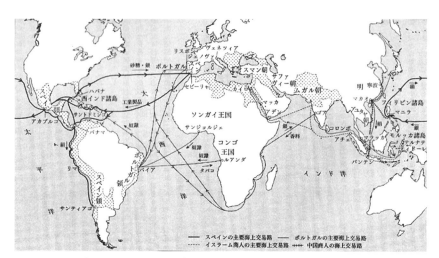

図４-１　16世紀のスペイン・ポルトガル・イスラーム商人の主要海上交易路
出典：金井雄一・中西聡・福澤直樹編（2020）「東西世界の融合」『世界経済の歴史　第２版』第３章，名古屋大学出版会

1453年にオスマン帝国がコンスタンティノープルを占領すると，ヴェネチアは香辛料貿易の航路が断たれます。

　そうしたさなかの1498年，ポルトガルから派遣されたヴァスコ・ダ・ガマが喜望峰を経てカリカットに到着し，この「地理上の発見」を契機に外洋を航行する戦艦や商船が建造されるようになり，造船技術や海図，コンパスを駆使したポルトガルとスペインがヨーロッパの各交易圏と中国・インド・東アフリカの三大大陸を海洋で結びつけました。**大航海時代**の始まりです。

　ポルトガルとスペインはカソリック国であり，利子や勤労を禁じていました。その一方で教会は寄付金を募り，金さえあれば救われると言わんばかりに免罪符まで発行したため，キリスト教内で分派したプロテスタントが「宗教戦争」を挑んでいました（16世紀前半より）。なかでも多くがスペインから移住してきたネーデルランド北部（現在のオランダ。南部は現在のベルギー）のカルヴァン派プロテスタントは金利を公認し，スペインから独立戦争を起こします（1568-休戦はさむ-1648）。さらにスペイン・ポルトガルとは東方進出でも競争を繰り広げ，公然と金利を対価としたこともあって，オランダでは金融の革新が展開されます。

　オランダは1602年に「**東インド会社**」を設立，その際に画期的な制度を採用しました。「**株式会社**」です。イギリスも東インド会社を持ってはいましたが，航海ごとに出資者を募り，帰港したのちに利益を分配して事業を清算するやり方をとっていました[1]。それに対しオランダは，複数回の航海の通算で利益を株主に分配するやり方に変え，初めて資本を継続する株式会社となりました。巨額の資金を長期的に調達できるようになったため，オランダ東インド会社は大砲を備えた強力な船を建造し，インド現地に拠点を持つことができました。さらに軍事力でポルト

---

[1]　アンソニー・リード『大航海時代の東南アジア1450-1680年』，平野秀秋・田中優子訳，法政大学出版局，(1)「貿易風の下で」1997年，(2) 拡張と危機，2002年，原著1993，法政大学出版局

ガルの基地を制し，ヨーロッパへの香辛料の供給を独占します。日本でも1609年に江戸幕府から貿易を許可され，平戸に「オランダ商館」を設置，東アジアにおける貿易拠点としました（1641年に長崎の出島に移転。以後は貿易も幕府の監視下に置かれました）。

オランダ東インド会社は条約を締結したり自衛戦争を行ったり貨幣を鋳造したりと，国家の出先機関としての性格を色濃く持ち併せましたが，巨額の負債を抱えて1799年に活動を停止します。けれどもオランダが世界経済の中心にあった約2世紀間，「大きな社会」への扉が開いたことは重要です。

会社の所有権は資本を提供した人にありますが，オランダ東インド会社は第一に，その株主に未知の他人も迎え入れました。それまでの事業はヴェネチアでは家族，フィレンツェは仲間（コンパニア）というような強い絆を持つ縁故，すなわち顔見知りから成る「小さな社会」で営まれていました。けれども株主が顔見知りではなく金銭的な儲けを目的に資本を提供するのであれば，明確で客観的な基準をもって対応する必要があります。そこで事業の儲けをフローの金の出入りだけで記す単式簿記でなく，ストックとして資産が殖えたかまで明示する**複式簿記**で記録し，自己資金（純資本）に借り入れ（負債）を加えた資産を出資比率に応じて儲けが分配される様子を**会計**（accounting）で説明することになりました。

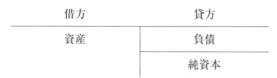

図4-2　複式簿記による貸借対照表

こうして「**資本家**」とは、それぞれの事業に資本を投じ、純資本を増やそうとする人々のことと理解されるようになりました。けれども東インド会社の株主となることには、巨大なリスクが伴いました。そこで第二には、株式会社は損失が出ても株主に出資金以上の負担を求めない**有限責任**（limited）制とされました。会社は株主から出資金を得る以外に、銀行を中心とする債権者からも融資してもらいます。無限責任制では、会社が負債を返済できなくなり倒産した場合、無限責任を追う者が債権者に対して負債の総額を支払う責任を負います。倒産すれば自宅にも債権者が押しかけ、財産を差し押さえられることもありました。それに対し有限責任では株主の負担を出資金までとし、会社が返済できなかった負債までは責任がありません。負担の上限が明確になるためリスクが減り、複数の株を保有することが可能になりました。

そのうえ株式は他の株主に売却できるようになり、1602年にアムステルダムには世界初の証券取引所が設立されました。株価の下落を予想した株主は**キャピタルゲイン**（売却益）を確定させるため、売却を図ります。株式を持つことの目的として、配当に売却益が加わったのです。一方、株主は自分では会社における資産の運用は行わず、専門的な経営は取締役会に委任して、経営者が利潤を得て資本を増やすことに関心を集中させるようになります。こうした状態を「**所有と経営の分離**」と呼びます。

オランダの東インド会社は斬新過ぎる実験ではありました。会計がずさんで、航海から無事に香辛料を持ち帰り「利益剰余金」が出た際、過剰に配当に回すこともありました。旅先で船員が資産を浪費したり、資本の充実に無頓着でもありました。株主が他人であるだけに、財務の管理が行き届かなかったのでしょう[2]。その結果、ヨーロッパにおける消費財の需要が絹織物や綿織物へと移行したことを見抜けず、イギリスに

---

[2]　永積昭（2000）『オランダ東インド会社』講談社学術文庫

覇権国の座を奪われることとなります。

有限責任の株式会社が実際に法制化されたのは19世紀のイギリスであり，現実の社会経済を動かすようになるのは20世紀のアメリカでした。株式会社制度は，巨額の機械設備に投資する際，さらなる効力を発揮することとなります。

4-2　商業信用と銀行信用——信用と流動性の管理

15世紀後半に定期市として有力になるのが，1420年に始まったリヨンです。開催も1462年には年に4回となり，商人には手形の振り出しや利息の受領，通常の取引から生じた未払い分である「買掛」という信用取引が認められました。

市場で代金を現金（ソブリンマネー）で支払って商品と交換すれば，取引はその場で終わります。1件ごとに支払うには現金が必要ですが，信用取引が行われると現金の代わりに債権と債務が発生し，現金は債務者が所定の日に払い込んで債務を解消します。この支払いが「**決済** settlement」で，リヨン大市の決済は次回の大市の終了後に行われました。[3]

大量の商品が取引される大市では，それぞれの商人に大量の債権・債務が発生します。その中にはAからBに10ポンド，BからAに8ポンドといった具合に商人間で反対方向の支払いが同日に約束されることが少なくありません。そうした場合には，決済以前にAからBに2ポンドの1本の債権・債務に置き換えられました。このような決済の事前準備が「**清算** clearing」です。清算の作業により，商品購入にかかわる現金利用は大幅に削減されることになりました。

アダム・スミス以来の伝統的な経済学を「まったくの誤謬」と批判し信用を交換の媒体とみなした在野の金融学者H. D. マクラウドは，1855年に出版した『銀行業の理論と実際』でこのように生成した銀行組織の

---

[3]　小梁吉章『17世紀リヨンの手形決済規則』広島法学37巻2号（2013）による。

信用システムを描写し，「商業信用 Mercantile Credit」と「銀行信用 Bank Credit」に分類しています[4]。今回（第4章）は「商業信用」について考えてみましょう。

　現金と商品を交換するのではない商業信用では，商品の受け渡しと同じ時刻，同じ場所で決済を行う必要がなくなります。リヨンでは年4回，参事会長出席のもと手形決済が行われました。決済を行うまで支払いに猶予がある商業信用では，事前準備として帳簿の上で「清算」が行われ，「売り」と「買い」でそれぞれ現金を仲介する場合に比べて最終的な決済に用いられる現金ははるかに少なくなりました。

　16世紀も半ばになると，リヨンの大市は商品市の色合いが薄れ，むしろ過去数ヶ月間に行われた国際貿易で累積した貸方・借方の残高を清算する国際金融市場と変貌します[5]。しかも商品の運搬を別の業者に委託するようになると，商人には隊商を組んで商品を運ぶ必要もなくなります。商人の中には国際貿易の法律と会計に専念し，銀行家に転じる人も出てきました。こうして大市と信用の清算・決済は空間的時間的に切り離されていきます。これは現実の大市であり，「物々交換」や現金で支払うとしても購入と売却が同額になるとみなす第7章の一般均衡モデルとは，まったく異なる取引です（第7章参照）。

　リヨンの決済システムは，公立のアムステルダム銀行に継承されました。17世紀に隆盛を迎えるアムステルダムでは，外国への貸付や貿易金融に携わるマーチャント・バンカーが為替手形を引き受け，裏書譲渡するようになりました。これは信用取引にかんする大変革でした。為替手形は振出人Aと受取人Bの間の私的な約束事です。「小さな社会」の信用は，AとBが対面したことがあり，顔見知りであるという共有資本としての信用にもとづきます。しかしそれでは見知らぬ者同士の商業信

---

[4]　Macleod, H. D. (1902), The Theory and Practice of Banking, sixth edition (first edition 1855), London, Longmans, Green, and Co. 初版は1855刊。古川顕「H.D.マクラウドの信用理論」が詳細かつ的確な要約と紹介を行っています。

[5]　F.マーティン（2014），p.144-146

用は成り立ちません。

この為替手形を第三者Ｃが引き受けると，Ａが支払えなくとも（日本で言う「不渡り」），Ｃが支払いを保証します。これが為替手形の「**引受**」で，Ａの信用が低くともＣの信用が高ければ，この為替手形は安全とみなされます。無名のＡを知らなくとも，著名なＣが引受ければ，私的な信用である為替手形の信用が高まり，換金しやすくなるのです。この「換金のしやすさ」は「**流動性** liquidity」と呼ばれ，流動性の高い金融資産は現金に近い扱いを受けるようになります。

無名の商人が商品を輸入する際，為替手形をアムステルダムの大商会からソブリンマネーで購入し，輸入相手国の通貨で支払う約束をしたとしましょう。信用が低い商人の借用書は信用の高い大商会が発行する借用証に転換され，ヨーロッパ中を流通するようになります[6]。大商会が地方の私的な信用取引を引受けたことで，信用の低い債務に高い流動性が与えられたのです。けれども元の借用書の低い信用そのものが高まったわけではなく，いわば高い信用を偽装しただけです。

現代でも国や自治体，企業が債券や株式といった有価証券を売り出すとき，引受会社（主に証券会社）が取得し，販売しています。一流の証券会社が引き取り販売すれば，支払に疑問のある債券でも流動性は高まります。取引を行う支払人の信用が不確かであってもマーチャント・バンカーのより高い信用に置き換えられるため，為替手形の振り出しは容易になり，為替手形はアムステルダムに集まることとなりました。

そのうえ商人たちはアムステルダム銀行に口座を保有するようになると，他の口座との間で帳簿にしか存在しない計算単位であるバンク・マ

6　F.マーティン（2014）第6章。原初的な信用の基礎は対面にありましたが，アムステルダムで引受が増えると信用の低い為替手形でも流動性が高くなります。経済学界ではながらくアムステルダム銀行は中世的で，信用創造が制度化された19世紀ロンドンの銀行に比べて遅れていると言われていましたが，「小さな社会」から「大きな社会」への転換にとって決定的なのは引受やそれにもとづく口座振替です。それを実現したのはアムステルダム銀行で，世界中の貿易の決済が集中することになり，両替商も集まって，各国通貨の両替率は収斂していきました。

ネーで決済を行い，資金を振り替えるようになります。アムステルダム銀行は引受信用を口座で振り替える「**振替決済システム**」を完成させたのです。

4-3 グローバル市場と資本家の役割——A．スミス『国富論』

イギリスにおいても1600年に商人が国から特許状を受けて東インド会社を結成，アジアに進出してインドの物産を独占していきました。17世紀半ばを過ぎるとフランスも東インド会社を設立，インドにおける貿易競争はイギリス，オランダにフランス，北欧諸国も加わって，激化していきました。

インドでは特定のカーストが専門技術をもって洗練を極めた綿織物を製造するようになっていました。綿織物は染色が容易で美しく，軽くて安価，水洗いもできました。各国の東インド会社はこの「インド・キャラコ」をヨーロッパに持ち込み，1670～80年代には熱病のようなブームを引き起こしました。

ヨーロッパはインドの綿織物以外にも，中国の景徳鎮の陶器，香辛料に魅惑されました。輸入品の陶器，磁器，漆器が置かれた部屋のテーブルで茶を飲む習慣が，王族や貴夫人のステイタス・シンボルとなります。ロンドンには17世紀に数千軒のコーヒーハウスがひしめきました[7]。そうした中でイギリスは香辛料の販売をオランダに奪われたものの，主力商品を紅茶や綿織物に替えてはヨーロッパへ輸出しました。

このように綿織物の貿易は隆盛を極めますが，これに大打撃を受けたのがイギリスの毛織物業です。というのもイギリスでは，囲い込んだ牧草地で羊を飼育し，17世紀半ばには手工業が毛織物を輸出できるまでに育っていたからです。

---

[7] 角山榮・川北稔編集（1982）『路地裏の大英帝国：イギリス都市生活史』平凡社

主要産業として毛織物を重視したイギリス政府は，1700年にキャラコ輸入禁止令を発令しました。国内産業の保護策でしたが，キャラコを手放したわけではなく，北米に再輸出していました。けれどもこうした状況は長続きしません。というのも18世紀中頃まで中国やインドとの貿易関係は一方通行だったからです。明・清時代の中国は文化資本が高度に蓄積され豊かかつ多彩で，品質に劣るヨーロッパ製品には目もくれませんでした。

貿易においては輸入超過のままでいることは困難です。ヨーロッパ内部の商取引では信用が清算されていましたが，債務のみ蓄積される中国やインドとの貿易では，ヨーロッパ諸国は銀で決済する必要がありました。そしてその支払いには銀が当てられました。スペインが植民地としていた現在のペルーで開発したポトシ銀山でインディオに採掘させた銀がヨーロッパに流入していたのです。こうしてヨーロッパからアジアへは銀が流出していきました。

こうした一連の事態につき議論が起こりました。東方との貿易で東インド会社が銀を流出させる貿易を声高に批判したのが重金主義（bullionism）です。一国が保有する貴金属貨幣を「富」とみなし，富が減ることへの批判です。これに異論が向けられます。綿織物を輸入してイギリスの銀が減ったとしても，転売すれば取り戻せる，2国間の貿易赤字だけで貿易全般を評価してはならないという反論です。

イギリスの貿易が総体として黒字になれば良いとし，貿易黒字をすべての相手との関係からとらえようとするこの立場は「（全般的）貿易差額主義」です。実際，綿織物は大西洋地域へと再輸出されていました。こうした思潮は**重商主義**（mercantilism）と呼ばれ，イギリスでは輸出を促進し輸入を抑制するために煩雑な規制が敷かれました。

そのように貿易と規制の扱いをめぐり議論が紛糾した18世紀後半，規

制撤廃を唱え，資本の使い道を見直して，遠隔地商業からものづくりへと重心移動を求める主張が現れます。それがA.スミスの『国富論』（1776）で，スミスは富の定義を「国民が年間に消費するもののすべて」に替えるよう論陣を張りました。

遠隔地商業は，離れた土地で価格差があるときに財を移動させて利潤を得ます。それに対しスミスは，ものづくりにおいては同じ場所でも資本家は価格差を見出すと考えました。「市場価格」と「自然価格」です。

産業の経営において，資本は自己資金です。それに不足分を銀行から借り入れた「負債」を併せ，「資産」として運用します。これまで資本とは農業余剰が人間関係や生態系，文化や金融にも転化されて蓄積されるストックとしましたが，スミスは資本をより積極的に労働や土地，技術や資金のフローを時間当たりで雇用しものづくりを行う元手とみなし，軽工業につき考察しました。

スミスは株式会社ではなく無限責任の会社を考えました。資本の所有者が経営者でもあり，どんな事業に取り組み労働と土地と資産を投下するのかを決める権限を持ちます。3‐4で述べたように，すでに土地や労働，貸付金利について私的所有権が公認されていました。そこで労働には賃金，土地には地代，借入には利子を事前の契約通りに支払い，材料を仕入れて加工し売り上げ差額が残るなら，それが利潤として資本の取り分になります。これが産業経営の仕組みです。

経営者は資本をどの分野のどんな事業に投じるかを，価格をシグナルとして判断します。価格には2種類あり，実際に売買される価格が「市場価格」で，それに対し「すべての価格がたえず引き寄せられ」，長い期間で平均的に持続する長期価格をスミスは土地の地代，労働の賃金，資本の利益を支払いうる「自然価格」と呼びました。

ある商品の市場価格が自然価格よりも高いなら，現在の価格が長期的

に落ち着く先の価格よりも高いことになります。差額の利潤が見込めるので，経営者は資本を他の事業分野から移転させ，労働・土地を用いてその商品を生産します。**価格メカニズム**とは，このように価格と利潤を指標として経営者が生産要素や原材料を移転させる制度です。

　スミスは価格の指示に従い資本を移動させることを資本家の使命とみなし，輸出入を規制して資本を移動できなくする重商主義や植民地支配によって貿易を独占しようとする東インド会社を批判し，自由な資本移動が国民の消費を豊かにすると主張しました。

　では同じ収益率（資本1単位当たりの収益）であれば，どの事業分野が選ばれるでしょうか。スミスはこう述べます。

> 　資本の利益を業種ごとにみていくと，収益が**確実**か**不確実**(certainty or uncertainty) かによって，通常の利益率が多少とも違っている。外国との貿易より国内の商売の方が，確実性が高い。外国との貿易でも部門によって確実性に違いがあり，北アメリカ向け貿易はジャマイカより確実性が高い。リスクが高いほど，通常の利益率は常に多かれ少なかれ高くなる。[8]

　スミスが遠隔地との貿易を重視する重商主義を批判する最終的な理由は「不確実性」にありました。リスクが高いほど利益率は高く，利益率が同じなら，確実性を重視しなければなりません。確実に運用しようとすれば，資本はまず国内で土地の改良と耕作のため農業に投じるべきだとスミスは考えました。次いで都市における製造業へ投じ，貿易は後回しにされるべきだとしました。「利益率が同じか，ほとんど変わらないのであれば，たいていの人は自分の資本の使い道として，製造業や貿易業よりも土地の改良と耕作を選ぶ。土地に資本を投じれば，貿易に資本

---

[8]　A.スミス（2007）上，p. 117

を投じる場合よりも，事業を直接に監視し監督できるし，思わぬ出来事で資産を失うことも少ない」と[9]。確実性の高さに準じたこうした資本投下のあり方を，スミスは「自然な資本投下の順序」と呼びました。

「確実である」のは，国内であれば事業を直接に監視し監督できるからです。それに対しアメリカの植民地へ資本投下すると，監督しようにも行政費・軍事費を負担せねばなりません。当時，アメリカの植民地は重荷となりつつありました。スミスは『国富論』で，ブリテン本国が北アメリカ植民地を自発的に分離することで得られる利益を列挙しています。[10]

ところが18世紀後半には，スミスが予想しない事態が進行していました。イギリスの農業は，すでに収益率が低下していました。そこで都市における製造業に資本投下がなされ，そこから産業革命が起きていくのです。

4-4　江戸期日本における米市場と清算

17〜18世紀のヨーロッパでは，資本家がアジアとの間で価格差が存在すること見出し，利潤を得ていました。ところが冒険的な商業は不確実性が高く，しかもアジアへ輸出する物産をヨーロッパ諸国は持ち合わせなかったため，輸入と引き替えに銀が流出していました。さらに農業においても利潤率が逓減していました。そこでスミスはものづくりで自然価格と市場価格に差を見出し資本投下すべきことを唱えました。ヨーロッパ諸国の産業はそのようにグローバルな市場競争に巻き込まれていました。

では鎖国状態の農業国において経済の循環はどのようなものだったのでしょうか。戦乱が終息した江戸時代の日本においては，鎖国によって外国の安価な商品との競合が起きず，商品市場は金融市場とともに整備

---

[9]　A.スミス（2007）上，p.391

[10]　A.スミス（1776）第4編第7章「植民地について」。

されていきました。江戸時代いっぱいの日本の市場経済が特異だったのは、自然や文化、社会という共有資本が秩序を持って持続し、しかも経済が政府や中央銀行の負債ではなく、米という商品貨幣を中心に編成されていた点です。農業を中心とする有機経済としては、精緻を極めた構成だったと言えます。その様子を見てみましょう。

　年貢は戦国時代には銭（銅、永楽通宝）で支払われましたが、中国からの銭の流入が途絶えた戦国時代末期から江戸時代いっぱいは米で納入されました。農民は作った米を幕府や藩に税として収め、武士は俸給を米で支払われました。多くが都市で暮らす職人は日当を銀貨で支払われました。米を金銭に換えての金納では額が不確定ですし、商品種がさほど多くない時代に万人にとっての必需品である米で納入するのは合理的です。

　問題は、武士階級が税として徴収した米を食事に回す以外に、他の物産や衣類、武器、工藝品などをどうやって購入していたかです。大名は米で徴収した年貢から配下の武士に俸給を支払い、それ以外の米は藩の予算として金銀銅の金属通貨に替えていました。米を通貨として貴金属の代用とするには米と金属通貨の交換比率を知る必要があります。

　17世紀中頃、米問屋の淀屋が大阪淀屋橋南畔の店先で淀屋米市を開きました。それが1697年に対岸の堂島に移転し、堂島米会所となりました。1730年になると米の現物市場（正米取引）と先物市場（帳合米取引）は「**堂島米市場**」として、江戸幕府によって公認されます。[11]

　堂島「米市場」と言っても、鮮魚市場などとは異なり、米は実物を眼前に置いて売買されたのではありません。藩は年貢として集めた米を10月から翌年4月にかけて「俵」で堂島まで回船で運び、蔵に収めて管理しました。米は蔵に収められたままで、蔵は米の代わりに「米切手」を

---

[11]　以下、高槻泰郎（2018）『大坂堂島米市場　江戸幕府 vs 市場経済』講談社現代新書による。

発行しました。売買で相場が決まったのは実物の米という商品ではなく，米切手でした。

米切手の発行と販売は次のような「入札」の手続きで行なわれました。まず各藩は，蔵屋敷の米を販売するために入札を行う旨の公示を門前に掲示します。入札には資格が必要で，資格を持つ大坂の仲買人が各蔵屋敷に集まります。仲買人は自分が欲しい米の数量と価格を入札用紙に書き，箱に投じます。米切手はより高い値段を入れた商人から落札され，落札金額は10日以内に全額が支払われました。

仲買人は米問屋からの依頼で入札に臨みましたが，落札した米切手をすぐに米に替えたわけではありません。米切手の一枚は30俵すなわち10石，重さにして1.5tもありました。仲買人は米の質や量を確認しつつ米切手を堂島米市場の現物取引である「正米商い」で転売し，4日以内に両替屋の預金口座で清算しました。米問屋は米切手を1～2年内に蔵屋敷で米と交換し，それぞれの消費地へと運送したのです。

米切手は農産物であるだけでなく通貨でもあり，別の金融商品を派生させ，それも売買されました[12]。堂島は農産物市場というよりは金融市場でした。取引の顧客は堂島まで足を運ぶ必要はなく，仲買人は「米飛脚」や「旗振り通信」といった通信手段を用いて全国各地へと時々刻々の米価格や蔵屋敷の販売量，相場内の様子を伝えました。旗振り通信の平均速度は時速720kmに上り，堂島から神戸で7分，広島で40分，箱根を越える江戸では8時間で情報が届いたと推定されています。

米切手の相場が判明すれば，米は各地でも金属通貨と交換できます。幕府と藩は武士への俸給を米の現物で支給し，残りを売却して金属通貨とし，予算に当てました。また藩は米切手を発行して仲買人に売却し，

---

[12] 米切手は藩ごとに30銘柄がありましたが，様々な銘柄の値動きを代表させる「立物米」を各期に投票で決め，その架空の米切手を将来の期日に受け渡すという「帳合米取引」も行われました。これは世界最先端の「先物取引」であり，今日の平均株価や株価指数から景気の動向が推察されるのと同様，帳合米取引の約定価格は経済動向の鑑とみなされました。

現金を獲得すると，融資を受けていた金融商人への返済や，財政支出に当てました。戦国時代までで硬貨の輸入が途絶え希少となった日本において，堂島米市場における米の売買は「米切手」という藩の負債で行なわれ，最終的な決済も両替商の信用取引の決済とともに行われました。両替商は江戸の金貨と大坂の銀貨の両替を行いましたが，米切手とも両替したのです。

　幕府と藩，農民の日常の商品取引は商業信用で行われ，最終的なその決済は米と貴金属との両替比率が決まる堂島米市場において，両替商が無利子で預っていた預金の振替によって行いました。米はスミスの言うような，交換される商品が通貨でもある「商品貨幣」というよりも，納税の手段であり，また商業信用の決済手段でもありました。職人以外がキャッシュレスで商品売買できたのは両替商という金融資本が清算と決済を行っていたからで，商品の市場と信用の取引は西欧の大市同様に分離されていました。

　付言したいこととして，江戸時代の日本では経済の循環が秩序立っていただけでなく，併存する文化資本や自然資本も秩序を保っていました。1870年にパリで出版されたエメ・アンベールの『幕末日本図絵』は「江戸の商人街の店頭に陳列された工芸品」につき，「江戸の職人は真の芸術家である」と述べています[13]。種子屋で売っている包みに描かれた植物の彩色画にしても，「これらの絵は何か日本の植物誌のような冊子から写し取られたかと思われるほどの小傑作である」。ところがそれを描いたのは，畳の上に寝そべって筆を走らせている年端もいかぬ店員でした。

　動力を用いず手仕事で生産されていたそれらの工藝品を「民藝」と名付けた柳宗悦は日本中を行脚して調査し，「大体昭和十五年頃の日本の手仕事の現状を述べた」とする『手仕事の日本』（1946）を著しました。

---

[13]　E. アンベール（1969〜70）『幕末日本図絵』（雄松堂出版），原著は Paris，1870

記載された約275点から，江戸期の手仕事の伝統が昭和初期までは命脈を保っていたことが分かります。収録された民藝作品には製作者名が書かれておらず，親方の指揮のもと無名の職人の手になる作品であるか，もしくは職人名が分かっていてもその地方には等質の作品を仕上げる技術が定着していたようです。

　日本人の誰もが当たり前に経験していたそうした日本の光景は，明治以降の近代化で化石燃料による動力が導入され，失われていきました。明治維新前後に訪日した外国人旅行者は激賞しましたが，維新後の日本人は強い意志を持ち，文化資本や自然資本を切り捨てていったのです。[14]

---

[14] それでも江戸期の風俗を書き記すことに情熱を持つ人は各地にいたようです。一例を挙げると備中松山藩士だった国分胤之の『昔夢一班』（旧高梁藩人親睦会，1928）は，嘉永・安政時代の制度や暮らしぶり後世に伝えるべく回想したものです。石川達三の『私ひとりの私』（1971，原著1965）講談社文庫は自伝ですが，大正時代に同地で中学生時代を送った作家が美しくも厳粛なこの町の残照を描いています。今日ではその名残を見ることは困難となっています。

🖊 理論のまとめ

　大航海時代に展開されたグローバルな商業において，現在につながる制度や現象が現れました。

・「小さな社会」の顔見知りの間では信用で取引できても，「大きな社会」の未知の人との間ではそうはいかず，A.スミスは貴金属貨幣が用いられると考えました。ところが現実には「大市」で商業が集約されると商人間では信用取引が行われました。

・株式会社制度が資本の継続と有限責任を実現し，その結果，会社経営よりも資産収入を目的とする株主が資本家として登場することとなり，株式市場はキャピタルゲインを求める株主の取引の場となりました。

・会社が縁故でない株主に利潤や負債について説明するため，複式簿記や会計が考案されました。

・株主は会社の経営を専門の取締役会に委任し，「所有と経営の分離」が現れました。

・重商主義は貿易により純輸出額を貴金属で蓄積することを目的とし経済的規制で実現を図ったものの，国際競争のもと輸出する商品を持たない国からは決済で貴金属が流出するだけになりました。

・商業では価格差を地域間に見いだしますが，スミスはものづくりにおいては現在の市場と長期の市場の間に市場価格と自然価格の差が見出せるとし，それに応じた資本投下を訴えました。この考え方は工業における企業の経済的立場を明快にとらえ，マーシャルへと引き継がれました。

・収益率が同等である事業の間でいずれを選ぶべきかについて，スミスは確実性に注目すべきと説き，国内の農業，製造業は海外との商業よりも確実であるととらえました。この見方は，将来を不確実性からと

らえる F. ナイトや J. M. ケインズに受け継がれます。

・農業における利潤の消滅は工業への資本投下を促します。ヨーロッパではアジアにおけるグローバルな商業競争で銀が流出していきましたが，日本では鎖国によって銀の流出入がなく，米を中心的な生産物とする信用経済が発達しました。米市場は商業信用として，金融市場を派生させました。江戸の日本経済においては，それらが共有資本としての町並みや文化と美しく融合していました。

参考文献

　川北稔（2016，原著2001放送大学）『世界システム論講義』ちくま学芸文庫。16世紀の世界がヨーロッパ，非ヨーロッパ世界で一体となり，複雑に影響しあって歴史を刻んできたとする「近代世界システム論」。商品が具体的に取り上げられ，楽しい講義です。

　宮本又郎・上村雅洋（1988）「徳川経済の循環構造」『経済社会の成立17〜18世紀』日本経済史１，岩波書店に江戸時代の日本経済について見通しのよい循環図が描かれています。

　金井雄一『中央銀行はお金を創造できるか』名古屋大学出版会の第６章「振替決済システムの形成とロンドン金融市場」に，徴利隠しのための為替取引の発生，それを引き受けるマーチャント・バンカーが出現したことによる為替手形の成立という経緯が説明されています。

5 工業経済への模索

5-1 ものづくりにおける自由と保護
5-2 工業経済の基礎——法と公教育
5-3 消費社会化と「効用」の発見
5-4 信用創造と中央銀行の誕生

《要約》 A.スミスは自由な資本投下の対象として国内における農業や工業を支持，規制により貿易で利潤を上げようとする重商主義を批判しました。ところが現実にイギリスを経済覇権国にしたのは，国際競争から保護された後発の繊維産業に技術革新を導入し，その延長で化石燃料を各分野で活用する産業革命でした。F.リストはそのように途上国が工業を軸として発展するための条件をまとめ，幼稚産業の保護論を唱えました。リストは工業化の時代においては国家が科学にかんする知識や技能，文化系的な学芸によって国民を教育すべきという公教育論も主張しましたが，地域の方言や多様な価値観から成る共有資本とは対立する面もありました。化石燃料を活用する重工業化を実現するには経済的な変革も必要となり，諸方面で模索が続きました。

工業製品は有機的に自生する自然に比べてはるかに多様で，それに応じて「欲望」が生成します。そこから消費者行動の理論が整理されていきました。ロンドンでは銀行口座を用いた信用の振替が引継がれ，銀行信用が信用創造をもたらして，巨額の融資が実現します。銀行の使命は信用力と流動性の管理となり，失敗するとたび重なる金融危機が勃発し，振替決済制度を維持するためにもイングランド銀行が中央銀行に昇格します。

《キーワード》 産業革命／輸入代替／比較優位の理論／幼稚産業の保護／工場／政治経済学／公教育／消費社会化／効用／総効用／限界効用／基数的効用／限界効用の逓減／順序／序数／無差別曲線／代替効果／代替財／補完財／引受／裏書き譲渡／銀行信用／要求払い／信用創造／ピール条例／中央

銀行／金融政策

5-1　ものづくりにおける自由と保護

　1600年代のイギリスでは毛織物が産業として確立し，輸出も盛んに行われました。これは農村の家内工業で，「プロト工業化」と呼ばれました。フランドル地方等の北西ヨーロッパや日本にもみられた現象です。もともとは比較的に貧しい農村地域では繊維製品を副業として自家消費や近隣の市場向けに製造していましたが，そこに都市の商人が入り込み，新大陸も含む遠隔地の市場への輸出を目的として組織していきました。

　ところがイギリス東インド会社が輸入したインド産の綿織物「キャラコ」がヨーロッパで大ブームとなると，イギリスの毛織物産業は停滞を余儀なくされました。

　スミスは規制を用いた貿易を批判し，自由化した上で資本の投下先として国内の農業を推奨しましたが，現実に生じたのは，スミスが投資先として2番手として挙げた工業部門の目覚ましい成長でした。「**産業革命**」が起き，イギリスに経済覇権を握らせたのです。1760年頃から紡績機械の開発競争が始まると，ジェニー紡績機，水力紡績機，ミュール紡績機が次々に開発されました。インド製に劣らない高品質の綿糸が大量生産され，織布分野でもカートライトの織機が開発されました。化石燃料を動力とする機械化や工場制度は重化学工業化を引き起こします。蒸気機関やコークス高炉も開発され，手仕事は機械化されていきました。

　ここでイギリスが試みたのは，インド産の綿織物の模造品を安価に製造することでした。石炭を燃やして紡績機で機械織りし，国産品をインド産と十分に対抗できるまで大量生産して，価格を大幅に引き下げたの

です[1]。イギリスのランカシャー地方は綿業の先進地域となり，インドの紡績業者に壊滅的打撃を与え返しました。このように輸入していた製品を国産化することを「**輸入代替**」と呼びます。

　ここで注目されるのは，スミスが求めたようには重商主義的な「経済的規制」が撤廃されず，イギリスが保護主義を維持したことです。1700年にキャラコ輸入禁止法が制定され，1720年には国内におけるすべての綿製品の製造と消費が禁止されました。そうした中で1736年にランカシャーでは綿業が解禁され，対インドの保護は続けたままで産業革命の成果を取り入れ，発展していったのです。[2]

　外国との経済競争から自国産業を守る保護主義が産業革命の背後にあったのだといえます。当初，規制は重商主義にもとづき貿易促進のために施行されましたが，次いで弱体化した毛織物業を国際競争から保護し，動力にかんする革命が綿製品の輸入代替を実現するまで時間的猶予を与えました。

　D. リカードは1817年の『経済学および課税の原理』で「**比較優位の理論**」（第13章）を唱え，その後，穀物法や航海条例が撤廃されますが，イギリスは19世紀の半ば以降は保護を受けていたみずからの過去を隠すかのようにして，諸国に自由貿易を強要します。それを「はしごを後ろに投げ捨てる」ような振る舞いだと批判したのがドイツのF. リストでした。イギリス自身が保護貿易を通じて輸入代替を達成したのに，その経緯を隠しているというのです。

　発展の初期にある国が経済先進国と自由競争を強いられても，「幼児や少年が格闘で強壮な男子に打ち勝ちがたい」[3]でしょう。自由貿易論は，幼児のような途上国経済を強壮な大人である先進国経済と闘わせようと

1　ロバート・C.アレン（2017，原著2009）眞嶋史叙他訳『世界史のなかの産業革命—資源・人的資本・グローバル経済』名古屋大学出版会，第8章「綿業」
2　アレン（2017），p.242
3　フリードリッヒ・リスト（1970，原著1841）『経済学の国民的体系』小林昇訳，岩波書店，p.356

する主張だとリストはとらえました。

　スミスは自由化を唱え国内への資本投下は輸入よりも確実だと主張したのですが，毛織物産業を優美なキャラコと競わせるのは時期尚早で，産業革命における数々の発明と結びつくには時間を要したのだと思われます。

　幼稚段階にある産業は保護すべきとする政策は「**幼稚産業の保護**」と呼ばれました。リストはこの考え方をイギリスや，保護関税によってコルベールが繁栄をもたらしたフランス，諸州の分裂から統一を経て発展を開始した北アメリカやロシアについての観察から練り上げ，1841年の『経済学の国民的体系』を世に問いました。

　ただしリストはいつどのような産業についても保護すべきだとは言っていません。リストは経済発展が，「1）未開状態→2）牧畜状態→3）農業状態→4）農・工業状態→5）農・工・商業状態」の五段階で進むと考えました。未開状態から牧畜状態を経て農業状態に達すれば，まず国内農業を発展させなければなりません。農業は保護せず，国際競争にさらすべきだとリストは言います。有機的な農業には各国間で競争条件に大差がないからです。

　化学肥料を用いる以前の有機的な農業が家族やコミュニティで経営される場合，そうした集団の中で知識や技術が伝承されました。それに比べ準備期間がかかるのが工業です。工業は科学にかんする知識や技術の精華であるため，工業力の発展には理科系的な学術の知識や技術の教育が不可欠でした。そこで国内工業が興隆し輸入代替を達成して自立するには時間がかかり，労働者が理系的な教育を修得するまで国際競争から隔離する必要があります。輸入の制限や新発明に対する奨励金の補助を求めたのです。

　とはいえいつまでも国際競争の規制が解除されなければ保護が常態と

なり，競争力は培われません。国内工業が国内需要を満たす段階になれ
ば，関税は漸次引き下げ国際競争にさらすべきとしました。国内の工業
製品を輸出できるところに達すれば再び自由貿易を開始するというのが
リストの方針でした。

　以上のような幼稚産業保護論をリストは複数の国々の経済政策から学
んだとしており，実際に学ぶべき普遍性があります。たとえば第二次大
戦後の日本における自動車やウィスキーは関税で国際競争から保護さ
れ，競争力をつけてから関税が解除されました。それらは後に世界の最
前線に並び立つまでになります。また先進国が費用をかけて開発した技
術を途上国が模倣し急速に経済発展するというパターンは，A. ガーシェ
ンクロンが「キャッチアップ」理論としてまとめ上げました（第13章）。

　けれどもイギリスが19世紀において覇権国となった経緯には，他に類
をみない唯一性もあります。まず幼稚産業を保護しただけで産業革命ま
でが達成されたとは断定できません。歴史学の泰斗であるK. ポメラン
ツがこの点を強調しています[4]。各人がバラバラに作業するのでなく，テ
ンポよく均一の製品をつくる「**工場**」のプロトタイプは，1655年のジャ
マイカ征服以来統治してきた中南米カリブ海の島々の工場にあったと言
うのです。ヨーロッパの国々が新大陸を支配する中でイギリスもまた植
民地を持ち，ヨーロッパ向けの砂糖を精製しました。働かせたのは賃金
労働者ではなく，アフリカで綿織物と交換した奴隷でした。ポメランツ
はイギリスがそこで得た工場生産の知見を本国に持ち帰ってこそ大量生
産が実現したと主張しています。機械制の工場労働の定着は，植民地支
配の歴史なしにはありえなかったという見方です。

　綿織物の製造だけでなく，輸出の拡大にかんしても19世紀におけるイ
ギリスの暴力性は目を覆うほどでした。中国に輸出する物産を持たな
かったイギリスは，インドで農家に栽培させたアヘンを1840年のアヘン

---

[4]　K. ポメランツ，S. トピック『グローバル経済の誕生』筑摩書房，第7章。

戦争を経て中国に輸出し，貿易赤字を埋めました[5]。イギリスは戦争により中国の清王朝を「アヘン漬け」にしたのです。さらに1858年，東インド会社が保有する全てのインドの権限をイギリス国王に委譲させると，「国王の名の下に，国王の名による」直接統治を始めます。1877年からはヴィクトリア女王がインド皇帝を兼ね，植民地としました。

　帝国主義はイギリスだけでなく欧米列強の潮流ではありました。イギリスの経済学者たちが唱えた自由貿易は，実態においては共存共栄を望むような微温的なものではなく，暴力性と差別性に満ちていました。それを目の当たりにし欧米の植民地になることを恐れた日本は，幕末に到達したような有機的で美しく秩序立った経済の循環を捨て去り，化学燃料をエネルギー源とする工業経済へと代替していきました。工業化と経済成長は，否応なく強制されたのです。

5-2　工業経済の基礎──法と公教育

　工業が本格化するためには資本家が事業に資本を投下し，土地や労働，資金といった生産要素を雇用する必要があります。そのためには生産要素のそれぞれが私的所有され，地代や賃金，利子を得ることが正当とされ，法の裏付けを得なければなりません。16世紀から17世紀半ばにかけて生じた土地の「囲い込み」は，小作人が耕していた解放農地を領主や地主らが生け垣や塀で囲い，毛織物の原料となる羊の放牧を行う中で遂行されました。J.ロックの『統治論』（1690）は，その際に土地だけでなく身体による労働の私的所有権も正当化しました（第3章）[6]。神聖ローマ帝国を構成していた各国の主権と独立が承認されるとカソリック教会による金貸し（利子取得）の禁止も過去のものとなり，資金の貸

---

[5]　角山栄（1980）「茶の世界史」中公新書

[6]　18世紀も後半になると農業の生産性が逓減し，農業に技術革新が求められるようになりました。それに対しノーフォーク農法（大麦・クローバー・小麦・かぶの四年周期輪作）が開発されて生産性は飛躍的に伸び，政府や議会が囲い込みを推進しました。

借が一般化していきます。

　そうした生産要素の市場化を受け，国家は市場経済を定着させるための制度を整備していきます。D. ヒュームは『人性論』（1739～40）[7]で，市場取引には「所有の安定性に関する法」，「同意による譲渡に関する法」，および「約束の履行に関する法」という三つの自然法が不可欠と述べています。所有物を他人に奪われることなく，譲渡は両者の合意にもとづき，約束は履行されるということです。それらを保障するには強盗を取り締まる警察や法にもとづき罪を確定する司法が機能しなければなりません。イギリスでは官僚機構が拡大し，法を執行していきます。

　F. リストの『経済学の国民的体系』（1841）はたんに幼稚産業の保護を唱えただけでなく，国家主義とでも呼ぶべき世界観を後発国ドイツの立場から打ち出しました。リストは個人と人類しか存在せず自由貿易と分業によって調整されるとする A. スミスや J. B. セイの経済学を，「世界主義経済学」と呼んでいます。

　それに対しみずからの「**政治経済学**」では，個人と人類の「中間項」として国民国家が存在するとします。それは「個人に生気を与える精神，個人の活動を実らせる社会秩序，個人が意のままに使える自然力」[8]によって成り立ち，言語と学芸，歴史，習俗・習慣，法律・制度，存在への要求，領土を持つ国民が存在すると述べます。

　有機経済においては，公教育は必須ではありません。人間関係や自然，文化や金融の秩序は人から人へと伝わったからです。工藝職人の技能にしても，親方から弟子へ以心伝心で伝達されました。

　リストはそうした農業とは異なり，工学的，化学的な技術や熟練を基礎とする製造活動には教育制度の改造を要すると考えました。工場の人間関係には企業内分業にかんする組織論が必要ですし，何が消費財として求められているのかを知るには家族や地域の知り合いを超えて人々の

7　D. ヒューム（2012，原著1739～40）『人性論』中公クラシックス，中央公論社。
8　リスト（1970）p. 200

行動様式や嗜好を理解する必要があり，分析には統計学的，社会学的な知性が求められました[9]。情報や技術の伝達についても「小さな社会」の以心伝心から「大きな社会」の公教育への転換が求められました。

このようにヨーロッパが1世紀をかけて理解した**公教育**の必要性を，近代化の最初期から自覚していたのが日本でした。明治時代の日本は近代工業化を短期間で成し遂げました。その理由をR.ドーアは明治維新当時の日本人の識字能力の高さに求めています。

「疑う余地のないことは，1870（明治3）年の日本における読み書きの普及率が，現代の大抵の発展途上国よりかなり高かったということである。おそらく当時の1部のヨーロッパ諸国と比べてもひけをとらなかっただろう」[10]。「1870年頃には，各年齢層の男子の40〜50％，女子の15％が日本語の読み書き算数を一応こなし，自国の歴史，地理を多少はわきまえていた」[11]。

それは言うまでもなく寺子屋が普及し「読み書き算数」を教えた成果でした。江戸時代の寺子屋の数は全国で1万5,560校に及び，設立は江戸後期から幕末期が圧倒的に多かったと言われます。先生（師匠）は中・下級武士や浪人，僧侶，神官，医師，商人，上層農民等で江戸の寺子屋では一般に午前7時半から午後2時半頃まで授業があり，休みは年間に50日ほどしかなかったとされます。

しかし寺子屋は有償であり，全国民が通えたわけではありません。明治時代に入ると，政府は小学校を4年間の義務教育とし，有償を改め無

---

[9] マックス・ウェーバーは組織論に「資本主義の精神」を見たと『プロテスタンティズムの倫理と資本主義の精神』（1904〜05，1920）を解釈するのが佐藤俊樹（2023）『社会学の新地平』岩波新書です。ただし佐藤は，工場では大量に均一の製品を製造するとしたポメランツとは対照的に，分散した現場で少量を柔軟に生産したとしています。

[10] ロナルド・ドーア（1970，原著1965）『江戸時代の教育』松居弘道訳，岩波書店（"Education in Tokugawa Japan", 1965）

[11] ロナルド・ドーア（1978，原著1976）『学歴社会』松居弘道訳，岩波現代選書（"Diploma Disease" 1976）

償化しました。さらに師範学校と呼ばれる教員養成学校も創設し，その学費も無償としました。教員育成と義務教育双方の無償化を実現し，そのために明治日本は市町村予算の43％も注いだといいます。[12]

　その後，全国民が小学校に就学するにはしばらくの時を要しましたが，それでも識字率の地域差・男女差を私立の寺子屋だけで埋めようとしたならば，相当な経済発展と時間とを要したでしょう。明治期日本においては，国が先導して義務教育を普及させ，読み書き算盤を国民全体に急速に蓄積していきました。

　明治期に経済発展が実現し，そのあとで豊かさの果実として義務教育が普及させられたのではありません。A.センは，富裕層が先んじて豊かになり次いで平等という社会にとってのぜいたくをなしとげたという順ではなく，貧しい人も含めて基礎学力を与えたことが明治期の日本人に潜在能力と生活の質を保証し，それが経済発展を誘発したと指摘しています。[13]

5-3　消費社会化と「効用」の発見

　重農主義は，農業こそが生産的であり，一粒の種子が増殖し大量の収穫が得られる点を強調しました。産業革命と化石燃料は，量的にははるかに大量の生産をもたらしたけれども，原材料を高速で組み立てただけで，量的に増殖したわけではありません。重農主義者は工業を非生産的とみなしましたが，工業でそこ増殖したものもあります。量とは別次元の多様性です。

　東方から輸入されたアジアの物産は，ヨーロッパの上層の消費生活を一変させました。輸入品の陶器や磁器，漆器が置かれた部屋のテーブルで茶を飲む習慣が上流階級に拡がり，下層階級にも紅茶に砂糖を入れて飲む習慣が定着します。ここで消費が経済において持つ位置づけが変わ

---

[12]　1906年から1911年にかけて。アマルティア・セン（2002）大石りら訳『貧困の克服─アジア発展の鍵は何か』集英社新書，p. 24。

[13]　セン（2002）

ります。流行によって人がつながる消費社会の誕生です。[14]

「**消費社会化**」はリストが注目したような国家や社会レベルでの社会現象で、社会学が扱います。それに対してスミス以後の個人主義の経済学は、個人の心中に「欲望」が発生すると考えました。消費財に対する「欲望」を経済学に持ち込んだのは、W.S. ジェボンズ等1870年頃に「限界革命」にかかわった経済学者たちです。彼らは欲望を消費者が得る満足、「**効用** utility」と名付けました。工業は原材料を組み立てるだけで、モノとして増殖させません。それは重農主義者が述べる通りですが、その代わりに効用を心中で増殖させると考えたのです。

D. リカードから K. マルクスに至る古典派は、19世紀前半から中盤にかけて労働や費用にのみ注目して供給側から価値の源泉を追い求めました。生産側で階級対立が激化した時期を経て、19世紀終盤に経済の安定と成長がイギリスで実感されるようになると、「効用」は「需要」の基礎として生産および供給とは対比される概念となり、第6,7章で紹介するように、A. マーシャル以降の新古典派経済学は両者の「均衡」で経済学の体系を組み上げて、マルクス派の「労働価値説」とは袂を分かちます。

個人が効用と予算（所得）に従い、しかし他人とのつながりを前提としないならば、どんな消費行動をとるのでしょうか。財 X が均質だとして、ある個人がその複数個から得る効用の全体を「**総効用**」と呼びます。それに対し財 X を一個だけ余分に消費したときの総効用の変化分を「**限界効用**」と言います。総効用は限界効用を総和ないし積分したとも言えます。限界効用と総効用は量で測定できるとされ、実体として量で示されるとするときの効用は、「**基数的効用**」と呼ばれます。

人は同一の財を消費し続けると飽きていきます。この現象は、消費量が増えるほど最後の１単位から感じ取られる効用が減っていくという

---

[14]　松原隆一郎『消費資本主義のゆくえ』pp. 26-29

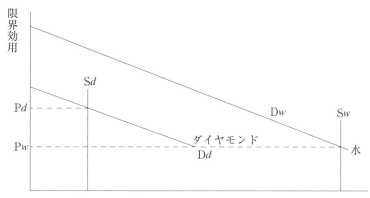

図5-1　限界効用の逓減

「**限界効用の逓減**」で表現されます。図5-1でいえば，財の消費量が増えるほど限界効用が右下がりになるということです。

供給側だけの理論を悩ませたのが，多くの人の暮らしに役立たないダイヤモンドが高価であるのに，人間にとって不可欠である水が安価だという事実でした。大いに役立っても価格に反映されない財が存在する理由は何でしょうか。ここで「効用」という概念を導入すると，謎は解けます。水は「役立つ」とは，水の総効用であり需要でもある Dw が右上にあり大きいことです。ダイヤモンドは「役立たない」とはダイヤモンドの総効用，そして需要でもある Dd が左下に位置して小さいことに当たります。それゆえ水の価格 Pw は水への需要 Dw に対し供給 Sw が膨大なであるために交点で低位にあり，ダイヤモンド価格 Pd は需要 Dd に比して供給 Sd が稀少であるために交点で高位にあります。「役立つ」は効用，価格は稀少性と区別すべきだったのです。

1人だけで構成される家計は予算をどのように消費財に配分するのでしょうか。商品Aを1単位だけ価格 P_A で買ったとします。そのときに得られたAの限界効用を価格 P_A で割った値は1円の限界効用に相当し

ます。予算で買える範囲内で，商品 B，C についても同様の値を考えましょう。その値が大きい方から順に消費していき，現状で商品ごとに投じられた 1 円の限界効用に差があるならば，より大きい商品を選ぶと総効用が増えるため，まだ最大化には至っていなかったことになります。そこで 1 円当たりの限界効用がどの商品でも同じとき，総効用は最大になります。これは数学的には予算を制約として効用を最大化することに相当します。2 階の条件は効用を 2 回微分した値が負ということですが，それは限界効用の逓減に相当し，満たされています。

　ただしスポーツクラブで 2 時間トレーニングをし，ジュースを 1 本飲むと総効用は何単位となり，小説を 1 冊読みながらウィスキーを 2 杯飲むと総効用は何単位になるかというふうに客観的に数値化して，「どちらがより大きいか」には意味があるとしても，いずれの数値が他よりどれだけの効用単位大きいとか，何倍かなどという効用の絶対量に意味があるとは思われません。そこで W. パレートは効用を表す数値はいずれの消費の組合せがより大きな満足度に相当するのかという「**順序**」を示すに過ぎないとして，効用の基数性を序数性に置き換えました。効用の数量表現は，数値の絶対値に意味がある「基数」ではなく，辞書のページ数のように大小が順序の表現でしかない「**序数**」だと主張したのです。それにより基数的効用理論から序数的効用理論への書き換えが進められました。

　ここから経済学は，現実の説明というよりも理論の体系化を重視するようになります。しばしお付き合いください。基数的効用理論では，二財 X，Y の効用は他の財の消費量とは独立に決まるとされ，効用関数は $U = U_x(X) + U_y(Y)$ といった加法的な形状で表現されていました。それに対し序数的効用理論では $U = U(X, Y)$ と一般化された効用関数が用いられ，効用と「限界効用の逓減」は「**限界代替率の逓減**」に置き換えら

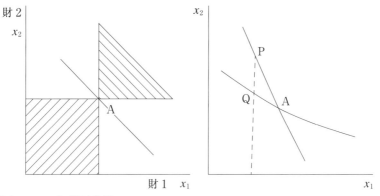

図 5-2　無差別曲線

れました。「限界代替率」とは，効用水準を一定に保つために X 財一単位と代替されるべき Y 財の量を指します。

　その上で消費者は「合理的」であると仮定します。「合理的」とは，財1，財2にかんし2つの消費計画 A，B があるときに消費者はいずれをより好むのかにつき迷うことなく選好（preference）を表明できるということで，選好にかんして A>B，B>C ならば迷わず A>C を選び矛盾がない状態を言います。さらに A と B 二つの消費計画で財1は等量，財2のみ A の方が多いならば，A が好まれます。すべての財の効用がプラス（正）ということです。

　これらの条件が満たされるとき，好む度合いが等しい（無差別である）点の集合として**無差別曲線**を描くことができます。図5-2において右下がり斜線部の点は財1もしくは財2が A よりも多いから A よりも好まれ，左下がり斜線部の点は財1もしくは財2が A よりも少ないから A の方が好まれます。それゆえ A と無差別な点は両斜線部にはありえないことになり，無差別曲線はかならず右下がりになります。また右下がり斜線部すなわち A よりも原点からより遠い領域を通る無差別

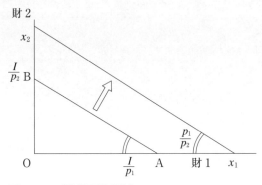

図5-3 消費可能領域

曲線は，Aよりも高い効用に相当します。

無差別曲線は交わりません。なぜなら同じ線上のAとQ，AとPは無差別で，交わるとQとPも無差別になりますが，PとQで財2が等量，財1はPがQより多いためPが好まれることになり，矛盾が生じるからです。以上から無差別曲線は右下がりの等高線のように描かれます。

次に予算を考え，所得Iに対し2つの財で全額を消費し，$I = p_1 x_1 + p_2 x_2$となるとしましょう。このとき消費可能な「消費可能領域」は，図5-3ではOABで囲まれた領域です。AB線上ならば予算は消費し尽くすので貯蓄はなく，三角形の内部ならば予算Iを使い切っていないため貯蓄があります。ABの外の点は予算の制約から達成されません。ここで所得（予算I）が増えると，予算線ABが外側に平行移動（シフト）します。予算線の傾きは，選択している二つの財の相対価格$\frac{p_1}{p_2}$です。A点は$x_2 = 0$なので$\frac{I}{p_1}$，B点は$x_1 = 0$なので$\frac{I}{p_2}$です。

経済主体が目的を最大限に満たしている（最適化）ときに，主体的均衡が成立していると言います。消費者ならば，主体的均衡は所得制約の

下で効用を最大化していることを指します。家計の主体的均衡点は，図 5-4 では E_0, E_1 になります。それぞれ予算線と無差別曲線の接点であり，消費可能性領域の内で最大の効用に対応します。

予算線に無差別曲線を重ね合わせ，AB 上で効用が最大になる点が E_0 で一点だけになるのは，消費者の「合理性」だけからでは出てこない性質です。それでも，唯一の選択がなされることが多いというのは事実ですから，それを反映するように無差別曲線が原点に向かって凸だとします。無差別曲線が原点に向かって凸とは，効用水準を一定に保つために x 財一単位と代替されるべき y 財の量すなわち「限界代替率」が次第に減っていくことを指します。そこで**「限界代替率の逓減」**が仮定されることになりました。

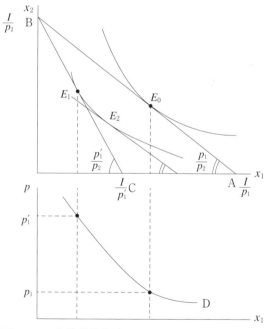

図 5-4　主体的均衡点

p_2 は変化せず p_1 が上昇して p_1' になると，相対価格 $\frac{p_1}{p_2}$ も上昇します。このとき新たな予算線は BC となり，新たな均衡点は E_1 に移動し，財 1 の需要量が減っています。財 1 の価格が上がるとその財の需要量が減るのは，財 1 の価格 p_1 が上がったために消費者が財 2 で代替するという「**代替効果**」のせいです。特定の財の需要曲線が右下がりになるのは，コーヒーと紅茶のように同類であり選択の対象となる飲料が別に存在し，一方の店が値上げすると，他方に客が流れるからです。この財 1 と財 2 のように消費者が選択の対象とし競合する財の関係を「**代替財**」と言います。一方の財の価格が上がると他方の需要が増えるという関係です。

　一方の財の価格が上がると他方の需要が減る関係を，「**補完財**」と呼びます。3 財以上を選択するとき，そのうちの 2 つの財が補完関係にある場合があります。コーヒーや紅茶と，甘くするための砂糖の関係です。消費者の個人行動は，以上のように定式化されました。

　ただし個人行動ですべての経済活動を説明しようとする新古典派が，個人の自主性や自由を過大評価している点には注意が必要です。人は環境とかかわりなく生まれ育つのではなく，「小さな社会」における家族やコミュニティ，自然，文化そして信頼の秩序によって育まれます。さらに「大きな社会」への移行には国家による保護や公教育が不可欠です。それに対し新古典派は国家を個人間の「契約」，共有資本を市場の「外部」とみなし，経済政策で対応しようとしました。けれども国家には「慣習」，共有資本には「自生」という性格があり，「契約」や「外部」だけでは完全には捉えきれません。それが問題になるのが銀行信用でした。

5-4　信用創造と中央銀行の誕生

　商業信用では，元は負債と債権の証書を大市に持ち寄り清算し，廃棄していましたが，アムステルダム銀行では銀行内の口座間で随時清算されるようになりました。ロスチャイルド商会やベアリング商会など名だたるマーチャント・バンカーが為替手形を**引受**ける（**裏書き譲渡**）ようになると，引き受けられた為替手形は一流の信用を得て流動性を持つようになり，とくに1795年にアムステルダムがフランス革命軍に占領されてからは，為替手形がロンドンに引き寄せられてシティは国際金融の中心地となりました。

　借用には期日通りに支払いが行われる見込みという「信用力」と，第三者に売却するときもしくは支払い期日がきたときにどれくらい換金しやすいかという「流動性」がかかわります。マーティン（2014）は「銀行業とは，（引用者注・信用力と流動性の）この二つのリスクを管理することに尽きる」と述べます。ロンドンのシティで活動するマーチャント・バンカーは，信用力と流動性の管理において最高度の能力と情報力を持つ人々でした。[15]

　ロンドンでは18世紀，金匠から出発したゴールドスミス銀行が，両替や金貨の保管・貸付を行うだけでなく顧客から預金を預かるようになっていました。ここで銀行内の顧客間はもとより銀行間でも口座相互の**預金振替**が行われるようになり，預金振替を通じた振替や清算が本格化することになります。

　民間銀行が振替決済制度を持ち，そのうえで銀行が信用を供与すれば，銀行間で「信用創造」という現象が起きます。銀行は顧客の口座へ数字を記入して資金を貸与するだけで，銀行制度の全体ではその貸与額の何倍も信用が増えるというのです。

---

[15]　この項は金井雄一（2023）『中央銀行はお金を創造できるか』名古屋大学出版会を主に参照している。とくに第6，第7章。

銀行が顧客口座へ数字を記入して供与する信用を，19世紀の在野の金融学者 H. D. マクラウドは「**銀行信用**」と呼び，商業信用と区別しました。マクラウドは言います。「商業信用においては，商人は将来の一定期日に支払うことのできる信用の手段，すなわち債務によって商品を購入し，あるいはそれを流通させる。・・・この商業上の債務はそれが満期になれば常に消滅する」[16]。商業信用では，貸す側は債権，借りた側は債務の証書を持ち，決済が終わればそれぞれが破棄されます。それに対して銀行信用は「われわれは銀行および銀行業者の本質は，**要求払い**の信用を創造し，発行することであると考える。この信用は流通し，かつ貨幣のすべての機能を営むべきことを意図されている。したがって銀行は決して貨幣を貸借する店舗ではなくて，信用の製造所(a Manufactory of Credit）なのである」[17]

　では何故，銀行信用が銀行組織の全体で何倍かに膨張する「**信用創造**」が生じるのでしょうか。第10章で詳述しますが，ここで重要なのは中央銀行や誰かがある銀行に振り込み，それが他の人に貸し出される（**銀行の金融仲介機能**）のではないということです。「銀行は決して貸したいと思う人と借りたいと思う人との媒介者ではない」(Macleod, H. D. (1897) p. 607)。貸し出すのに第三者の預金は必須の条件ではありません。ゴールドスミス銀行は，支払いを約束する自己の債務の手形を，ランニングキャッシュ勘定，こんにちの要求払い預金の口座に振り込むようになります。銀行は貸し手であり債権者であるのに，自分の口座に振り込んだため債務者にもなるのです。

　さらにロンドンでも1770年頃には各行の取立て係が集まり差額を清算するようになっていました。場所はパブ等です。こうして現金を用いることなく決済を銀行間の振替で済ませることが定着すると，ある銀行で顧客 A に貸出が行われ同行の口座の預金額が増えても，振替が出来る

---

[16]　Macleod, H. D. (1902) p. 300

[17]　Macleod, H. D. (1897), The Theory of Credit, second edition (first edition 1889), London : Longmans, Green, and Co p. 594

ために他行の口座へと引き出されることも少なくなります。そして増えた預金を銀行が他の顧客Bに貸せば，新たにBの口座で預金が増えます。この過程が繰り返されれば，銀行組織の全体で預金口座の預金が増えていきます。この現象を信用創造と言います[18]。このように外部から第三者の預金がなくとも，銀行は顧客の口座に数字を書きこめば与信できるようになりました。

けれども信用リスクや流動性リスクもまた信用創造で拡大しています。銀行は預金の全額を準備しておらず，預金者が不安から一斉に引き出しかねません。そこで準備が枯渇する危機においては対処する国家機関が必要です。イングランド銀行はもともと1694年に戦費を国債で賄うことを業務とする民間銀行として設立され，預託金の受領書として手形を発行しましたが，それはやがて銀行券となって流通していきました。銀行券は他行も発行していましたが，国王の権威がかかわる銀行ということで，この銀行券は高い流動性を持ちました。

イングランド銀行は1709年，銀行券の発行を国内で独占する権限を与えられます。権力者が発行益を得ようと悪鋳を繰り返していたソブリンマネーは中央銀行券で代用されるようになり，1844年の**ピール条例**でイングランド銀行は**中央銀行**となりました。第10章で紹介するように，貨幣は中央銀行券（中央銀行の口座残高と市中を流通する中央銀行券）と民間銀行の要求払い預金によって定義されています。その全体の貨幣量にいかに影響を与えるかをめぐり，中央銀行はその後，**金融政策**を試行錯誤していきます。

---

[18]　2014年にイングランド銀行は『四季報』に所属する研究者の論文を掲載，中央銀行が銀行に貸した貨幣から新規の貸出と預金が派生するという説を強く否定しています。中央銀行が貸し出した貨幣のみから預金が派生するのなら，中央銀行が預金量を意のままに管理できます（銀行信用の**外生説**）が，銀行信用は組織の内部で自生する（**内生説**）ためそれは不可能だと宣言したのです。

🖊 理論のまとめ

・産業革命を経たイギリスは19世紀には経済において最先進国となり，諸外国に自由貿易を唱えますが，後発国を先進国と同じ競争条件で競わせるのは「幼児や少年が格闘で強壮な男子に」挑むようなものであり，先進国にのみ有利になります。

・後発国にとって先進国と対等になるには技術革新への資本投下を行う必要があり，それには不確実性を抑えるために外国との競争から保護しなければなりません。また国民を工業生産に適した人材とするため「読み書きそろばん」を始めとする公教育を施すことが不可欠です。

・しかし後発国が幼稚産業段階を超えれば保護は解除し，競争環境にさらすことが必要です。「幼稚産業の保護」はそのように時限を限るべきもので，競争条件がどの国にも備わっている農業は当初から国際競争にさらして構わないとされます。

・それに対して新古典派は，個人の自立した選択能力を対等とみなし，すべての経済現象を説明する傾向があります。消費についても他人とのつながりではなく，個人が予算制約のもとで自分の効用を最大にする選択行動とみなしました。

・消費者が「合理的」であるとは財1，財2にかんし2つの消費計画A，Bがあるとき，いずれをより好むのかの選好（preference）に迷いがなく，矛盾もないことを言います。

・無差別曲線は好む度合いが等しい（「無差別」である）点の集合であり，2財であれば無差別曲線はかならず右下がりになり，交わらず等高線のように描かれ，原点からより遠い無差別曲線はより高い効用に相当します。

・2財についての「消費可能領域」は予算制約線の内部になります。

・消費者は所得制約の下で効用を最大化するときに最適化しており，主

体的均衡を達成しています。予算線に無差別曲線を重ね合わせ，予算線上で効用が最大になる点が1点だけになるのは，無差別曲線が原点に向かって凸になっている場合（限界代替率の逓減）です。

・2財の相対価格が変化するとき，予算線は「シフト」し，効用が最大になる主体的均衡点（予算線と無差別曲線の接点）が移動します。

・2財が消費者にとって選択の対象であり競合するとき，財の関係を「代替財」と言います。また3財以上では財1の価格が上がると財2の需要が減る場合があり，この関係を「補完財」と言います。

・「大きな社会」への移行には国家による保護や公教育が不可欠であり，共有資本も刷新されます。

・アムステルダム銀行で銀行内の口座間での振替が可能になり，ロンドンのシティでは銀行間でも口座相互の振替が実現しました。さらに銀行が個人の口座に振り込んで貸付を行うと，貸付額は引き出されるまで銀行ネットワークのいずれかの口座に部分的にであれ滞留し，信用創造が可能になります。

・信用リスクや流動性リスクは銀行が引き受けており，銀行信用には不確実性が伴い，金融恐慌が起きるようになり，中央銀行が管理や危機対応を受け持つようになります。

参考文献

Macleod, H. D. (1902), The Theory and Practice of Banking, sixth edition (first edition 1855), London, Longmans, Green, and Co. 初版は1855刊。古川顕（2013.3）

「H.D.マクラウドの信用理論」産研論集（関西学院大学）40号が詳細かつ的確な要約と紹介を行っています。

ミクロ経済学の消費論については標準的な教科書を参考にしてください。たとえばアセモグル・レイブソン・リスト『ミクロ経済学』東洋経済新報社，2020。

W.バジョット（2011，原著1873）久保恵美子訳『ロンバート街』(Nikkei BP classics) 日経 BP 社，日経 BP マーケティングには19世紀後半のシティの状況が描かれ，理論ではなく経験則として金融危機に対応するため中央銀行が果たすべき役割が述べられています。

6 | 工業経済の誕生と部分均衡分析

6-1　A.マーシャルの部分均衡分析
6-2　部分均衡分析と余剰分析
6-3　限界主義（一般均衡論）の部分均衡分析
　6-3-1　短期と長期の利潤最大化
　6-3-2　市場過程と産業均衡
　6-3-3　生産要素への派生需要

《**要約**》　D.リカード以来，古典派の経済学者は資本家の取り分である利潤は長期的に低落すると予告しましたが，イギリスは世界の覇権国となっても19世紀いっぱい長期的に利潤や賃金の上昇を経験しました。そうした趨勢を経済学で説明しようとしたのが新古典派で，A.マーシャルはそれを特定の市場に限り，需要と供給の価格差から均衡に至る過程として体系化しました。期間により可変な費用と普遍の費用があるとして，企業は利潤を最大化するよう意思決定し，赤字になれば操業停止や企業閉鎖も生じます。需要と供給の均衡点では消費者と生産者が余剰の総和を最大化します。消費財への需要は生産者を介して労働や貸付資金へも需要を派生させます。
《**キーワード**》　可変費用／固定費用／生産関数／限界費用／損益分岐点／操業停止点／包絡線／市場需要曲線／正常利潤／機会費用／代替効果／所得効果／後屈型労働供給曲線／マーシャルの調整過程／余剰

6-1　A.マーシャルの部分均衡分析

　A.スミスは1776年の『国富論』で，需要価格と供給価格の差に導かれ，資本が自由に投下されて分業が進み，生産力が上昇して所得が増

え，人口が拡大して需要も増えて経済が発展するという楽観的な市場経済観を提示しました。

それに対しD.リカードは，農業にかんする限界生産力の逓減（収穫の逓減）が工業についても起き，利潤率の低下や経済の停滞が現実になるという悲観的な未来を示唆しました（1817年出版の『経済学と課税の原理』）。

イギリスでは世界に先駆けて工業化が進んだ19世紀前半には不況が頻発，所得格差も広がって，労働者の雇用環境は劣悪になりました。利潤を生み出す源泉を労働とそこからの搾取に見出したK.マルクスはイギリス経済を観察し，「大衆の窮乏化」から革命による資本主義の崩壊と社会主義の到来を予言しましたが，現実は異なる経緯をたどりました。

R.コブデンやJ.ブライトらは激しい反穀物法運動を展開，1846年に同法が廃止されると，1849年には航海条例も廃止されて，イギリスは自由貿易の原則を内外に宣言します。イギリス経済は貿易の利益を十二分に享受し，絶頂期を迎える1860年代には「世界の工場」と呼ばれるまでになりました。綿業の原材料と穀物の輸入は着実に伸び，世界は鉄道建設ブームとなって，鉄製品の輸出が急増しました。物価は上昇したけれども賃金はそれ以上に伸び，一時的な不況はあっても労働者の経済状態は19世紀いっぱい向上し続けたのです。

そこから先進国経済に対する理解は楽観的なものへと様変わりしました。経済学説では生産側だけでなく需要側をも考慮する新古典派経済学が体系化されていきました。1870年代には前章で触れた「効用」を導入するだけでなく，「限界革命」が出現して，効用最大化だけでなく利潤最大化も消費者や企業という経済主体の行動原理と考えられるようになります。そうした流れにおいてA.マーシャル『経済学原理』(1890)[1]は，「鋏」は上と下の一方ではなく双方揃ってこそ紙が切れるのだと述べ，

---

[1]　A.マーシャル（1985，原著1890）永沢越郎訳『経済学原理：序説』岩波ブックセンター信山社

需要曲線と供給曲線の双方を視野に収める市場観を集大成しました。

ところがここで新古典派経済学には2つの視点が現れます。ひとつは「企業」や「産業」の立場からものづくりで利潤を稼ごうとする産業資本家の視点。それは個別企業のみならず，業界全体としても窮乏したり発展したりするのが常態とみなし，経済の動態をとらえようとします。ふたつはそうした経済の浮き沈みを超えた果てに，無駄なく効率的に生産要素や資源が配分される「均衡」の状態があるとして，市場を制御してそこへ導こうとする官僚の視点です。前者は景気変動が生じる過程を考察する立場，後者は景気循環が起きないよう経済を設計する立場ともいえます。

まず前者としてマーシャルの市場分析を紹介し，彼が経済成長の原因を収穫逓増に求めたことにも触れましょう[2]。マーシャルは進取の気性と行動に対する責任（「経済騎士道」）が経営者に託される古典的な会社形態，18世紀のイギリスで一般的だった合本会社（joint stock companies）を想定し，株式会社ではあっても資本家が会社経営者を兼ねて無限責任を持ち，経営上の決断の責任を取っているとみなして，企業の主体的な決断をとらえようとしました。

マーシャルは特定商品の市場に注目し，その中での変化は他の市場には影響しない「他の事情が変わらないならば（ラテン語でceteris paribus)」という条件が成り立っているとして，経営者・資本家は，市場価格である「需要価格」と計算上の「供給価格」の差から生産活動の方針を決めると考えました。これはスミスが資本家は事業において市場価格と自然価格という2つの価格を見出したのにならっています。スミスは「自然価格」を土地の地代，労働の賃金，借金の利子，それに企業が現状に満足する利潤率を加えた平均値という「費用」とみなし，それを市

---

[2]　マーシャルとワルラス派とでは部分均衡分析につき明確な違いがあること，マーシャルらケンブリッジの伝統はスミスを継承していることを述べた邦語文献として富田重夫（1991）「マーシャル的均衡理論の特質と意義」「三田学会雑誌」84巻1号。6‐1項は富田の議論に従っています。

場価格が上回れば資本を投下すると考えました。

　それに対しマーシャルは，機械や建物といった固定資本が大きい重工業時代の企業を想定してスミスの自然価格を焼き直し，製品の生産量にかかわらず必要な固定費用である「補足的費用」と生産量により変動する可変費用「調整費用」，そして事業を継続するのに必要な正常利潤を分類しました。「供給価格」は，企業が現行の任意の生産水準を変えることなく持続しうる，再生産が可能になる価格です。

　マーシャルは企業が仮説的にそうした供給価格を想定し，それを「需要価格」と比較するとしました。需要価格とはある一定の期間内で商品の任意の数量が買い手を見いだしうる価格，もしくは買い手がそれだけの数量を購入するのに支払ってもかまわないと考える価格の上限で，スミスの市場価格に相当します。

　企業は需要価格を連ねた需要曲線に直面し，そこで決まる商品価格（需要価格）と自分が仮想する費用である供給価格とを比較して，参入するか否かを決断し，生産量の増減を決めるというのです。マーシャルは需要価格と供給価格の対比により，収穫逓増が生じる理由を模索しました。

　供給価格は現状の生産量を維持し再生産を可能にするものとされ，需要価格がそれを上回るときに生産数量の増産ないし当該事業への参入という「数量調整」を行うとみなします。マーシャルは商品価格や地代，賃金，利子が市場で決まり企業はそれらの価格を受動的に受け止めて利潤を最大化するというワルラス派の企業観は取りません。競争市場を仮定しますが，それは資本移動の自由や企業の参入の自由といった企業家をめぐる自由に限られ，企業が数量を調整するとし，プライス・テイカー，財の同質性，完全情報等は必ずしも前提しません[3]。市場の均衡ではな

---

[3]　マーシャル自身は「完全競争」という用語を慎重に回避し，「自由競争 Free Competition」と呼んでいます。妨害を受けたり結託されたりせずに競争が行われ，完全情報のもと同一の市場で一物一価が成り立っている状態です。伊藤宣広（2010）「マーシャルにおける自由競争概念」『高崎経済大学論集』第53巻　第1号　pp.89-102

第6章　工業経済の誕生と部分均衡分析 | **113**

く企業の成長に重心を置くからでしょう。

　ここでマーシャルは「期間」の概念を導入します。といってもそれは何年や何日といった絶対的な時間には対応せず，企業家が費用を仮に想定する際の区別です。まず「一時的均衡」は供給量が変化しない場合の市場で，たとえば出漁した船が港にすべて戻ってくると，今日の魚の総供給量は固定されます。固定量ですから供給曲線は垂直な線で，特定の魚種に対し需要曲線は右下がりで，交点が「一時的均衡」となります。

　次に短期では，産出水準を変化させると変化が伴う労働者への賃金支払いや原材料費，機械の使用者費用といった「主要費用」と，工場や土地への賃貸料のように変化しない「補足費用」に分かれます。長期的には他の産業と比較し大きな利潤があれば企業の参入や退出があり，その基準となるような平均的な利潤である「正常利潤」を加え，産出量で割れば正常利潤を含む平均費用となり，それがその数量に対する供給価格です。

　供給価格は企業がそれぞれの生産量を継続して産出することを可能にする最小限の費用であり，一連の供給量に対してそれぞれその供給価格が対応し，マーシャルの供給曲線となります。図6‐1で供給量が x_1 のときの需要価格は p_1 です。[4]

　図6‐1では x_1 を継続して供給することを可能にする供給価格は p_1' だから，企業は（$p_1 - p_1'$）の超過利潤を受けとり，供給を x_1 より増大させるもしくは参入の自由な競争市場においては新規企業が加わって，x_1 以上の供給がなされるでしょう。p_1 で維持が可能な生産量は x_2 ですが，今度は（$p_1 - p_2$）だけ負の超過利潤が出て，供給が減ります。こうして均衡点Eにおいては正常利潤を確保して需要価格が供給価格と均衡します。

　マーシャルがこのような考察を行ったのは，供給曲線が逓増だけでは

---

[4]　一般に需要曲線は任意の価格に対して買い手が購入しようとする商品の数量を示すものですから，マーシャルの需要価格表とは価格と数量の依存の方向が逆です。

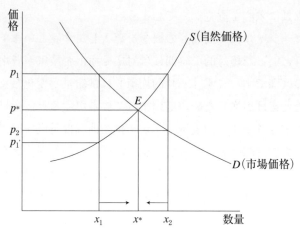

図6-1 マーシャルの需要曲線と供給曲線

なく不変であったり，逓減するという収穫逓増の場合もありうると示すためでした。限界生産力の逓減（収穫の逓減）が，リカードやマルクスが想定したようには工業では起きない理由を模索したのです。そしてマーシャルは，費用は企業の内部経済だけでなく，多数の小企業が特定の地域に集中する「地域の産業集積」や，鉄道・船舶による大量輸送や電信・郵便網の発達など「社会的インフラの整備」という「外部経済」にも左右されると考えました。企業家は企業内部で機械と労働，土地を賃貸して結合するだけでなく，産業集積や社会インフラの状況といった外部経済にも配慮して経営し組織する必要があると考えたのです。したがって利潤は資本と経営，組織という三つの要素に対する報酬とみなしました。中小企業が競争状態にある内部経済とは別に，動的に変化する経済環境を想定し，それが収穫逓増を実現するとしたのです。収穫逓増・費用低減は，現代では原型をいったん製造すればコピーには費用がかからない情報産業において顕著になっています。

第6章　工業経済の誕生と部分均衡分析　| **115**

　ところがマーシャルも属するはずの新古典派経済学は，ワルラスの一般均衡分析を究極の理論とみなす人々がアメリカに渡ると，限界生産力や限界効用といった限界概念を最優先して体系化を進め，企業の活動よりも市場での均衡に注目して「ミクロ経済学」として整備されて，すべての産業の市場関係を展望するワルラスの一般均衡分析からすれば，企業と産業に焦点を当てるマーシャルの均衡分析は部分均衡に過ぎないと位置づけられました。

　しかし重工業時代において不確実な将来という長期の経済を見通そうとするマーシャル派からすれば，ワルラス的な一般均衡論は，現在の一瞬もしくはリスクしか含まない無時間的な分析に見えます。こうしてスミスからマーシャルを経てケインズに至るイギリスのケンブリッジ派は，アメリカでして集大成させるワルラス派と，分裂する状態になります。

6-2　部分均衡分析と余剰分析

　人々はなぜ財やサービスを購入したり手放したりするのでしょうか。マーシャルはこの問いに対し，得られる効用の貨幣価値が支払う貨幣量を超えるからだと考えました。ある取引量 x に対し，ここまでは支払って構わないと考える消費者の評価価値を p^d，多くともこれだけまでしか支払えないと考える生産者の評価価値を p^s とすると，取引が行われることで得られる利得（**余剰**）は少なくとも $p^d - p^s$ になります。

　そして価格が均衡価格 p^* となって取引が行われたら，余剰の総体は abe，総余剰のうち消費者余剰は aep^*，生産者余剰は bep^* になります。

　フィジオクラートにとっての農業は，農産物を人間の活動を維持するだけ増殖させる営みでした。それはエコロジー経済学にとっては光合成によって太陽光のエネルギーを取り込むことによって実現しました。

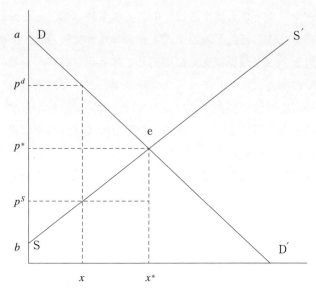

図6-2　余剰分析

　それに対し工業が欲望を生み出すと指摘したのがW.S.ジェボンズら新古典派の経済学者たちで、増殖するのは「余剰」だとし、図6-2のように明示したのが余剰分析です。
　余剰分析は政策の効果を評価する分析ツールとして使われます。生産量xがどれだけの時に余剰が最大になるかというと、xよりも生産を増やしたx^*においてであり、総余剰はabeです。また企業の供給量当たりで課税されると供給曲線SS'は上方に1単位当たりの税額だけシフトします。その時に消費者余剰、生産者余剰はどれだけで、政府の税収はどれだけに当たるかを考えてみてください。
　ただしここでも確認しておかなければならないのは、政策的に最大化されるべき「余剰」は効用（消費者余剰）と利潤（生産者余剰）だけから成っているということです。上空のスカイラインが美しい空地に突如

第6章　工業経済の誕生と部分均衡分析　│　**117**

高層ビルが合法的に建てられることになったとして，それを社会的に評価するのはビルの部屋を購入する人とデベロッパーだけだということを意味しています。街並みや広い空はもともと共有されていたのに，仰ぎ見られなくなった周辺住民の不満は含まれないことになります。再開発では同様の問題が頻発していますが，それには新古典派経済学の「余剰」の考え方が大きく関わっています。

6-3　限界主義（一般均衡論）の部分均衡分析

6-3-1　短期と長期の利潤最大化

　次に，古典派を引き継いだマーシャルの企業の視点から，ワルラスの一般均衡分析へと移りましょう。まずはその部分均衡分析から説明します。そこでは企業の経営や組織，消費が他人とのつながりを指向するといった社会的な要因は排除され，個人主義の経済観が徹底されています[5]。各人は価格には注目するが，それ以外の他人の行動には関心を持たないということです。

　この立場ではすべての市場を均衡へと導く視点が念頭にあるため，1産業だけを視野に入れる部分均衡分析は過渡的であり不十分とみなします。そして競争状態にある企業が互いを意識しないですむ状況を考察するために，市場は「完全競争 perfect competition」の状態にある（ない場合は「不完全競争」として別途扱う）と仮定しました。その条件には

(a)「プライス・テイカー」。市場に参加している消費者と企業は無数であり，しかも市場全体に影響を及ぼすほどの大きさではない（ドングリの背比べ）状態にあって，各経済主体は市場の動向には影響で

---

[5]　マーシャル自身は晩年の『産業と商業』（1919）では現実の産業を分析し，そこには情報や知識の交換が育む相手企業に対する信頼（暖簾）や公共秩序，通貨への信頼といった「社会的信頼」，歴史や気候，自然資源や地理などの差異が加わって，それぞれの国民性が醸成されるという視点を打ち出しています。これらは共有資本を分析し個人主義を補ったものでしょう。

きず，市場で決まった価格を所与として行動しているとします。

(b) 「財の同質性」。工業製品は均質だが自然の産物は多様で，魚のように時と場所により呼び方や分類が異なるのが一般的だが，ここではすべての財は同一財であれば同質で，工業製品のように客観的な分類が共有されているとします。

(c) 「完全情報」。市場価格および財の質につき市場で情報が完全に共有されている，商品情報につき誰もが知り比較しており「一物一価」が成立するとします。

(d) 「参入退出の自由」。市場への参入と退出の自由が法的に保証されている，参入障壁がなく誰でも市場競争に参加できる状態が成り立っているとします。

　完全競争に置かれた企業がプライス・テイカーであるとは，製品や生産要素の市場価格へは影響を与えず，価格は市場から与えられたものとして生産量や生産要素の投入量を決めているということです。企業をめぐる経済環境が完全競争の状態にあるならば，この企業が生産する製品のシェアが市場で無視できるほど小さいため，供給量を変化させてもその製品の価格には無視しうるほどしか影響を与えません。労働や資本設備といった生産要素への需要も同じく無視しうるほど小さいとすれば，生産要素の価格には影響がありません。製品価格 p は市場で決まるとするため，企業は価格に受身で対応するしかありません。

　「期間」についてはマーシャルにならい，「短期」において工場やオフィスとして借りている土地面積や製造設備の規模は変更できないとします。変更できるのは原材料の投入量と従業員の雇用量 L，「操業するかしないか」の決断だけです。短期で変更できる費用を**可変費用**（Variable Cost）VC，できない費用を**固定費用**（Fixed Cost）FC と呼びます。工

場やオフィスの面積，機械設備を一括して設備資本と呼ぶことにし，その量をK単位として生産要素に含めます（Kを量的に計測する単位があるのかには疑問があります。2-4および2章の注14参照）。設備資本Kは自生せず，増やすには賃貸料を支払ってリースするものとします[6]。労働者も設備も賃貸されるだけで，経営や組織によって個人を超えた一体感があるとは考えられていません。

　短期では設備資本の規模は変わらず$\underline{K}$で，労働者（L単位）を雇用し，生産要素と生産量の量的関係が**生産関数** $y=F(L, \underline{K})$ だとします。労働者の人数×労働時間Lが増えると，次第に分業が進み生産が加速します。けれどもある程度まで生産が進むと，工場やオフィスの面積，機械設備の規模は変わらないので混雑が起きて生産は減速に転じ，最後には工場やオフィス，機械設備を拡大しないと増産できない上限に達してしまいます。この関係は図6-3のように描けます。

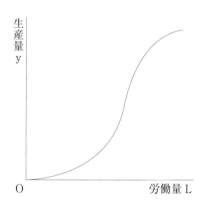

図6-3　労働力と生産量

---

[6] 設備資本は賃貸するので，「設備投資」は「購入」するという意味をもたなくなります。購入してストックとして増やす「設備投資」に注目するのがJ.M.ケインズです。宇沢弘文（1984）『ケインズ「一般理論」を読む』（岩波セミナーブックス7）参照。企業に個人を超えた組織の要素があると考えられるようになったのは，労働市場での雇用には「取引費用」がかかると考えるR.コースの企業論以降です。R.コース（2020，原著1988）宮澤健一他訳『企業・市場・法』ちくま学芸文庫

原材料および従業員の雇用に関する費用を可変費用 VC として労働への賃金 w 支払い wL で代表されるとし，L は y と生産関数の関係にあって VC は y の関数なので VC(y)，その形状は生産関数の縦軸，横軸を入れ替えたものになります。工場やオフィスの賃貸料，機械設備の維持費は定数の固定費用 FC，両者を合わせたのが総費用 TC（Total Cost）で，FC＋VC(y)＝TC(y) と記しておきます。

製品1単位当たりの平均費用 AC（Average Cost）は総費用 TC を y で平均したものです。AFC（平均固定費用 Average fixed cost）が固定費用を y で平均したもの，AVC（平均可変費用 Average variable cost）が可変費用を y で平均したもので，AC＝AFC＋AVC です。

ここで企業家が製品価格 p と諸費用の関係を精査するとします。p＞AC であれば py＞TC，つまり収入が総費用を上回るので黒字です。p＜AC だとすると売り上げ py が費用 TC を下回り赤字ですが，AVC＜p＜AC だと赤字ではあるものの可変費用よりは収入が大きくなっています。お店を構えていて売り上げが日々の原料費や人件費等 AVC 以上はあり，とりあえずは開店しているという状態です。日々の操業にかかる可変費用は賄えるが，固定費用の全額までは利益が出ていません。ここで AC の最下点が黒字・赤字の「**損益分岐点**」です。

さらに p＜AVC だと，固定費用だけでなく操業したことに伴う日々の可変費用までも回収できず赤字になる状態です。操業すればするほど赤字が膨らむので，操業そのものを停止する可能性が高まります。AVC の最下点が「**操業停止点**」です。

短期において製品の販売価格が市場における需要価格 p で，y 単位を生産しさらに1単位だけ追加生産したときの費用の増加分を**限界費用** MC（Marginal cost）と呼びます。ここで企業家は需要価格と追加的な生産経費（限界費用）を比較し，p＞MC であれば追加的な収入 p が追

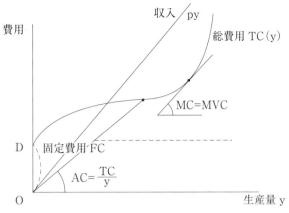

図 6-4 総費用，平均費用，限界費用

加的な費用 MC を上回るので，追加生産は合理的です。ではどこまで追加生産するかといえば p＝MC になるまでで，そのとき利潤は最大になります。

以上を式と図で描くと販売総額（収入）は py で，利潤 $\pi = py - TC(y)$ $= py - (FC + VC(y))$ です。図 6-4 で収入線 py は原点を通り，総費用 TC(y) との高さの差が利潤 π です。図では OD は固定費用 FC，TC(y) のうち FC より上の部分が可変費用（Variable Cost）です。

企業は利潤最大で経営しているとすると，その状態は p＝MC(y) で，FC は定数ですので変化分は 0，微少量の y の変化に対応する TC の変化分は限界可変費用で VC(y) の接線の傾きに相当します。p＝MC(y) がこの企業の供給曲線になります。

AC は原点 O から TC(y) を結ぶ線の傾き TC(y)/y だから，y が大きくなるにつれ無限大から小さくなり，接線の傾き MC を最小値として次に大きくなって，U 形を描きます。AVC は D と VC を結ぶ線の傾きで，接点を最小値として大きくなります。しかしその大きさは常に AC

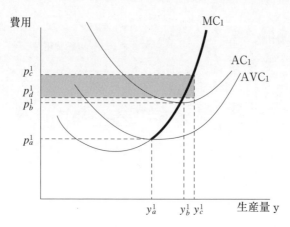

図 6-5　短期限界費用，短期平均費用，短期可変費用，利潤，供給曲線

よりは OD/y（平均固定費用）の分だけ小さくなっています。

図 6-5 では MC は AC と AVC の最低点を左下から右上に横切ります。費用をクラスで行われた試験の得点にたとえると，限界費用 MC はクラスに一人が新入参加したときにその最後の一人の得点のようなものです。クラスの平均点は AC です。MC＜AC であるときに生産量 X が増えると，平均点を下回る一人が新入参加したのと同じで平均点 AC は下がります。つまり MC＜AC で MC が AC よりも下にある位置で y が増えると，AC は減って右下がりになります。MC＞AC だと逆に新入生がクラスの平均点以上を持つので平均点は引き上げられ AC は増えます。AC は U 字型ですから，結局その最下点で MC と交わります。MC は同様に AVC の最下点も通っています。

この企業はプライス・テイカーですから，市場全体で決まる価格 p を踏まえて生産量を決めます。1 という短期において，経営者は

　$p < p_a^1$　ならば生産停止

　$p_a^1 < p < p_b^1$　ならば赤字で生産を継続する

p_b^1＜p　ならば黒字で生産（p_b^1が損益分岐価格）

となりますので，期間1での供給曲線はp＜p_d^1ならば　縦軸で生産量0，p＞p_d^1　ならば　p＝MC_1　です（図6-5の太線部）。

期間1においてp_d^1＜p＜p_b^1ならば操業しても赤字ではありますので，将来的には操業を停止するか資本設備を賃貸で拡大して固定費用を変更するかを考える必要があります。図6-5において市場で製品の価格がp_c^1とすると，MC_1と一致する生産量y_c^1において平均費用はp_d^1で，利潤は網掛けの部分$y_c^1 \times (p_c^1 - p_d^1)$です。

ここまで工場やオフィスの賃貸料，機械設備の維持費といった固定費用は，短期的には変更できないとしてきました。短期では固定的な資本設備の投入量Kは，長期には賃貸で増やすことが可能です。それぞれの生産量yに対してKの大きさも自由に選べるならば，それに応じた短期（short-term）費用曲線SCが無数に存在します。

ではそれぞれのyに対する最低の短期費用をつなぐと，どんな形状になるでしょうか。SCは無数にあり，重なっています。長期費用曲線（LC）はそれぞれのyに対する最低費用をつないだ線ですから，短期費用曲線SCを下側から包み込むような「包絡線」になります。

ここで注意しなければならないのは，あるK_1に対応するSAC_1で最

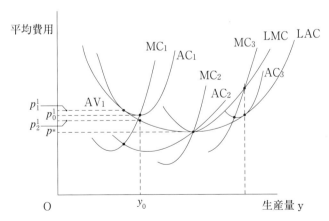

図6-6　長期の費用

低となる点は「U」字の最下点 p_0^1 ではあるが,それに対応する y_0 にとって K を変更しうるため,長期的な最低点ではないことです。K を変化させるならば別の K で元の SAC の最低点 p_0^1 よりも低い SAC と p_2^1 があります。ここで短期費用曲線のうちで意味のある点は長期費用曲線に接している点のみとなり,その K における SAC の最下点とは通常は異なっています。SAC 曲線は U 字ですが LAC も同様に U 字で,しかも**「包絡線」**になっています。包絡線とは,与えられた曲線 AC 群のすべてに接する曲線のことです。

この企業の供給は $p > p^*$ であれば P = LMC で,資本設備 K の規模を変えつつ操業しています。$p < p^*$ ならば操業を停止し,この産業から撤退します。

6-3-2 市場過程と産業均衡

このように個々の経営者にとっての供給曲線を導きました。p は市場全体で決まります。そこで市場における需要曲線と供給曲線を集計してみます。財 1 についての需要を考えます。特定の価格 p_1 に対してそれぞれの家計 a, b で最適な需要量が x_1^a, x_1^b だとすると,合計(横に足す)したものが市場の需要 D_1,p_2 に対しては合計して D_2 として,それらの連鎖として**市場需要曲線** D が描かれます。

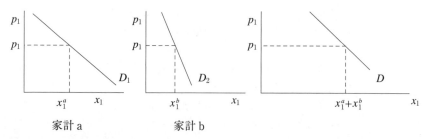

図 6-7 市場需要曲線

次は短期の市場供給曲線です。それぞれの企業の短期供給曲線を横に並べます。資本設備の量は固定されていますから，各企業にとって可能なのは生産量を変えて利潤が最大になるよう供給するか，生産を停止するかの選択です。そこで特定の価格に対してそれぞれの企業が最適な供給量を答え，合計（横に足す）したものが短期の市場供給曲線になります。

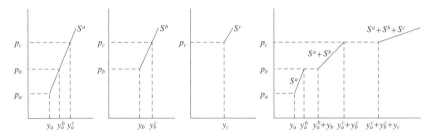

図6-8　市場供給曲線

この短期供給曲線と需要曲線の交点で価格がp^*だとすると，
$p_a < p^*$のとき　供給はなし　各社とも生産から撤退
$p_a < p^* < p_b$のとき　S^a　aのみ生産
$p_b < p^* < p_c$のとき　$S^a + S^b$　a，bが生産
$p_c < p^*$のとき　$S^a + S^b + S^c$　a，b，cが生産となります（図で描けば供給の一部に破線があります）。

この市場供給曲線と市場需要曲線の交点で需給が均衡します。価格メカニズムは，どの企業がどれだけ生産すべきかを指定する働きを持ちます。

最後に産業における長期均衡を考えましょう。技術はどの企業にも共通だとして，完全情報のもとでKも最適な規模を調整するならば，いずれの企業にもLMCとLACは共通になります。産業の長期において

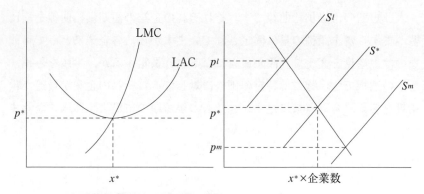

図6-9 市場供給曲線と市場需要曲線

は, 既存企業が利潤を上げていれば参入が起き, 赤字になっていれば数社が退出します。参入・退出の調整の過程では, 長期供給曲線は参入している企業の数だけ LMC を横に足したものです。それに市場需要曲線を重ねてみます。

現在1社だけ市場に参入しているとしてそのときの均衡価格が p_l で LAC を上回るとすると, 利潤が黒字になっており, 新規参入が生じ, 企業数が増えて長期供給曲線は右に移動します。企業数が m 社になったときの均衡価格が p_m としてそれが LMC を下回ると, 今度は各社ともに赤字になって何社かは撤退するでしょう。長期の均衡価格は LAC の最低点に一致し, この産業での利潤は長期的にゼロになります。退出に際しすでにその事業に投じた投資が回収できない「**サンクコスト** sunk cost」が存在するならば, 参入に際してその額を考慮する必要があります。

ある産業で新規企業の参入が生じるまで既存企業が得ている利潤を「超過利潤」と呼ぶと, 産業の長期均衡においては「超過利潤」が消滅します。企業には取り分がないかというとそうではなく,「**正常利潤**」

を得ています。正常利潤とは企業の取り分が一般に期待する利潤をみたすもののそれ以上は含まない水準の利潤であり，資金貸借（金融）市場における長期の利子率に相当します。この産業に資本を投下しても金融市場で運用しても儲けは同じになるはずだからです。

　ただし企業家が給与を支払い別に経営者を雇うことはありえます。仮に雇った経営者に他とは異なる能力があり，企業の売り上げを5,000万円増収させたとすると，他の企業はこの雇われ経営者に5,000万円まで支払って引き抜こうとする可能性があります。

　それを防ぐには他の企業も対抗上，給与を5,000万円まで引き上げる必要があります。経営者に支払われるこうした余分の給与は，存在に限りのある特異な能力への評価額で，肥沃な土地への地代とともに「**レント rent**」と呼ばれます。

　長期の限界費用曲線は図では右上がりですが，右下がりであるとすれば生産量を増やすほどに費用が下がるから競争力が増し，いずれ他企業を淘汰して寡占から独占に至り，競争は維持されなくなってしまいます。これは収穫逓増と競争の共存にかんする「マーシャルのジレンマ」と呼ばれ，後続の新古典派では，収穫逓増は例外現象とみなされました。また「外部経済」とはマーシャルのように産業内での企業間関係ではなく，市場で価格付けがなされない公害等を表すとされました。

6-3-3　生産要素への派生需要

　資本家は原材料価格や賃金，地代，利子，設備資本の賃貸料といった要素価格を支払い，生産要素を生産過程に投入します。商品の生産と販売から得られる収入が起点となって，生産要素への需要が派生します。生産要素の雇用につき労働を代表させ，数式的な議論に触れておきます。

Kが一定である短期だと，企業は労働Lの量を自由に変化させて利潤πを最大化しようとします。企業の側からすれば1人を追加的に雇ったときに支出は賃金w，収入はその労働者が1単位増えたときに増えた生産量yの価値で，商品価格p×「（労働の）限界生産力」（MP：marginal productivity）です。これは数式で表すと生産関数$y=F(L)$，労働者への賃金がwとすると$\pi=pF(L)-wL$で，πが最大になるのはLで微分し0としたときの$w=pF'(L)$です（$F'(L)$はLによる$F(L)$の1階微分）。

一方，労働を供給するのは家計です。家計は効用を最大化すべく労働時間を決めていると仮定します。Lは労働時間，xは余暇時間で，睡眠時間など削りようのない時間が4時間だとします。wは賃金で，所得wLのすべてを消費し，家計の効用は，余暇xと消費Cから得られているとします。家計は$U=U(x, C)=U(x, wL)$を最大化しようとしています。

$x+L=20$だから$C=wL=w(20-x)$で，この式は最大所得が20wという制約のなかで一部を余暇に当て残りを消費することを示しています。余暇とは賃金を得る機会を意図的に逃しているということですから，Wは余暇一時間当たりの価格です。このように収入が得られる機会を放棄するときに「**機会費用**」がかかると言います。余暇の機会費用は賃金に相当します。

余暇を効用の対象とすると，賃金が上がると機会費用という価格が上がり，一方で所得も増えます。そこで代替効果と所得効果のいずれが大きいかによって賃金が上がったことに対する労働の増減が決まります。以上を図で説明してみます。

xとCにかんし無差別曲線を描いてみます。$U(x, C)$を最大化するのは予算線と無差別曲線の接点で，E_0です。ここでwが大きくなると20wが大きくなって最大所得が増え，それて消費を増やすことはできるが，

余暇も増やしたくなるために労働時間を減らす圧力がかかります。労働時間が減っても w が大きくなっているため，必ずしも所得が減るわけではありません。予算線 AB は AB' へとシフトして，次の最大効用の点は E_1 になります。

この移動の内訳は，E_0 の効用を維持する E_2 への移行（相対価格 w の変更に伴なう「**代替効果**」と，予算が拡大する（角度 w' で予算線が並行移動し所得が増えたのと同じ効果を有する）「**所得効果**」とから成っています。ある個人の労働供給曲線は，w が低い水準にあるときは余暇の価格が上がることから代替効果が大きく，余暇を減らしてより多く働きます。

けれども w が一定以上大きくなると予算20w も増えることから所得効果で余暇を増やしたくなるという反対の欲求が高まり，所得効果が代替効果を上回ると余暇を取りたくなり労働を減らすことになります。このとき賃金上昇の結果として余暇は増え，図6-10のようになります。これを**後屈型労働供給曲線**と呼びます。

労働市場における総労働需要は個別企業の労働需要 $w = pF'(L)$ を集計したもので，総労働供給は個別家計の労働供給を集計したものになります。ただしこの産業からの需要が生産要素市場での総需要の無視しえない部分を占めるなら，企業の生産量が拡大したり産業への参入が増えたりした際，特定の生産要素価格の上昇を引き起こすことがありえます。ゲームアプリ産業で言うとゲームの生産が増えればゲーム制作者の賃金が上がるといった状況です。これは労働市場でこの産業が完全競争ではないということです。

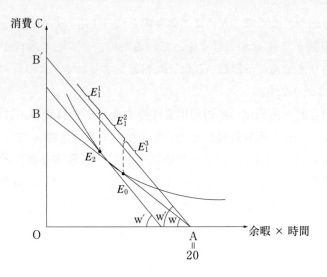

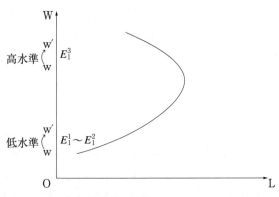

図6-10 後屈型労働供給曲線

理論のまとめ

A. マーシャル『経済学原理』（1890）は，需要曲線と供給曲線の双方を企業家の視点で連立させる市場観を体系化しました。その内容は

- 資本家が会社経営者を兼ねて無限責任を持ち，経営上の決断の責任を所有者である経営者自身が取る合本会社を想定する。
- マーシャルは企業が需要価格と供給価格とを比較し操業するという調整過程を考えた。
- 供給価格は企業が任意の生産水準を変えることなく持続しうる，再生産が可能になる価格で，企業はそうした仮説的な価格を想定し，それと需要価格を比較するとした。
- 需要価格は商品の任意の数量に対して買い手が支払ってもかまわないと考える価格の上限である。
- マーシャルは収穫逓増が生じる理由を内部経済における経営や組織，外部経済における企業集積や社会インフラ整備に求めた。

それに対し市場の均衡に注目する部分均衡分析では企業は利潤を最大化しているとし，以下のように体系化されました。

- 完全競争を前提する（しかし経済が動的均衡，マーシャルの言葉では有機的成長である場合は収穫逓増すなわち費用低減となり独占の可能性が生じる）。
- 設備等にかかる固定費用を変更できない短期では，市場価格＝限界費用で利潤最大化し生産しようとするが，平均費用を上回るか否かが損益分岐点，平均可変費用を上回るか否かが操業停止点となる。
- 固定費用も変更しうる長期では，長期費用曲線（LC）が短期費用曲線 SC を下側から包み込むような「包絡線」になり，市場価格＝長期限界費用で操業するが，長期平均費用を価格が下回れば操業を停止す

る。

・長期においてある産業が市場で均衡しているとき，超過利潤は消滅するが，それでも正常利潤は確保される。

・労働への需要は企業の操業から派生し，家計の労働供給との間で労働市場を形成する。

参考文献

村上泰亮（1992）『反古典の政治経済学』上下，中央公論新社。マーシャルの収穫逓増をどう理解するかは難しいですが，イギリスと戦後日本経済を例にとった解釈の好例です。

7 │ 社会主義の幻想と一般均衡分析

7-1　ワルラスの調整過程
7-2　新古典派経済学の枠組み
7-3　厚生経済学の基本定理と産業政策
7-4　社会主義は実現可能か

《要約》　ワルラスはすべての財市場が互いに影響を及ぼし合しつつ需給を均衡させる経済のあり方を連立方程式で表し，「一般均衡分析」と呼びました。ワルラスは，オークショナーが仮に価格を読み上げ，消費者と生産者が希望する需要量と供給量を答え，オークショナーが総和した総需要量と総供給量を比較して，一致しなければ超過需要（超過供給）に対して価格を引き上げ（引き下げ），それを繰り返すという調整過程を想定しました。それを受けた新古典派経済学は消費財市場，生産要素である労働市場，資本市場，土地市場，中間財市場のすべてで一般均衡が成り立つとみなしました。厚生経済学は一般均衡において，限界代替率が相対価格を介してすべて一致し，パレート最適が達成されていると主張して，完全競争の条件が理想的な経済状態をもたらすと唱えました。けれどもオークショナーが価格調整だけに徹して主体的均衡はそれぞれの経済主体に委ねるという自律分散型市場のモデルは，オークショナーに価格を調整する動機がないだけでなく，無限ともいえる取引を価格の設定により媒介させる能力についても疑問を招きました。
《キーワード》　他の条件が同じなら／一般均衡分析／ワルラスの調整過程／ワルラスの安定条件／パレート最適／個人間の効用比較の不可能性／限界代替率／厚生経済学の基本定理／技術的限界代替率／独占禁止法／反トラスト法／産業組織論／自律分散型／時と所／複雑／法の下の自由／設計主義

7-1 ワルラスの調整過程

　第6章ではA.マーシャルによる部分均衡分析と，L.ワルラス以降の限界主義の部分均衡分析を区別し，それぞれを説明しました。「部分」というのは，「**他の条件が同じなら** ceteris paribus」という仮定のもとで孤立するひとつの財の市場をクローズアップするという意味です。

　マーシャルの想定は，需要価格と供給価格（限界費用）に差がある場合にそれぞれの企業が生産量を変えるということで，価格差を発見するという企業活動が先導する市場の調整過程がイメージできました。それに対しワルラスは，市場の調整をオークションになぞらえました。この「**ワルラスの調整過程**」では，**オークショナー**（せり人）が仲介して「競り」を行います。

　オークショナーは，財1につきまずは適当な価格 p_0^1 を読み上げます。その価格 p_0^1 を与えられたときに各消費者はどれだけ需要するのかを，各企業はどれだけ供給するのかを答えます。オークショナーはそれらの答えを集計し，市場における総需要 D_0^1 と総供給 S_0^1 を算出します。ここで $D_0^1 < S_0^1$ ならば超過供給なので，競りは終了せず，次のラウンドに入ります。

　前回が超過供給であれば価格を引き下げ，超過需要であれば引き上げることをルールとします。この場合は超過供給なのでオークショナーはより低い価格 p_1^1（$p_1^1 < p_0^1$）を適当に読み上げます。オークショナーは各消費者と各企業の答えを集計し，総需要 D_1^1 と総供給 S_1^1 を算出します。この市場が図7‐1aのような総需要と総供給の位置関係にあるなら，調整過程を経て最終的に均衡価格 p_1^* に達し，$D_1^* = S_1^*$ となって競りを終了します。

　けれども図7‐1bのように超過供給で価格を引き下げたときに超過

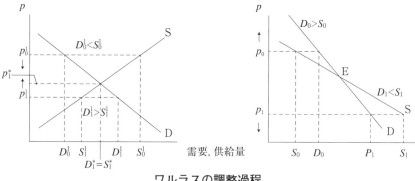

ワルラスの調整過程

図7-1a　　　　　　　　図7-1b

供給の幅が拡大してしまうなら，均衡点Eから離れていってしまいます。ワルラスの調整の結果として均衡へと安定的に収束させる需要曲線と供給曲線の位置関係を「**ワルラスの安定条件**」と呼びます。どんな位置関係ならば均衡へと収束し，どんな位置関係なら収束しないのでしょうか。安定になる場合と不安定になる場合がありえます。

　需要曲線および供給曲線の「位置」が移動することを「シフト shift」と呼びます。それぞれの曲線を描いた際，価格と量に注目して独立変数と従属変数を識別しました。ワルラスの調整過程では価格が独立変数，需要量と供給量が従属変数で，部分均衡分析では各財の価格だけが変化し他財の価格は変化しないため，需要曲線や供給曲線に沿って需要量と供給量が変化します。マーシャルの調整過程では供給量が独立変数，需要価格と供給価格が従属変数でした。

　ここで疑問が生じます。企業や家計は市場価格に対して利潤や効用を最大化するよう行動しています。それは分かりやすい行動ですが，「価格を上げ下げする」のは誰でしょうか。需要が供給を上回り品不足になって売り手が値上げする，逆に供給が需要を上回り売れ残って値下げ

しないと売れないということは現実に起きます。けれども完全競争では，企業も家計も価格を操作する力を持ちません。

　ありうるのは利潤や効用を求める経済主体ではなく官僚がオークショナーである場合です。現在では一つの財を扱う市場を設計する「オークション理論」がポール・ミルグロムやロバート・ウィルソンによって開発され，古美術や中古車のオークションだけでなく石油採掘権の売買等にも応用されています。それは単一市場のデザインなので部分均衡分析ですが，同じく官僚としてのオークショナーがすべての市場につき同時に価格設定すると想定されたのが一般均衡分析です。

7-2　新古典派経済学の枠組み

　部分均衡分析では，ひとつの財たとえば麦芽の材料であるビール大麦だけに注目し，トウモロコシが不作であるとか小麦を使うビールが流行しているといった他の市場の動向については注意を払いません。特定財の需要と供給の両立に注目し，市場間での財の代替関係は無視しうるとされました。

　けれども現実には大半の財は他の財と関係しており，主食としてのトウモロコシが不作だったら代わりに大麦が需要され，小麦ビールが大流行すれば大麦の需要は減ることもあります。それゆえ部分均衡分析が見なかった財をめぐる代替関係，補完関係の調整こそが市場のはたらきであるという考え方にも説得力はあります。その立場からすれば，対象を1産業に限る分析は，説明の便宜に過ぎません。

　L. ワルラスは『純粋経済学要論』(1874-77)[1]で，個別の財だけでなく，すべての財が影響を及ぼし合しつつ需給を均衡させる経済のあり方を「**一般均衡分析**」でとらえようとしました。数式で表現するなら，ワルラスが考えようとしたことは明確です。財1の需要をD_1，供給をS_1，

---

[1]　レオン・ワルラス（1983，原著1874-77）久武雅夫訳『純粋経済学要論―社会的富の理論―』岩波書店

価格を p_1 として，$D_1(p_1) = S_1(p_1)$ が部分均衡分析における財 1 の需給均衡でした。完全競争のもとで 1 ～ n の市場の同時需給均衡は，

$$D_1(p_1, p_2, \cdots, p_n) = S_1(p_1, p_2, \cdots, p_n)$$
$$D_2(p_1, p_2, \cdots, p_n) = S_2(p_1, p_2, \cdots, p_n)$$
$$\cdots\cdots$$
$$D_n(p_1, p_2, \cdots, p_n) = S_n(p_1, p_2, \cdots, p_n)$$

と記述できます。

n 本の方程式で n 個の未知数ですから解けるかのように見えます。ところが物々交換では，供給した財の販売で得た収入に相当する価値で需要する財を得るため，もう一本

$$D_1 p_1 + D_2 p_2, \cdots + D_n\ p_n = S_1 p_1 + S_2 p_2, \cdots + S_n\ p_n$$

という式（ワルラス法則）が隠れています。

この式は，もとの n 本の連立方程式のうち一本が独立ではないことを意味しています。式の数と未知数の数が同じであることは方程式が解ける必要条件なので，そこで方程式を解けば $\frac{p_1}{p_n}$，$\frac{p_2}{p_n}$，$\cdots \frac{p_{n-1}}{p_n}$ という n－1 個の「**相対価格**」が得られます。これは 1 財を売却して得たカネはすべて他財の購入に使い「カネを使わない」状況は起きないこと，あるいは信用にもとづく取引は排除する考え方であり，「売れ残り」は存在しないことを前提にしています。

ワルラスはこうした連立方程式体系の解法を，もっとも単純な二財の交換のケース（第二編）の検討から始まるとしました。A，B の 2 人が財 1，2 の 2 種類の財 X と Y を持っていて，物々交換するとします。2 人は消費者で，それぞれが効用で財を評価しています。交換の結果，効用の水準がともに上がるならば交換する動機があったことになりま

す。これを「ボックス・ダイヤグラム」で説明してみましょう。

AがQの時点でX財をX_A^Q，Y財をY_A^Qだけ持っていたとしましょう。BがQの時点でX財をX_B^Q，Y財をY_B^Qだけ持っていたとします。A，Bの2人がそれぞれの手持ちの2財から効用を感じているとします。その水準はQ点を通る無差別曲線U_A^Q，U_B^Qで表されています。ここでボックス・ダイヤグラムを描くためにBについて無差別曲線図をO_Bを中心に180度回転させ，Aの無差別曲線図と接合してみます。ボックスの縦横の長さは横が$X_A^Q+X_B^Q$，縦は$Y_A^Q+Y_B^Q$です。このときおそらくQ点で2人の無差別曲線は交差しており，Qから左上に半月が少し膨らんだよ

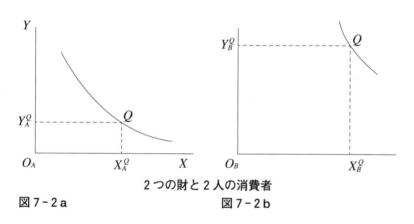

2つの財と2人の消費者

図7-2a　　　　　　　　　　図7-2b

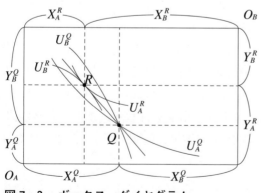

図7-3　ボックス・ダイヤグラム

うな形をしています。この形の中の点はA，BともにU_A^0，U_B^0よりも高い効用に相当するため，X，Y両財を，AはXを提供しBはYを提供して物々交換する動機があります。物々交換は，「理論上は」生じる可能性がしめされたのです。ここからQ点を出発点として2人の無差別曲線が接するR点へと移行できるかが検討されました。

　2財の物々交換を中心円にたとえれば，それを次々に囲い込むのが多財（第三編），生産（第四編），資本・信用（第五編），流通・貨幣（第六編）についての考察です。ワルラスは同心円を外側に何重にも描き加えるようにして，それまでの議論では存在しないものと仮定していた項目を付け加えました。

　このような拡張の結果，個々の市場での需給が独立で均衡（部分均衡）するのではなく，ある市場が均衡していても他の市場で価格が変動すれば元の市場は不均衡に陥るというように，すべての市場が相互に依存しあい，最終的にはすべてが均衡する状態，「一般均衡」が視野に納められました。各市場が一般均衡に達すると，現在における相対価格や現在と将来の間の相対関係である利子率が決まります。さらに外部から中央銀行によって貨幣が「注入」されて，絶対的な価格水準が決まるとされます。

　さて新古典派による市場経済の循環は，マーシャルとワルラスを経て図7-4のようなものとして理解されました。経済は財市場，生産要素市場，家計そして企業によって構成されます。家族・コミュニティや自然，文化や金融は外部にあり，生産要素を生み出すに当たっては金銭所得の交換はなされません。各家計は労働する身体や土地，資金を所有し，生産要素としての労働や土地，資金を市場に持ち込み，時間当たりの対価である賃金・地代・利子と引き替えに，一定期間企業へ貸し出す量を選択します。

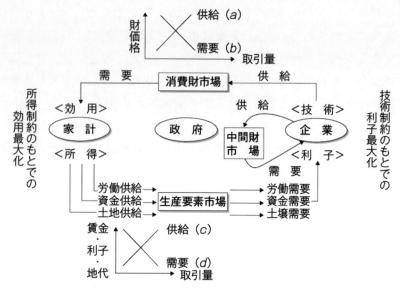

図7-4　新古典派における財の流れ（貨幣は逆に循環している）

　各家計はそれら対価から収入を得て，消費するための予算とします。家計は予算を念頭に，消費財市場の各消費財につき価格を効用に照らし合わせ，合理的に消費量を選択するとします。各企業は消費財市場で財の市場価格，生産要素市場で賃金・地代・利子に直面し，所与の技術に照らし合わせて利潤が最大化するよう（価格＝限界費用となるよう）合理的に財の供給量と生産要素の雇用量を決めるとします。

　それぞれの消費財市場で価格ごとに家計の需要を総和すると，消費財価格と需要量が関係づけられ，市場需要曲線になります。また各消費財の市場で参加企業の供給曲線を集計すると価格と供給量の関係として市場供給曲線が描けます。一方，それぞれの生産要素市場で家計が供給する労働量と賃金の関係，土地量と地代の関係，資金量と利子の関係を総和すると，労働供給曲線，資金供給曲線，土地供給曲線が得られます。

また各企業は労働・土地・資金について最適な需要曲線を想定しており，市場で総和すると労働需要曲線，資金需要曲線，土地需要曲線となります。

7-3　厚生経済学の基本定理と産業政策

　ここまでは「完全競争」が前提され，「一般均衡」へ到達するとして話が進められました。ここから新古典派経済学は，到達された一般均衡が理想的な社会状態でもあると主張します。まず個々人の基数的効用を社会全体で総和すれば総効用になるというのがワルラスらの基数的な効用の立場で，ワルラスは完全競争下において「社会的極大満足の定理」が満たされると考えました（『社会経済学研究』1896）。

　それに対し20世紀の新古典派は「『**個人間の効用比較**』の不可能性」という立場を採用することになりました。個人間で効用は比較できないため，総和することもありえないとしたのです。それを受けてワルラスの死後，新古典派が導入したのが「**パレート最適**」の概念でした。これは資源配分にかんし効率的な状態で，「ある人の経済状態を悪化させることなく他の誰の経済状態も改善できない状態」を言います。

　消費者への資源配分を考えてみましょう。消費者 A が財 X と財 Y を消費しており，**限界代替率**（Marginal rate of Substitution）が MRS_{xy}^{A} とだとします。限界代替率とは，A が X 財の消費を1単位減らしたとして，Y 財の消費をどれだけ増やせば効用の水準が変わらないかを示す X と Y の代替率のことです。消費者 B の限界代替率は，MRS_{xy}^{B} だとしましょう。

　ここで A，B それぞれにおいて，現在の X・Y の消費量で限界代替率に相違があるとします。たとえば A の MRS_{xy}^{A} は3，B の MRS_{xy}^{B} は1とすると，A は X を追加的に1単位得れば，同時に Y を3単位失っても

効用水準は変わりません。BはXを1単位失ってもYを1単位だけ与えられれば、効用水準は変わりません。

ではBがAにXを1単位譲り、AがBにYを1単位返せばどうなるでしょうか。BにとってはXとYが1単位ずつ入れ替わり、しかしXとYの限界代替率は1だから効用水準に変わりはありません。ところがAは1単位もらったXを3単位のYに相当すると感じており、それなのにYを1単位しか失わない。その結果Aは効用水準が変わらない状態でYを2単位余分に得ており、その分だけAの効用水準は向上します。以上から現在の消費状態において両者の限界代替率が異なっているならば、交換によって一方の経済厚生を変えないまま他方の経済厚生を引き上げることが可能と分かります。つまり限界代替率が異なっているときは、パレート非最適なのです。

そこでパレート最適になるための条件は、すべての消費者にとっての限界代替率が一致することになります。A、B間のパレート最適の条件は、$MRS_{xy}^{A} = MRS_{xy}^{B}$ です。

パレート最適でないならば、財の量が同じでも配分を変えただけで、他の誰かの効用や利潤を悪化させることなく特定の人の経済状態を改善することができます。それは財の配分に改善の余地があった、非効率的だったことを意味しています。パレート最適とは、財が無駄なく効率的に配分されている状態です。そこには労働市場も含まれているので、非自発的失業は存在しないことが前提されています。

ここまでは理想的な社会状態が「効率的な資源配分」の達成を指し、それが「**限界代替率の一致**」に相当すると述べてきました。それに続いて新古典派は、完全競争の「条件」が成り立っているならば、市場では「事実」として一般均衡が成立し、それは効率性という「規範」も満たしていると言います。これが完全競争状態においては価格メカニズムに

よりパレート最適が達成されるという「**厚生経済学の基本定理**」（第一定理）です。

　詳細は省きますが概略だけ述べると，完全競争であれば消費者も企業もプライス・テイカーです。消費者は自分の効用を最大化するため，相対価格を受け入れて自分の限界代替率を一致させるよう調整しています。消費者 A は $\frac{p_x}{p_y} = MRS_{xy}^A$ となるよう X 財，Y 財を消費しており，消費者 B も同様に価格 $\frac{p_x}{p_y} = MRS_{xy}^B$ となるよう X 財，Y 財を消費しようとします。このとき $MRS_{xy}^A = \frac{p_x}{p_y}$ と $\frac{p_x}{p_y} = MRS_{xy}^B$ が成立しています。相対価格 $\frac{p_x}{p_y}$ が共通ですので，限界代替率を相対価格に一致させることにより，消費者たちは互いの効用のあり方を知らないままでパレート最適が達成されます。互いの効用については知らなくとも，相対価格だけを手がかりにすれば，全員の限界代替率が自動的に一致するからです。

　企業 X，Y にかんしても資本 K と労働 L の 2 つにかんし**技術的限界代替率**（Marginal rate of Technical Substitution）を MRTS と記すならば，機械や建物等の設備資本をレンタルするとして，各企業はそのレンタル率 r と労働の賃金率 w とにつき企業は $MRTS_{KL}^X = \frac{w}{r} = MRTS_{KL}^Y$ となるように生産要素を雇用しています。生産要素の価格比 $\frac{w}{r}$ が媒介することですべての企業の間で技術的限界代替率が一致し，パレート最適が成り立つというのです。以上，消費者や企業はそれぞれ他の消費者や企業について面識がなくとも，それぞれ相対価格だけを判断材料として効用や利潤を最大化するよう選択すると，パレート最適も実現していることになります。

　さてアメリカでは19世紀の後半に企業の巨大化と独占が進み，イギリスと経済覇権を競うまでになっていました。ドイツにおいても同様です。アメリカでは独占の弊害が顕著になり批判の声が高まって，1890年

にはシャーマン法が制定され，**独占禁止法**のさきがけとなりました。け
れども**反トラスト法**の実行力は弱く，1940年以前はカルテルや独占企業
への取締りがほとんど実施されませんでした。ワルラスは1870年代半ば
に一般均衡分析を提唱したのですが，その内容が均衡の存在や安定性，
厚生経済学の基本定理の証明という形で精緻化されたのは1950年代のア
メリカにおいてでした。

　反トラスト法の運用が急速に強化されたのは1950年代以降でした。そ
れには一般均衡分析の完成が大いに影響し，とりわけ「**産業組織論**」と
して現実の市場や企業活動の具体的な分析に応用したJ.S.ベインら
ハーバード学派の主張が反独占政策を主導しました。ベインは市場構造
の型が企業の行動や成果の質を規定するとみなし，その因果関係が市場
で競争が維持されているか否かの判定に使えると考えました。

　この判定法は構造（structure）・行動（conduct）・成果（performance）
の頭文字をとって「SCPパラダイム」と呼ばれました。SCPパラダイ
ムは売り手集中度が小さかったり，参入障壁が低かったり，製品差別化
が弱いといった具合に，完全競争に近い市場構造の「型」ほど望ましい
としました。しかし現実にはなにがしか不完全競争的であるので，市場
構造はどの程度まで不完全競争的であっても許容されるべきかが検討さ
れました。

　この基準は日本でも「構造改善事業」として適用され，各省庁が各産
業分野で市場に介入しました。著名なのは鉄鋼業界への1968年，業界上
位二社の富士製鉄と八幡製鉄が水平合併することが明るみに出た際，公
正取引委員会が独禁法違反とみなした事例です。さらに市場競争を完全
競争に近づけようとする産業政策は1970年代まで維持されました。ただ
しワルラスの一般均衡理論では，設計された単一市場ではなく，すべて
の市場につきオークショナーが価格調整を行い失業もなくせるという，

自由な市場経済ではありえない理想論が唱えられていることに注意が必要です。ここで「理想を実現するオークショナーとは誰か」が問題になりました。

7-4　社会主義は実現可能か

　19世紀の後半に覇権を争う先進国で企業が巨大化し，市場では独占が広がりました。20世紀の半ばにワルラス理論の数理的な精緻化が行われ，戦後には西側の自由主義圏が完全競争を規範とする産業組織論にもとづき現実の経済構造を修正していきました。そうした流れからすれば意外かもしれませんが，ワルラス自身が一般均衡分析を提起した動機は社会主義の構築にありました。ワルラスは土地の国有化を訴えた父オーギュストの志を継いで終生社会主義者を貫き，その目標は**「条件の不平等」**に陥りがちな資本主義経済を抜本的に改革することでした。ワルラスの「科学的社会主義」は，「条件の平等，結果としての地位の不平等」を目指したのです。[2]

　これに対してワルラスの一般均衡論が社会主義経済の運営を可能にするのか，社会主義の計画経済は実現可能かをめぐり，1920年代から断続的に論争が続けられてきました。社会主義をめざすワルラスのモデルは物々交換を前提しています。それに対してまずL.ミーゼスが，貨幣だけが価値を表現しうる客観的な単位であり，実物財や労働量は経済活動を運営する上での計算単位にはなりえない，そして最終生産物については価格づけの計算がなしえたとしても，中間生産物や生産要素については競争的な市場が存在しないと価格づけできないと主張しました（「社会主義社会における経済計算」1920）。消費財としての最終生産物だけでなく，原材料や生産要素としての労働まで，すべての市場において貨幣を単位として価値が計られるのでないと，資源配分を行うための計算

---

[2]　ワルラスの社会主義思想については，御崎加代子（1998）『ワルラスの経済思想──一般均衡理論の社会ヴィジョン』名古屋大学出版会に詳しい。

はうまくなしえないと言うのです。

このミーゼスによる社会主義批判よりも前の1908年，すでにE.バローネが社会主義経済にワルラスの一般均衡理論を適用することで，価格づけは行いうると主張していました。バローネは諸財の需給を一般均衡させるようワルラスが導いた連立方程式を中央計画当局が解き，その均衡価格を用いれば効率的な資源配分を行うことができる，としたのです。貨幣で評価された自己資本を持つ資本家が財に価格づけを行う市場に対し，官僚組織が連立方程式を解き，そこで指示された相対価格に従うのが社会主義における計画経済だ，という考え方です。

これに対してF.A.ハイエクは，編集に当たった『集産主義経済計画』(1935) において批判を加えました。バローネらが与えた数学的な解決は論理的には正当だけれども，しかし方程式を解いて価格を決定することは不可能である，なぜならその方程式を構成する無数の情報・データをまずは収集し，連立方程式を数式として特定しなければならないが，それは現実には不可能だからだというのです。

なるほど一般均衡分析が描く連立方程式のうちＤの元となる個々人の欲望や，Ｓの元となる個々の企業の費用条件などといった情報は無数であり，それらを中央計画当局に集めることは実現不可能でしょう。しかも意思決定に用いられる欲望や費用のすべてが意識され，申告されるとは限りません。しかもそうしたデータが仮にすべて集められたとしても，財の数だけ方程式が連立しているとして，それが現実に解けるかという問題があります。30ほどの変数でも計算機を使って解くには恐ろしく長い時間がかかります（計算時間問題）。

ところがハイエクのこうした主張を受けたO.ランゲが，秀逸なワルラス理解を打ち出しました。社会主義における合理的な経済計算は論理的だけでなく実際の運営上も可能だ，中央計画当局の仕事は情報・デー

タを集めたり連立方程式を解いたりすることではない，というのです。ランゲは，欲望の最大化は消費者が，利潤の最大化は生産者が自主的に行い，オークショナーはただ価格の調整のみを行うとワルラスの調整過程を理解しました。「**自律分散型**」の調整過程です。

　これであれば「競争的社会主義」の中央計画当局は，消費者と生産者の申告を集計して需給を比較し，不均衡であるならば新たな指し値を呼び上げるというオークショナーの役割を務めるだけで，情報・データを収集する必要も連立方程式を解く努力も不要になります。中央計画当局は試行錯誤的に価格を指し値するだけでよいのならば，ハイエクの批判は回避できます。ランゲの見方では，ワルラスはオークショナーとしての社会主義官僚の行動方針を示したことになります。これは市場で需給を均衡させることが効率性を高めるという信念から官僚に価格を制御させる立場です。

　効用や技術にかんする詳細をオークショナーが知る必要はありません。それでも価格や供給量・需要量などのすべての変数が相互に影響を与え合う関係にあるならば，市場 A が均衡していても，他の市場 B で価格 P_B が変動すれば，価格 P_B は市場 A にとって外生変数（他の条件）ですから，市場 A の需要曲線や供給曲線が移動して不均衡に陥ります。財 B の市場で p_1^B から p_2^B へオークショナーが価格を変更すると，財 A 市場，財 C 市場以下で需要曲線と供給曲線がシフトし，財 A 市場では調整がやり直しになるのです。一般的な大きさのコンビニエンスストアで商品数は平均3000種と言われます。価格の変更に応じてシフトが連鎖してしまうと，全市場で需要と供給が一致する相対価格を見出すのには無限の時間がかかり，奇跡にも近いことと分かります。社会主義経済におけるそうした官僚による価格の調整は1980年代いっぱいで断念されることになりました。「大きな社会」に物々交換と外部から貨幣を挿入す

るというワルラスが構想した社会主義経済の運営は，失敗に終わりました。

　官僚の役割を価格の調整にのみに絞るランゲの社会主義は失敗に終わりましたが，ハイエクはさらに批判を差し向けました[3]。流通業者は場所により価格が安いリンゴを，価格が高い場所に時間的・空間的に移動させる活動によって利潤を得ます。時や所によって価格には差があり，それを「発見」するのが市場の営みだというのです。ハイエクは，経済知識は「いつ，どこ」すなわち**「時と所による相違」**が重要だと言います。違いがあれば移動させ生産することで利潤が得られ，それは商業の原点です。それに対し「いつ，どこ」かに関わりなく「リンゴの価格」と一括りにし，オークションを開催するのがランゲの計画経済でした。

　新古典派は少品種大量生産の経済を需給の量で分析しました。変数が比較的に少ない「小さな社会」ならば市場を人為的に設計することが可能で，オークション等の「マーケット・デザイン」はその限りで有効です。けれども変数が多すぎる「大きな社会」において経済秩序は自生するしかありません。ハイエクは1960年の『自由の条件』の頃からは経済を経済領域だけで捉えるのではなく，法学や進化論，心理学も踏まえて**「法の下の自由」**を唱えるようになりました。経済についても均衡ではなく，質的な**「自生的秩序」**としてとらえ，ハイエクは国家経済における需給を官僚が設計しようとする**「設計主義」**を批判しました。

　貨幣で市場価格が表示されたとしても，自由な市場経済では「時と所」により異なる無限の局面があり，官僚ではとても処理できません。ワルラスが「2財を元手として2人の交換から始まる」と話を始めた段階で，すでに強い前提が置かれていることに注意が必要です。AがX財を手放してY財を手に入れるとする「物々交換」がすべての交換の原型とみなされています。これは架空の想定にすぎません。

---

[3] F. A. ハイエク（2008，原著）「社会主義計算(3)　競争的「解決」」『個人主義と経済秩序』ハイエク全集Ⅰ-3，春秋社

「物々交換」を基調とし，のちに貨幣が登場する，ないし外部から注入される経済を人類はたどっていません。まず農業経済があり，次いで信用で商業が始まり，金属貨幣はそのあとで出現したのです。現実の歴史において人類は，モノを信用（債務）で購入しました。ツケで衣食住を賄うのは江戸時代の庶民の日常でもありました。それでも「物々交換は刑務所では実在する」といった反論がなされることはあります。けれども刑務所を現実の社会に近似するモデルでは，刑務所のような不自由な社会しか考察できません。自由な社会では，物々交換をする必然性がないのです。

　ワルラスのモデルは貨幣供給について典型的な「外部貨幣論」（10-1）です。しかし現実の歴史において，現金以外に銀行信用が経済の「内部」で生成し，現在ではキャッシュレス化がさらに発展しています。銀行信用は貨幣の9割を占め，そのさらに大半がミーゼスの言うように，最終消費財よりも中間生産物や生産要素への支払いに使われています。

　そして信用経済では，債権と債務の清算が行われ，それによって決済まで持ち越される取引の数は大幅に削減されます。オークショナーの計算能力に頼らずとも，信用経済では清算がその代わりを果たしています。

　ただしハイエクが政府の市場介入を否定するのは，市場は常に平時を保ち，危機には陥らないと前提しているからです。けれども金融危機は日本における大震災と同様，経済学者の思惑を離れて勃発します。これについては第9章で触れましょう。

🖊 理論のまとめ

　部分均衡分析では、「他の条件が同じなら ceteris paribus」という仮定のもとで孤立するひとつ（「部分」）の財市場をクローズアップします。マーシャルは需要価格と供給価格に差がある場合に企業が生産量を変えるという形で市場の調整が行われるとし、ワルラスは、需給の量に差がある場合にオークショナーは超過供給であれば価格を引き下げ、超過需要であれば引き上げることをルールとするとしました。

　ワルラスの調整の結果として均衡へと安定的に収束させる需要曲線と供給曲線の位置関係は、「ワルラスの安定条件」と呼ばれます。

　現実には大半の財は他の財と関係しており、ワルラスは個別の財だけでなく、すべての財が影響を及ぼし合いつつ需給を均衡させる経済のあり方を「一般均衡分析」でとらえようとしました。

　数式で表現するなら、財1の需要を、供給を、価格を p1として、完全競争のもとで1〜nの市場の需給の同時均衡が $D_i(p_1, p_2, \cdots, p_n)$ $= S_i(p_1, p_2, \cdots, p_n)$ i は1〜n と記述できます。ところもう一本

　　$D_1 p_1 + D_2 p_2, \cdots + D_n p_n = S_1 p_1 + S_2 p_2, \cdots + S_n p_n$

という式（ワルラス法則）が隠れており、n 本の連立方程式のうち一本が独立ではありません。この方程式を解けば、全市場を均衡させる n−1個の「**相対価格**」が得られます。

　2財を持つ2人の物々交換は「ボックス・ダイヤグラム」で記述できます。ワルラスはそれを中心円とし、次々に多財（第三編）、生産（第四編）、資本・信用（第五編）、流通・貨幣（第六編）についての考察を付け加えていきました。各市場が一般均衡に達すると、現在における相対価格や現在と将来の間の相対関係である利子率が決まり、さらに外部から中央銀行によって貨幣が注入されて、絶対的な価格水準が決まるとされます。

第7章 社会主義の幻想と一般均衡分析 | **151**

　これは貨幣供給について典型的な「外部貨幣論」です。また物々交換経済も人類史上で社会の中心となったことはありません。しかし新古典派経済学はこのワルラスの図式を経済の基本ととらえました。

　そうした市場が効率性において最適な状態を「パレート最適」と呼び，すべての消費者にとっての消費財の限界代替率が一致し，企業にとっては生産要素の技術的限界代替率が一致することとされました。さらに完全競争のもとでは価格メカニズムによってパレート最適状態が達成されることが厚生経済学の基本定理と呼ばれ，1970年代までは独占禁止法で完全競争にできる限り近い状態を維持することが求められました。

　ワルラスの一般均衡論にとってのオークショナーの役割を官僚が務めると，社会主義経済が実現します。オークショナーはただ価格の上げ下げを提示し，欲望の最大化は消費者，利潤の最大化は企業が主体的に行います。ここから経済にかんするすべての情報は相対価格に凝縮されており，消費や生産にかんするそれ以上の観察は不要とする考え方が経済学に拡がります。市場経済の「外部」にある共有資本や経営，組織などへの無関心はこうして定着していくのです。

参考文献

　F. A. ハイエク（2008，原著1948）『個人主義と経済秩序』ハイエク全集1-3，春秋社。マーシャルは需要価格と供給価格の差に着目して生産活動が行われるとしましたが，ハイエクはさらに「時と所」に応じても価格には相違があると喝破しました。社会主義経済計算論争を経て，ハイエクが知識と市場のかかわりという独自の市場論に達した論文集です。

　川越敏司（2015）『マーケットデザイン　オークションとマッチングの経済学』講談社メチエは，人工的な市場設計につき解説しています。

8 | 化石燃料が生み出した新たな社会経済

8-1 化石燃料がもたらした大分岐
8-2 株式会社の制度化と資本の流動化
8-3 化石燃料が共有資本に与える影響
8-4 市場競争の変容──自然独占と供給独占

《要約》 産業革命で蒸気機関が生産過程に取り入れられると，光合成によって穀物に定着させたエネルギーで活動する有機経済は，化石燃料に何百万年も蓄積されたエネルギーを解放する工業化に圧倒されていきます。それは完全競争と厚生経済学の基本定理をもとに組み立てられた新古典派経済学による市場経済の管理を覆す可能性を持ちました。第1は有機経済の商品を工業的な模造品に代替すること，また輸送能力の高まりにより価格の場所による差異が消滅したことで，消費者の見識が問われることとなりました。第2には経営者が資本家を兼ねていた無限責任の企業が有限責任の株式会社に置き換わり，合理的で責任ある生産活動に疑問が持たれるようになりました。第3には独占が進み法による競争の維持が必要になりました。第4には生産設備の巨大化で「資本」概念の意味が問われるようになりました。

《キーワード》 付加価値／流通／代替財／慣行農業／正しく理解された（見識ある）自己利益／衒示的（見せびらかしのための）消費／合本会社／固定資本／減価償却／株式会社／所有と経営の分離／分散投資／資本充実の原則／財務内容のディスクロージャー／投機／美人投票／公共財／準公共財／私的財／競合性／排除性／規模の経済／自然独占／限界費用価格形成原理／平均費用価格形成原理／新自由主義／需要の価格弾力性／複占／寡占／独占的競争／サンクコスト／コンテスタブル市場

8-1　化石燃料がもたらした大分岐

　産業革命を機に化石燃料を動力とする機械生産が中心となり，それまでの有機的に生産され消費される経済循環は，甚大な打撃を受けます。植物は光合成により取り込んだ太陽光のエネルギーにより，一粒の種籾を何十倍にも増殖させます。一方，化石燃料は，光合成が創出したエネルギーをさらに何万年分も封じ込めています。蒸気機関はその異次元のエネルギーを解放する工学技術でした。化石燃料の使用は産業に革命を引き起こしただけではなく，社会経済に大きな断層をもたらしました。[1]

　米ドルで計測した地域別の1人当たり所得推移を示しましょう[2]。グラフの急傾斜は化石燃料エネルギーと太陽光エネルギーの差を如実に表しています。1人当たり所得水準は有史以降ほとんど拡大しませんでしたが，19世紀に突如目覚ましい成長の経路に入りました。

　一人当たりの所得の伸びは，18世紀後半に人類の活動が生み出す付加価値が異次元の段階に入ったことを示しています。それまでの付加価値は農業によって穀物に集積した太陽光エネルギー（フロー）を利用したものでしたが，それをさらに化石に蓄積（ストック）し，蒸気機関が開放することで，比較にならない大きさの付加価値が生まれたのです。主流派の経済学説史にはその対照に注目した人々の名前は見当りません。化石燃料がもたらした経済の変容を理解しようと試みたのは，自然科学者たちでした。

　限界革命にもかかわったW.S.ジェヴォンズは『石炭問題』を書き，イギリス経済の不安定性を自然的基盤の限界から暴きだそうとしました。P.ゲデスは経済学の諸概念（生産と消費，富，利己主義など）を，

---

[1]　桑田学（2023）『経済思想人新世の経済思想史：生・自然・環境をめぐるポリティカル・エコノミー』青土社，には植物による光合成エネルギーと化石燃料エネルギーの相違が精密に描かれています。
[2]　O.ガロー（2022）『格差の起源　なぜ人類は繁栄し，不平等が生まれたのか』NHK出版

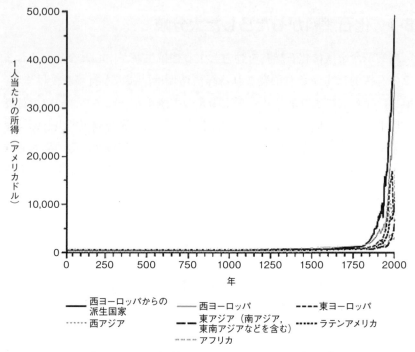

図8-1　1人当たり所得の推移　　出典：O. ガロー（2022）

予備的科学としての物理学，生物学，心理学により再構成することを提唱しました。ともにノーベル賞受賞者である W. オストワルトと F. ソディは，熱力学原理を社会科学に適用しようと模索しました。[3]

歴史学者の K. ポメランツもまた『大分岐』（2000）[4]において，産業革命の衝撃を語っています。中世まで中国や日本，ヨーロッパで発展した市場経済には，生態環境の制約が課せられ生産力において大差がありませんでした。それにもかかわらず，近代に入るとヨーロッパだけが大分岐していったと主張したのです。光合成で穀物に封じ込めたエネルギー

---

[3] 桑田学（2014）『経済的思考の転回：世紀転換期の統治と科学をめぐる知の系譜』以文社にはこうした思想の系譜がまとめられています。
[4] ポメランツ（2015，原著2000）川北稔他訳『大分岐──中国，ヨーロッパ，そして近代世界経済の形成』名古屋大学出版会

だけを利用する有機経済の段階では，自然や文化において各国は多様でした。けれども生産力では大差がなく，産業革命によって化石燃料を活用するようになり，ヨーロッパが大分岐を果たしたと唱えたのです。

　新古典派経済学からは，こうした「大分岐」を深刻に受け止めた痕跡は明確には見えません。けれどもこれほど大きな衝撃が，経済学の枠組みに影響しないはずがありません。とりわけ大きな問題が「機械は経済にどのようにかかわるか」です。機械は生産の道具ではありますが，目的に応じて生みだされ，自生する共有資本とは同列に置けません。労働や自然は時間では雇用されますが，生まれてきた目的は金銭ではありません。制作の目的が利潤獲得である機械とは対照的です。以上から，

　1．株式会社の制度化
　2．共有資本の破壊による利潤生成
　3．公共財供給における独占

といった論点が化石燃料の使用と機械設備の巨大化を経て問題となりました。[5]

8-2　株式会社の制度化と資本の流動化

　化石燃料を活用するためには，輸送設備や機械設備に資本投下しなければなりません。しかし設備が巨大だと必要な資本も巨額になり，一方で収益には不確実性がつきまといます。農業を中心とする「小さな経済」は「大きな経済」へと変貌を遂げつつありましたが，工業化に対応するためには，新たな社会経済を支える体制が必要になります。それは一般に「資本主義」と呼ばれる制度，アイデアと進取の気性を持つが自分では資本を持たない企業家に株主が株式で資本を肩代わりし，また債

---

[5]　個人主義の経済学では説明力に限界があり，個人と他者の関係が経済を動かすようになったことを早くから指摘したのが西部邁（2006，原著1975）『ソシオ・エコノミクス』明月堂書店でした。

権者と銀行が融資して実物投資や商品の生産を実現するシステムでした。市場は不確実であり，赤字を企業が負担し切れなかった場合，株主は有限責任で株価を上限に，残りを銀行と債権者が負担します。企業は平時には貯蓄をはるかに上回る投資を行い，貯蓄と投資の差額は株主や債権者から得るのが一般的です。[6]

　資本を集め不確実性を分散させるために，イギリスではそれまで堅持していた中小企業主による無限責任だけでなく，オランダ東インド会社が17世紀初頭に開発していた有限責任の株式会社制度を取り込みました。

　1710年頃に T.ニューコメンが蒸気機関を開発，改良が施されます。炭鉱では石炭を採掘するとともに地下水に悩まされましたが，それを解決したのが熱効率と運動効率に優れた J.ワットの排水用ポンプでした。それらの蒸気機関は据え付け型でしたが，J.スティーブンソンが自走型の蒸気機関車を開発します。そして1830年，リバプール・マンチェスター間で鉄道が開通しました。[7]

　蒸気機関に資本投下するには，会社形態の見直しが不可欠となりました。1720年に南海会社が引き起こした「南海泡沫事件」を機に，イギリスでは無許可会社が取り締まられました。代わり急速に増加したのが無限責任制で，全出資者が出資額を超えた責任を出資額に比例して負う**合本会社**（joint stock companies）でした。

　ところが鉄道会社は，資金の運用のあり方において未曾有の存在でした。事業開始までに広大な土地を取得し，トンネル切り開き，レールや枕木に駅舎を据え付け，機関車や客車を製造しなければなりません。それらの「**固定資本** fixed capital」を整える資本は巨額を要し，しかし得られる収入は日々の運賃です。東インド会社も船舶という固定資本を保

---

[6]　こうした資本主義の一般的趨勢から外れているのが，企業が貯蓄主体となって投資を控えてきた21世紀初頭の四半世紀にわたる日本経済です。
[7]　田中靖浩（2018）『会計の世界史　イタリア・イギリス・アメリカ500年の物語』日本経済新聞社

有してはいましたが，収入は香辛料や衣料の売上で，航海を終えさえすれば高収益が短期間で回収されました。それでも鉄道開設は公共輸送という公益が目的とされたため，株式会社制度の見直しが検討されました。

それまでの現金主義の会計だと固定資本への投資を短期間の支出として計上することになり，投資した時期に赤字が集中してしまいます。鉄道会社は固定資本を長期的に利用して稼ぐため，いつ株主になるかで配当に大きな違いが出ます。そこで単年度の支出ではなく数年かけて費用として負担させるよう，固定資本を数期に分け費用として計上する「**減価償却**」の考え方が会計制度に導入されました。[8]

株式会社は法制度においても細部が検討されました。イギリスでは1844年に「登記法」，登記された法人につき株主が元本以上の責任を負わないとする1855年の「有限責任法」，有限責任法に法的実効力を持たせた1856年の「株式会社法」が制定され，近代的な**株式会社**（company limited by shares）制度が確立されました。[9]

こうして出揃った株式会社の特徴には，法人格を持ち，株主の責任が有限であり，持ち分の譲渡が自由で，取締役会に経営権が委任され，株主が会社を所有していることがありました[10]。「法人格」とは，法人が自然人と同様に権利義務や取引の主体となることです。イギリスの個人事業やパートナーシップ，日本の合名会社・合資会社は無限責任制で，出資者たる社員（会社法における株主）には借入についての債務まで責任もって返済する義務があり，返済しなければ裁判所に財産が差し押さえられました。株式会社の「有限責任」だと，債務を返済できず会社が倒

---

[8]　澤登千恵，中村恒彦（2017）「19世紀前半イギリス鉄道会社における監査実務の展開と資本勘定閉鎖概念」大阪産業大学経営論集　第18巻

[9]　米山高生（1980）「イギリス近代株式会社法成立の経済的背景に関する覚え書き」『一橋研究』第5巻第2号

[10]　吉原和志・黒沼悦郎・前田雅弘・片木晴彦（2005）『会社法1』『会社法2』（第五版）有斐閣

産した際，出資分の株式は無価値になるものの，株主はそれ以上の責任は問われず投資がしやすくなります。

「株主が会社を所有する」とは，株主には総会で取締役を選任して会社の運営事項を承認する権限があり，株式の持ち分に応じて会社の利益に所有権があることを指します。会社が財産を確保するため，株式会社は出資の払い戻しを原則として認めていません。そこで「持ち分の譲渡」を認め，株主が持ち分を自由に譲渡して貨幣化できるようになりました。

取締役会へ経営権が委任されたのは，大規模な会社には株主の数が多く，それに比べて直接に経営の知識を持つ人は少ないためで，専門的な経営を取締役会に委任し，株主総会で経営者が経営内容を説明することになりました。こうして「**所有と経営の分離**」が始まります。

株主は複数の会社の株を保有するようになり，そのうえ株式は売却できます。予想される株式の収益とリスクを適切に組み合わせる**分散投資**によって，株主たちは会社や事業よりも期待収益に関心を集中させるようになりました。商業にかんし資本家は，場所により価格差がある事業に資本投下します。工業について無限責任の企業では，製品価格と製造費用に差がある事業に資本投下します。それらに対し有限責任で株価の上昇にのみ関心を持つようになった株主は，株式の将来価格を予測し，現在価格と差を見出せば資本を投下することになります。株主は，多数の株式をいかなるポートフォリオで保有し，いかにすばやく売買して利潤を得るか，すなわち投機の対象として会社をとらえるようになりました。

これについて A. スミスが早くから問題を指摘していました[11]。無限責任であれば，経営者である資本家は無謀な事業に手出しするのには躊躇します。対照的に有限責任では株主には経営に対する無関心が広がり，

---

[11]　A. スミス（2007，原著1776）山岡洋一訳『国富論』下，日本経済新聞出版会，第5編第1章　p.331

会社が危険な事業に手を出しても看過されがちになります。マーシャル
もまた，所有と経営が分離すれば株主は短期的な利益の追求に走り，長
期にわたって健全であるべき競争の場が破壊されてしまうと考えていま
した。

　そのように賛否が渦巻く中で，有限責任制度を支持したのがJ.S.ミ
ルの『経済学原理』（1848）でした。ミルは本書で鉄道のような大規模
な経営は巨大な資本を要し，個人の資力ではなしうるものではないとし
て有限責任制の必要性を唱え，有限責任の株式会社であっても責任を取
るように仕向ける条件を挙げました。[12]

　それが「資本が今もなお減少させられることなしに維持されている」
こと，さらに「種々の勘定が記帳され」「世間へ公表する」，「勘定の真
実性を適当な罰則によって守る」ことでした。これらは今日の言葉では
「**資本充実の原則**」および「**財務内容のディスクロージャー**」と呼ばれ
ます。株式会社がかりに倒産しても，資本金やそれで会社が買った設備
や資産が十分に残っているならば，債権者はそれを差し押さえれば債権
を取り戻せます。また本当に資産が目減りしていないかを債権者が確認
できるには，情報公開を制度化しなければなりません。[13]

　財務内容が公開され資本充実が確認できるなら，債権者は安心できま
す。資本が充実していれば，巨大な資本を機械設備に投下しても，健全
な経営が図られます。ミルの主張が追い風となり，株式会社法が成立し
ました。

　ところが株式市場はミルの思惑とは異なる道筋を歩むようになりま
す。経営には無責任であっても株主が会社の扱う分野について専門知識
を持っているなら，より真実に近い株価の予想（期待 expectation）を
競い合うでしょう。ところが株式市場が公開されると，思わぬ逆説が生
じました。J.M.ケインズは「社会の総資本投資の持ち分のうち，経営

---

[12]　J.S.ミル（1848）『経済学原理』第5編第9章6「有限責任会社・特許会社」
[13]　奥村宏（2015）『資本主義という病』。東洋経済新報社

に参加せず，したがって特定の事業の現在および将来の事情について特別の知識を持たない人々によって所有されている部分が次第に増加した結果，それを所有している人々やそれを買おうと考えている人々が行う投資物件の評価の中には，実情にそくした知識の要素が著しく少なくなっている」。[14]

株式投資の目的が値上がりを待って転売するための「**投機**」になると，企業の経営状態よりも短期的な株価の変化に素人株主の関心は移ります。企業の経営状態は玄人筋が判定し，長期的には株価に反映されますが，短期的な株価は大勢を占める人々の意向に左右されるようになったのです。それでも長期的な期待は玄人資本家の判定，短期的な期待は素人資本家の気分にもとづくというように棲み分けが起きればよかったでしょう。そうはならないことをケインズは，有名な**美人投票**のたとえで説明しました。

資産市場は「投票者が一〇〇枚の写真の中から最も容貌の美しい六人を選び，その選択が投票者全体の平均的な好みに最も近かった者に賞品が与えられる」「美人投票」のようなものになったと言うのです。この「美人投票」のゲームでは，それぞれの投票者は自分が最も美しいと思う写真を選ぶのではありません。他の特定の投票者が最も美しいと考える写真を選ぶ，つまり人々の好みを問うているのでもありません。好みであるか否かはともかくとして，平均的な意見が誰に投票するのかを読み解こうとしていると言うのです。玄人は会社の経営環境についての専門知識から将来の株価期待を形成するのではなく，素人の短期期待の平均値を見抜こうとするようになりました。

投機となれば玄人筋による専門的な判断さえも「美人投票」のゲームに巻き込まれてしまいます。株価は平均的な予測にもとづいて形成されるからです。投資家は，企業の経営状態，技術や製品の評判に通じるだ

---

[14]　J. M. ケインズ（1995，原著1936）塩之谷祐一訳『雇用，利子および貨幣の一般理論』東洋経済新報社，p. 152。

けでなく，株価にかんする素人の群集心理にも目配りし，素人が平均値として証券価格をどう考えるかを予測しなければならなくなりました。会社への資本投下は，「素人の群集心理」や「平均値」といった資本家全体の心理に依存するようになったのです。

8-3　化石燃料が共有資本に与える影響

　第2に化石燃料は，流通と生産のあり方を一変させました。そこでK.ポラニー（1944）『大転換』は，生産要素が着実に再生産されるよう求めました。現実に工場労働が始まると，過剰労働を抑えるよう8時間労働制が定着し，金融についても恐慌を経て「大きな社会」に即した規制が模索されました。

　同じ商品であっても「時と所」によって価格が異なると，それに気づいた人が安く買って高い市場に輸送すれば利潤を獲得します。そうした商業は石炭や石油を用いた**流通**の飛躍的な進歩により，価格差が認められれば即座に塗りつぶし，付加価値を倍加させました。

　19世紀には石炭を用いた鉄道が誕生しました。風力を用いた船舶に比べて鉄道は流通を一気に加速し，量的にも拡大しました。それでも時間が経てば新鮮なものは劣化しますが，電力を用いて新鮮なままに保つ冷蔵・冷凍の技術が開発されました。交通や冷蔵の飛躍的進歩により流通は刷新され，特定の「時と所」でしか消費できなかった産物が，対価を支払う用意のある遠方の愛好家の手元に届ようになりました。鉄道や自動車により，愛好家がみずから産地に赴くことも可能です。特定の「時と所」で生産された物産が価値のわかる愛好家に届く機会が広がり，収益は急拡大しました。流通の発展により有機農業の野菜や天然の海産物が遠方からいち早く家庭に届けられるようになって，有機経済を深化させるかに思われました。

ところが化石燃料の使用に並行して，科学的な研究も急速に進展しました。近代科学は有機食品の複雑な成分を分析し，単純で純粋な物質に分解して，製造することを可能にしました。それにより文化資本としての食文化が進化とは別の変容を強いられます。日本では地域ごとに異なる気候や自然環境を利用する発酵食品が各地の特産品となっていましたが，その複雑な旨味成分が分析されて，1908年に昆布出汁はグルタミン酸，1913年にカツオ節はイノシン酸，1957年に干し椎茸はグアニル酸と解明されました。それらが旨味調味料として商品化されると，地域で共有されていたはずの味覚文化である「旨味」が特許により私有化され，工場で安価に大量生産されるようになります。

そうした旨味調味料は，分析の元となった発酵食品とまったく同じではありません。発酵食品には純粋で強烈に味覚を刺激する旨味調味料以外にも種々雑多な栄養成分が含まれ，複雑で多面的な味わいがあります。それは天然塩が塩化ナトリウム以外にもカルシウムやマグネシウム，カリウム等を含むことで豊かな味わいを持つのと同じです。

また科学的に農薬や化学肥料が開発されるとそれらを使用する「**慣行農業**」が成立し，農民は有機肥料を人力で運び昆虫の害と闘う過酷な労働から解放され，農産物の収穫は飛躍的に増加しました。けれども慣行農業では産物の味が薄く感じられたり農薬が残留した場合には健康被害が疑われたりもし，有機農産物と同一の産品が大量に生産されたとは言えません。

工芸品も同様で，元来は手仕事ゆえに同類として販売される同じ陶芸作家の「皿」であっても，窯で置かれた位置や自然条件で一つ一つ不均質なところに味わいがあります。それに対し化石燃料を熱源とする機械は「型」を用い化石燃料を動力とする機械で複製するため，自然環境の制約を超えて均質品の大量生産を実現しました。ここでも機械で大量生

第 8 章　化石燃料が生み出した新たな社会経済　│　**163**

産された食器と手仕事で作られた食器とが，人によっては同じ工芸品とは認識されません。

　このように工業化の時代に経済において生じたのは，科学による素材の分析，「型」による均質な生産，同一製品の大量生産でした。それにより模造品が大量に生産され，価格の引き下げを実現しました。製品の開発には研究がかかわり，生産には大規模な機械設備が用いられ，大量生産・大量消費は巨大な付加価値を生み出しました。しかしそれには大規模な流通網とともに大規模な資本投下が求められます。

　これが技術革新であったことは確かですが，同一商品の価格引き下げに成功したのではないことには注意が必要です。工業的に加工された食品や食器は，人によっては伝統的に手作りされた食品や工芸品とは識別するからです。有機農業の安全性を信奉する消費者からすれば，慣行農産物は安価ではあっても残留農薬が疑われる別種の産品に映ります。安全性には問題がない場合でも，産地の自然環境からは農薬散布によってトンボやカエルが消滅します。[15]

　化石燃料を用い科学的な分析を行う工業化は，有機的な生産を進化させたのではなく，模倣により安価な**代替財**を生み出したのだと言えます。工業は複雑で重層的な感覚に満ちた有機食品や手仕事の工藝品を，均質で単純，しかし圧倒的に安価な代替財へと次々に置き換えていきました。歴史的には，第 4 章（4 - 3）と第 5 章（5 - 1）で説明したように，インド産のキャラコに対し，産業革命を経たイギリスで大量生産された安価な木綿生産が模倣し代替した経緯があります。「大分岐」の時代には，このように工業生産による代替が大規模に発生しました。

　以上は私的財の生産競争において代替が生じる場合ですが，私的財の供給が共有資本を毀損する可能性が工業化の過程で高まりました。農業を中心とする有機的な生産の時代には，競争により新たな分野の農産物

---

[15]　松原隆一郎（2022）第 7 章，第 8 章，中西徹編著『現代国際社会と有機農業』放送大学教育振興会

や工芸品が提供されたとしても，生産条件における変化は「緩やか」といえる範囲に止まりました。自然資本のうち漁獲資源についていえば，同一の魚種を獲っても絶滅するほどの漁獲技術は存在せず，しかも経験から漁場を管轄する集落で規制するため，競争があっても資源は持続しました。ところが工業の時代になると，沖合まで航行でき大規模な網を仕掛け機械で引き上げるようになり，そのうえ深海の魚まで察知するソナーが開発されると，海洋資源は根こそぎに漁獲されるようになります。ここで漁民の間で競争が繰り広げられると，「コモンズの悲劇」（第15章）として漁獲資源の枯渇が現実になります。科学技術と化学燃料を用いた漁獲能力が，生態系の再生力を超えたためです。

　生態系の再生力の毀損は，工業生産からの廃棄物によっても引き起こされました。廃棄物が海洋や大気に放出されても，その量が生態系の分解力を下回っていれば問題はありません。ところが化石燃料を用いる市場競争は汚染物質をも大量に生産し，無害になるまで処理しないまま放出されると深刻な公害を呼び起こします。象徴的なのが水俣病（第15章）で，メチル水銀化合物を含む排水が海洋に投棄されると汚染された魚介類を食べた住民が発症しました。

　景観や街並みは，大分岐以前の時代には，建築物が木材であったために外観や色合いが統一され，高層化できないためにスカイラインも整い，建材は再利用されました，それが工業の時代になると素材も鉄筋やコンクリート，ガラス等となり，色合いや形状に統一性がなくなったうえに高層化が可能になったため，全体で統制がとれたものになるには合意や規制が必要になりました。

　工業的に生産される私的財がそれ以前の時代の有機的な私的財を代替し尽くすと，模倣ではなく新規軸を打ち出さねばならなくなり，不確実性が高まります。それでも確実に利潤を上げようとすれば規制を緩和し

て共有資本を私物化することが安易なやり方です。それは先進企業が不確実性に挑戦するという資本主義本来のあり方ではなく，共有資本の「収奪」だといえます。再開発により街並みや景観を廃棄し続ける経済は，先進国になり損ねてしまうでしょう。これは第15章で再述します。

8-4　市場競争の変容──自然独占と供給独占

　化石燃料が社会経済のあり方を一変させた第三の点として，公共財供給における独占があります。所有と経営の分離はアメリカで南北戦争の終結（1865）後に進み，巨大企業が続々と現れました。1869年にオマハとサクラメントを結ぶ最初の大陸横断鉄道が開通し，鉄鋼王カーネギーや石油王ロックフェラー，鉱山王グッゲンハイムらが独占にもとづく大企業支配体制を敷きました。

　完全競争が求められるといっても，機械を導入する会社ではどうしても固定資本が大きくなります。鉄道会社や類似の電気・ガス事業などではどんな費用状態なのかを確認しましょう。経済学は財を「**公共財**」「**準公共財**」，「**私的財**」に分類します。そのうち「私的財」は**競合性**および**排除性**によって性格づけられます[16]。競合性とはある人が消費した分だけ消失して，他人が同時に消費できないことを指します。リンゴは，私がかじればその分だけ他人にとっては失われます。それに対して排除性は，費用をかけずに他人の消費を排除しうる状態を指します。映画館では，チケットを購入しない人を入り口で排除することは，人件費がかかりますが難しくありません。

　鉄道輸送や電気・ガス事業は等質に近いサービスを提供し，しかもサービスには排除性と競合性があり，乗客はサービスを私的に消費します。それでいて線路や発電機器などの初期設備には巨額の費用がかかります。平均費用 AC は平均固定費用 AFC に平均可変費用 AVC を加え

---

[16]　松原隆一郎『経済政策』放送大学教育振興会，2017，第6章，本書第15章。

たもので，平均可変費用は当初は逓減しそのあとで逓増します。平均固定費用は逓減するだけですが，逓減は固定費用が大きいほど広範囲にわたります。平均費用も固定費用が大きいほど広範囲にわたって逓減し，これを「**規模の経済**」と呼びます。

平均費用が低減する範囲では，1社で生産する方が2社以上の場合よりも総費用が少なくなります。図8-2で Q_c が Q_d の倍の生産量であるとしましょう。Q_c に対応する総費用は $0Q_c$ に平均費用を掛けた額ですから $0Q_cCP_c$ です。Q_d に対応する総費用を2社が負うと $0Q_dRP_d$ の2倍で $0Q_cUP_d$ となり，1社で独占した方が費用は P_cCUP_d だけ安上がりになり，設備投資を巨大化していった会社はライバルよりも有利になって独占が自然に起きやすくなっています。こうした状況を「**自然独占**」と呼びます。

この鉄道輸送サービス市場で需要曲線がD，供給曲線がMCだとすると，利潤が最大化されるのはDとMCの交点でEです。このとき

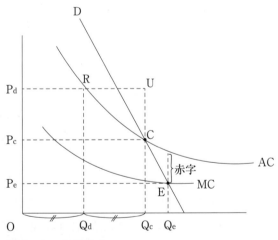

図8-2　自然独占

AC＞MC ですから需要で価格が決まれば赤字になり，私企業では経営できません。しかし鉄道輸送は公益性が高いと判断されて赤字は税金で補填することにも妥当性があります。そうした公益企業には他に電気事業や上下水道や通信事業があるとされてきました。しかし価格付けについては公益に見合うよう議会の承認が求められます。価格付けの原則としては，余剰を最大化するため価格と限界費用 MC を一致させる「**限界費用価格形成原理**」を採用した場合は D と MC の交点である Qe が生産量，Pe が価格（乗車賃）になり，公益事業であっても赤字をなくすことに主眼を置くならば「**平均費用価格形成原理**」がとられ，D と AC の交点である Qc が生産量，Pc が乗車賃とされます。後者で赤字をなくすために乗車賃が高くなることを確認して下さい。このように固定資本が巨大な財・サービスは自然独占になりがちですが，公共財である場合には公的管理のもと供給されました。

　そうした理由から長らく鉄道や電気，通信事業は国有とされました。アメリカでは航空機による交通が公益にかなうとして，巨大企業に対して参入規制と運賃規制という経済的規制により既得権の保護が行われ，20世紀半ばにはユナイテッド航空他「ビッグ4」の寡占状態が続いていました。これに対して競争の欠如に不満を持つ声が高まり，設備資本の性質により独占であっても参入退出が自由で，回収不能な**サンクコスト**（埋没費用）がさほど大きくない分野では，競争が維持されているとみなす「**コンテスタブル市場**」論が現れました。[17]

　カーター政権下の1978年に「航空会社規制緩和法」が成立，航空機産業では自然独占を保護すべきか否かをめぐり壮大な社会実験が実施される事態になりました。

　航空機産業では中古機市場での売却やリース市場の利用，機材整備を専門業者に委託することができるなど，サンクコストがさほど大きくな

---

[17]　William J. Baumol, John C. Panzar, Robert D. Willig "Contestable Markets and the Theory of Industry Structure" Harcourt Brace Jovanovich, 1982

い可能性があります。そして市場がコンテスタブルであれば，価格規制を解除しても参入する可能性のある企業との競争を想定して行動し利潤はゼロになり，均衡で価格は平均費用に等しくなります。

では現実はどうだったかというと，規制緩和の初期に参入した企業の多くは撤退し，むしろ「ビッグ3」への集中が進みました[18]。コンテスタブルな産業の代表例と目された航空機産業においても，空港施設への参入コストが高かったりコンピュータ予約システムの開発費がサンクコストになったりと，条件に合わない面があったと目されています。

コンテスタブル理論の登場以降，このように巨大企業であっても競争環境にあれば政府が規制しない可能性が生じましたが，競争環境じたいがどうすれば維持されるのか，何がサンクコストになるのかは自明ではなく，検証の必要があります。

サンクコストの小さい分野があるという想定は，もともとは新古典派の生産理論にかかわりがあります。というのも新古典派では航空機のような「資本」はKと表記され，その量の変更に費用がかからないと暗黙のうちに前提されているからです。Kの大きさをただちに変更できるのででないと，$y = F(L, K)$のように生産関数を表現することができません。

それに対してKの大きさを変更するのに時間や費用を要すると考える立場では，航空機をレンタルしてもただちに運航に回すことはできないとみなします。Kの大きさの変更に時間や費用がかかるならば，その分が「投資 I」として準備されます。このように現在保有する資本ストックを望ましい資本ストックに変えるのに費用がかかるとき，それを**「投資の調整費用」**と呼びます。投資に調整費用がかからないなら，資本ストックの望ましい水準が即座に実現されるため，投資について論じること自体に意味がなくなります。

---

[18] 内田信行（1998.03）「航空輸送産業における組織再編：提携の進展とその要因」流通経済大学流通情報学部紀要22

非効率な赤字経営が批判を呼び，公共部門も民間に任せようとする**新自由主義**と呼ばれる考え方が1980年代から自由主義圏を席巻します。日本では民営化により1987年にJR，1985年にNTTが誕生，通信産業においてCATV事業者や携帯電話事業者が代替的なサービスを提供するようになりました。

次に固定費用のせいで供給独占になるものの，公的な性質を持たない財について説明しましょう。供給独占とは産業で1社だけが供給している状態を指します。独占が生まれる理由としては，法規制や慣行が参入障壁となっている場合，特許に護られる場合，自然独占の場合といくつかあります。ここでは固定費用が大きく広範囲で規模の経済が働き，黒字になって私企業が独占利潤を得ている場合を考えてみます。

完全競争状態にある企業は産業に無数に参入しておりプライステイカーで，市場価格に影響を与えることが出来ません。それに対し供給を独占している企業は右下がりの需要曲線に1社で対面するため，財・

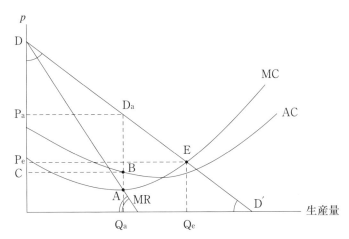

図8-3　供給独占

サービスの供給量を変更すれば需要曲線に即して思い通りの市場価格にすることができます。独占企業もまた利潤最大化を目指すとすると、利潤＝収入－費用なので限界利潤＝0がその条件となり、限界収入MR＝限界費用MCです[19]。つまり独占企業はMRとMCが交わるA点で生産します。このとき生産量はQa、価格はPa、平均費用がQaBですから利潤はCBDaPaになります。これは市場を独占する限り長期的にも維持される独占利潤です。

　ここで社会的余剰を比較すると、最大になる点はE、余剰はDD′とACに囲まれた領域です。それと比べて、生産量がQeからQaまで抑制されている分だけ価格はPeからPaまでつり上げられており、余剰はEDaAだけ減っています。この部分が独占の弊害ということになります。

　市場が国内と外国で分断されており、海外メーカーのブランド品のように日本国内で独占販売できるが本国では市場が競争的であるとき、日本で価格が高くなります。これは**ダンピング**と呼ばれる現象で、市場ご

---

[19]　現在市場価格PでQだけ供給している企業が微量ΔQだけ供給量を変化させ、それに応じて市場価格が$\Delta P > 0$だけ右下がりの需要曲線に沿って変化したとすると、

　収入の増加は$(P - \Delta P)(Q + \Delta Q) - PQ = P\Delta Q - Q\Delta P + \Delta P\Delta Q$です。$\Delta Q$が微量なので$\Delta Q\Delta P$は無視できるとすると、

$$MR = \frac{P\Delta X - X\Delta P}{\Delta X} = P - \frac{\Delta P}{\frac{\Delta X}{X}} = P\left(1 - \frac{\frac{\Delta P}{P}}{\frac{\Delta X}{X}}\right)$$

ここで価格か1％下がれば需要は何％伸びるかの比を「**需要の価格弾力性**」と呼びます。

$$e = \frac{\frac{\Delta X}{X}}{\frac{\Delta P}{P}}$$

とすると、$MR = P\left(1 - \frac{1}{e}\right)$になります。

　ちなみに需要曲線が直線で縦軸の切片がaで$P = a - bQ$という式で表されるとすると、総収入$TR = PQ = aQ - bQ^2$、$MR = a - 2bQ$なので、横軸に対してMRはDの倍の傾きになります。

との価格弾力性により独占価格が異なるために生じています。

　以上，固定費用のせいで供給独占になるが公的な性格を持たない財については，社会的余剰を最大化させるという観点から規制が施されます。供給独占は，財の公共性や社会的余剰という社会的な制約を受けていることになります。

　ここまでは市場を単独で支配する企業がある場合ですが，企業の数が2つになる「**複占**」では消費者の需要だけでなく，ライバルである互いの供給行動にも注目せざるをえなくなり，個々の企業が相対価格だけを意識してはやっていけない場合です。A. A. クールノーは1830年代に先駆的な理論を公表していましたが，継承されたのは独占の弊害が目立つようになった20世紀に入ってからで，企業数が少数である「**寡占**」へとモデル分析が拡張されました。またマーシャルの収穫逓増の考え方を受け，多数の企業が参入しているものの商品の差異が認識されて代替財として競争が維持されているとする E. H. チェンバレンや J. ロビンソンの「**独占的競争**」の理論等，様々な不完全競争の理論が提案されました。

🖋 理論のまとめ

　有史以降ほとんど拡大していなかった1人当たり所得水準は，19世紀に突如目覚ましい成長の経路に入っています。産業革命を機に化石エネルギーを動力とするようになった機械生産中心の経済は，個人は価格に仲介され間接的に接するというミクロ経済学の前提に衝撃を与えました。

　機械は経済にどうかかわるのでしょうか。第一に消費は，石炭や石油を用いた「流通の飛躍的な進歩」により，大きく変容しました。特定の「時と所」でしか消費できなかった有機的な産物が，鉄道や冷蔵により遠方の愛好家の手元に届くようになりました。一方，「工業的な加工ないし模造」は有機経済の複雑な産物を純粋な物質に分解し，「型」を用いた大量生産によって均質な製品を安価に供給しました。有機的産物を安価な代替財に置き換える営みです。

　第二に資本は巨大な輸送設備や機械設備に投下されることが必要になり，株式会社が多くの株主に分割して所有されるようになります。「所有と経営の分離」が始まり株式が投機の対象になると，玄人筋の資本家は，企業の経営状態ではなく株価にかんする素人の群集心理を予測するようになり，資本家全体の心理に振り回され始めます。

　第三に産業における競争は，設備資本が「規模の経済」を持つ企業に自然独占させ，鉄道のように公共性を有する財に限り，公的規制の管理下に置かれます。一方で固定費用のせいで供給独占になるが公的な性格を持たない財については，社会的余剰に配慮しつつ規制が施されます。独占は，財の公共性や社会的余剰という社会的な制約のもとで容認されます。

　設備資本が規模の経済を持つかは，産業により異なります。設備資本が大きさを変更するのに時間や費用を要さないならばレンタルすればた

だちに運用できますが，回収不能なサンクコスト（埋没費用）が大きい分野もあります。設備資本は多種多様であり量では把握できません。いかに組み合わせるかに配慮する必要があります。

参考文献

　経済学では産業革命を巨大な新機軸とみなし，また化石燃料が外部不経済である公害をもたらしたと指摘されます。けれども化石燃料と毎年の光合成とでは蓄積されるエネルギーの量は桁違いです。この点に十分な注意が払われてきたとは言えません。その違いに敏感に反応したのは主に自然科学者たちでした。彼らが受けた衝撃を思想史としてまとめたのが桑田学（2023）『人新世の経済思想史』青土社です。

9 | マクロ経済分析と不確実性

9-1　金融危機と不確実性
9-2　国民経済計算
9-3　有効需要の発見——ケインズ
9-4　マクロ一般均衡分析の展開

《**要約**》　1929年のニューヨーク市場の大暴落以降，巷（ちまた）に失業者があふれましたが，アメリカで経済学の主流派となった新古典派は市場の価格調整機能を信頼し，それは労働組合が設定する最低賃金制のせいで起きたという立場を崩しませんでした。それに対しJ.M.ケインズを始め，金融市場の不安定性に注目する一群の経済学者が異論を加えました。彼らは貨幣が特殊な商品で，信認が崩壊すると退蔵されるとし，危機の背景には主観的にしか推定できない「不確実性」の存在があるとみなしました。ケインズは経済データを少数のマクロ変数に統合し，危機においては供給から乖離（かいり）しセイ法則が成立しなくなると主張しました（有効需要の原理）。ケインズのマクロ理論は戦後にIS＝LM分析という形で一般均衡分析との折り合いをつけられ，長期的には供給が需要と一致するというAD＝AS理論に集約されて，セイ法則を容認するようになっていきます。

《**キーワード**》　交換手段／信認／流動性／リスク／不確実性／利潤／危機／平時／国内総生産／国内総支出／国内総所得／三面等価／国民／国内／純／粗／固定資本減耗／所得支出勘定／貯蓄／資本調達勘定／事前／貸付資金説／信認／信用／貨幣経済／有効需要／存在条件／安定条件／流動性選好説／流動性の罠

9-1 金融危機と不確実性

　第一次大戦の終結後，アメリカで事業活動が活発化しました。ヨーロッパに対して債務国から債権国へと転換を果たし，1920年代末に至るまで，金融市場では強気の相場が15年にわたって持続しました。誰もかもが相場を張っては儲け，4,500万人の国民が皆働き口を持ち，国民所得は700億ドルを越え史上最高額を記録しました。

　ところが1929年の10月下旬，膨らんだ相場が突如暴落します。売りが市場にあふれ，莫大な富が一瞬のうちに溶けていきました。手形の資産価値は80％が消失，8万5,000の企業が倒産し，配当は56％，賃金は60％低下しました。1,400万人が失業したとされます。[1]

　このニューヨーク市場の暴落を新古典派経済学者は予測できませんでした。I. フィッシャーは同年9月，アメリカの株式市場の空前の上昇相場につき，戦後の技術革新とそれに関連する投資機会の拡大にもとづくものと考え，「株価はいまや『恒久的に高い，高原の状態』に達したのだ」[2]と述べました。

　この大規模な失業はなぜ起きたのでしょうか。失業は最低賃金法の存在や労働組合が賃下げに抵抗することから生じているという主張が大勢を占め，労働市場の自由化を唱える声が高まりました。その考え方は現代でも多くの経済学者に共通しています。最低賃金が設定されていない場合，労働に対する需要曲線と供給曲線が図9-1[3]のような状態になっているとしましょう。均質な労働に対する需要量は，賃金が上がれば減

---

[1] ロバート・ハイルブローナー（1989，原著1953）『世俗の思想家たち』マグロウヒル好学社，第9章

[2] シルビィア・ナサー（2013，原著2011）『大いなる探求』下，新潮社，p.110

[3] 『マンキュー経済学Ⅱマクロ編（第4版）』p.318。失業は最低賃金制のせいで起きているという説を『一般理論』で批判したのがJ. M. ケインズでした。それにもかかわらずマンキューは「ニュー・ケインジアン」と呼ばれており，極めて混乱した状況にあります。

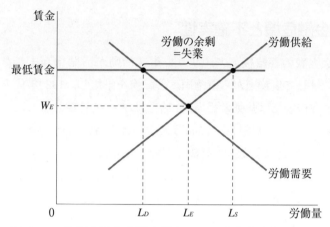

図9-1 均衡水準を上回る賃金により発生する失業
出典：『マンキュー経済学Ⅱマクロ編（第4版）』p.318

るのが一般的で，労働の需要曲線は右下がりになります[4]。家計が提供する労働の供給量は，賃金が低い領域では上がれば増えるのが一般的で，労働の供給曲線は右上がりになります。賃金が自由に変動するとして，賃金が高くて労働の供給が需要を超過し労働が余って賃金が下がるならば，調整の結果，労働に対する需要と供給は均衡賃金 W_E で一致するでしょう。

　ここで最低賃金制度が施行され，均衡賃金を上回る最低賃金が設定されたとします。労働を供給したい量 L_S が需要量 L_D を超過するため，供給に余りが出て余剰労働（失業）となります。なるほど就業者は文化的かつ健康的に生活するに足りる最低賃金を得られますが，失業者はそれを得られません。この失業者には最低賃金に見合う生活保護を別途実施するというのが実際に行われている施策です。それならば最低賃金を設定せず均衡賃金で働きたい者が全員就業した上で，文化的健康的に生活

---

[4] 労働に対する需要は企業が行い，労働を1単位追加投入すると追加的に生産される商品量は限界生産力だから限界収入は商品価格×限界生産力であるため，賃金 W，商品価格 P，生産関数 $Y=F(N)$，労働量 N で，$W/P=F(N)$。労働の限界生産力が逓減するならば労働に対する需要は右下がりになります。

するために不足する所得を保障すべきだというのが最低賃金批判論です。

　イギリスの A.マーシャル，フランスの L.ワルラス以降の主流派である新古典派経済学は，最低賃金法だけでなく「価格規制」一般を批判しました。けれども失業が存在して市場が機能しない状況で，その理由を価格や賃金への規制に求めるのは正しいのでしょうか。経済の基本が物々交換であるゆえにカネ余りは生じず，市場の価格メカニズムはいかなる時期にも機能するはずだというのが新古典派の考え方です。それに対し金融危機においては市場の価格メカニズムが麻痺すると考える一群の経済学者がいます。

　金融危機時の中央銀行の対応策として「バジョット・ルール」を提案した W.バジョット，『雇用・貨幣および利子の一般理論』（原著1936）を書いて金融危機を原因として非自発的失業が起きる過程を説明した J.M.ケインズ，『熱狂，恐慌，崩壊　金融恐慌の歴史』（原著1978）で金融恐慌が起き続けた歴史をたどった C.P.キンドルバーガー，『ケインズ理論とは何か―市場経済の金融的不安定性―』（原著1975）を書き，それを元に『金融不安定性の経済学』（原著1986）でバブルの崩壊過程を理論化して，2007年の世界金融危機において金融市場が崩壊する瞬間が「ミンスキー・モーメント」と呼ばれた H.ミンスキーらです。[5]

　本書では見取り図を示す以上の深入りは避けますが，古代以来続いてきた信用経済が，近代に入って銀行の貸出しや企業の投資行動と結びつき，金融危機が生じる可能性を高めたとする彼らの議論は，経済学が本来進むべき方向を示していると考えられます。

　彼らは「貨幣」が一般的な商品とは異なり，金融危機の局面では「**交**

---

[5]　J.M.ケインズ（1995，原著1936）『雇用・貨幣および利子の一般理論』東洋経済新報社，C.P.キンドルバーガー（2004，原著1978）『熱狂，恐慌，崩壊　金融恐慌の歴史』，H.ミンスキー（1999，原著1975）『ケインズ理論とは何か―市場経済の金融的不安定性―』岩波書店，同（1989，原著1986）『金融不安定性の経済学』多賀出版

換手段」の役割を果たさなくなって，退蔵されるという現象が現実に生じることを直視しました。貨幣，とりわけ銀行預金が商品の売買に用いられない期間，すべての市場で需給が均衡するという一般均衡は自動的に成立しません。

第4章（4-2）でも述べたように，信用取引においては期日通りに借り手が返済すると貸し主が期待する「**信認** confidence」（確信）が必要ですが，信認は移り気で，強気になれば貸出は増えるし，弱気になれば慎重になります。しかも信用は，債権を第三者に売却するときもしくは支払い期日がきたときにどれくらい換金しやすいかという「**流動性** liquidity」にも左右されます。好況では貸したがる銀行が，信認が崩壊する金融危機では貸し渋りに転じます。信認は「次も貸してくれる」と期待する形で借りる側にも存在します。体験からそれを不安に感じる企業や家計は，銀行から融資を受けて設備投資や消費をしようとはしません。将来が不安になると，手元にある中央銀行券ほど確実に感じられます。企業の内部留保や家計のタンス預金が増えるゆえんです。ここでは，平時ならば行われる貸借が，信認が揺らいだせいで行われなくなる状況を「金融危機」と呼びましょう。

「しかし，信認の状態について先験的に言えることは多くはない。われわれの結論は，主として市場と事業心理についての実際の観察に依存しなければならない」とケインズは述べています[6]。信認が崩壊するような金融危機は，日本における大震災と同じで一般論として語られるほど出現回数が多くはなく，しかし起きる可能性は確実に存在します。そのため金融危機については経験則を超えた理論化が困難ですが，それでも信認が危機を迎える背景には特徴があります。それは将来に生起する事象にかんする推理の方法です。

---

[6] J.M.ケインズ（1995）p.147。ただし confidence が「確信」と訳されているのを「信認」と改訳。

第 9 章　マクロ経済分析と不確実性　│　**179**

　F.ナイト（1921）は『危険・不確実性および利潤』[7]で，推理の型を分類しました。第一は「先験的確率」で，ダイスを投げて目が 6 になる確率が 6 分の 1 であるといった具合に，数学的な「場合」の理論に基づく確率です。第二の「統計的確率」は「特定の建物が特定の日に焼失する」確率のように過去に生起した同様の事象の経験データから予測される確率で，「**リスク** risk」と呼ばれます。天気予報等，過去に同様の事象が多数起きた場合に使われます。

　そして第三が「推定」です。一回限りで生起する現象については，数理的な場合分けも統計的な大数法則も成り立ちません。ナイトは未知の将来を切り開くような大胆な事業をこの"一回限り"の現象に相当するとみなし，実業家は意思決定を行う際に「推定」しているのだと指摘しました。先験的確率や統計的確率は客観的な確率として数量に転換しうるとしても，推定は主観的な確率によるしかありません。

　将来の変化につき確率で予測できる「リスク」については大数法則が成り立つため保険などで市場取引することができます。ところが主観的にしか推定できない「**不確実性** uncertainty」においては，企業家が対処しようと推定をめぐらしそれが的中して売上げが費用を上回った場合，会計的な「残余」が生じ，ナイトはそれが「**利潤** profit」になるのだと考えました。株式会社は冒険的に過ぎる事業の不確実性を大人数で負担し，利潤に見合うようにさせる仕組みなのです。ナイト（1921）と同じ年に不可知な未来にかんする推論という主題を扱ったケインズの『確率論』（1921）が出版されており，問題意識の同時代性に驚かされます。

　ケインズは『一般理論』を出版した1936年の翌1937年，論文「雇用の一般理論」でこう述べました。「私が使う『不確実な知識』という言葉の意味は，ヨーロッパに戦争が起こる見込みとか，二十年後の銅貨の価

---

[7]　F.ナイト（1959，原著1921）『危険・不確実性および利潤』奥隅榮喜訳，現代経済学名著選集 6 ，文雅堂書店

格や利子とか，ある発明が廃棄されてしまうこととか，1970年における社会組織の中での個人的な富の所有者の地位とかが『不確か』である，ということだ。これらの事柄に関しては，何らかの蓋然性を形成しうるという科学的な根拠は何もない。ただわれわれが知らないだけなのである」と。将来にそのような不確実性が高まると，不安から投資や消費は手控えられるのです。

9-2　国民経済計算

マクロ経済学では，集計した所得や集計した消費額，集計した投資額を単位として経済を論じます。それに対してF. A. ハイエクのように，集計量を「単位」とすることに強い批判を向ける人もいます。それぞれの企業が持ち合わせている技術や生産設備は異質で，製品ごとの価格の相対比によって各企業が生産の方針を決め，その連鎖として全体の生産構造が決まる，しかも人々の判断は「時と所」によって変わり，しかも主観的である，そう考えるハイエクにとって，現在と1年前，A氏とB氏の意思決定の結果を集計し，他の年度と比較することはナンセンスです。

けれども異質さを異質なまますべてくみ取ろうとすると，経済の全体を描くには極めて多くの変数が関わります。連立方程式で量的な関係を記述する一般均衡分析でも，変数の数が増えると解くには無限の計算時間がかかります。経済が「**危機**」に陥り何らかの政策的介入が避けがたくなったとき，また次年度の予算編成を行う理由付けには，大雑把にでも推定を行うため変数の数を大幅に減らさねばなりません。市場が相対価格によって生産構造を柔軟に変動させるとみなし政策介入を否定するハイエクの経済理論は，「**平時**」を想定しています。なるほど信認が安定し貨幣が適切に使われる平時には，介入は不要です。

それとの比較で言えば，マクロ経済政策は「危機」において集計量を用いつつ，適切な経済政策を講じることを目的としていると考えられます。それにはどのような経済数値が重視されるでしょうか。

ヨーロッパの近世で絶対王政が支配的であった頃，国王は一国の経済を私物とみなし，外国から珍しい物産を輸入するために保有する金や銀を増やそうとし，「富の流出を抑え，富の流入を拡大する」重商主義を採用しました。そうした国の方針に異を唱えたのが A.スミスです。スミスは『国富論』の冒頭でこう述べます。「どの国でも，その国の国民が年間に行う労働こそが，生活の必需品として，生活を豊かにする利便品として，国民が年間に消費するもののすべてを生み出す源泉である。消費する必需品と利便品はみな，国内の労働による直接の生産物か，そうした生産物を使って外国から購入したものである」。[8]

この文章でスミスが指摘しているのは，国の富とは国王が浪費する輸入品やそのための資金ではなく，国民が年間に消費するものすべてであり，またそれを生み出す国民の年当たりの労働だということです。一国の富を生産し消費する主体を国王から国民へと移すべきことを，スミスは1776年に宣言したのです。

一国で生み出される年間の消費財を付加価値として合計したものは現在の GDP（国内総生産）で，１年間の経済活動を期間後に記録した確定値に当たります。模式的に説明しましょう。農家 A が原材料費をかけずに小麦を生産・収穫し，製粉業者 B に100万円で売ったとします。B は原材料である小麦を製粉し，手打ちうどん販売店 C に300万円で販売します。C は小麦からうどんを打ち，消費者に最終消費財としてのうどんを600万円で販売したとします。

ここで一国に A，B，C，消費者の４者だけがいたとすると，それぞれが生み出した（付加した）価値は仕入れへの中間投入額を差し引いて

---

[8]　A.スミス（2007，原著1776）p.1

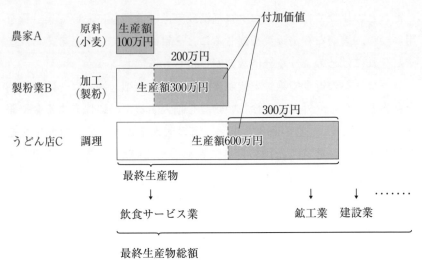

図 9-2 GDP（国内総生産）

A が100万円，B が300万円 − 100万円 = 200万円，C が600万円 − 300万円 = 300万円です。そして「一国の」付加価値とは付加価値の「総和」ですから，100万円 + 200万円 + 300万円 = 600万円となります。これは最終消費財の生産額でもあります。何故なのかを確認してください。

　このように年間の付加価値を，国内ですべての生産主体につき足し合わせた総額が「**国内総生産** GDP Gross Domestic Product」です。ここからは現在の日本の制度で説明していきましょう。内閣府に SNA（国民経済計算）というマクロ経済統計を作成する組織が設置されており，生産面の GDP は農林水産業，鉱工業，サービス業など産業別に集計された付加価値を総和して算出されます。

　付加価値はどの経済主体が何の目的で購入したかで分類することもできます。「民間最終消費支出」C，「政府最終消費支出」G，「民間総固定資本形成（家計の「住宅」，企業の「設備」）」Ip，「公的総固定資本形成」

Ig,「財貨・サービスの純輸出」輸出 X - 輸入 M,（売れなかったため自身で購入したことにして記載する）「在庫変動」Inv で集計すると「**国内総支出 GDE** Gross Domestic Expenditure」になります。ただし政府が行うサービスのうち国公立病院の診療費や国公立大学の授業料は，支払う主体が民間なので民間最終消費支出に含まれ，自衛隊の国防・災害出動サービス等は民間で個別には意思決定されないので，費用で算出し政府が自己消費したことにされています。

さらに GDP は産業からの分配として分類することもできます。（雇い主の社会保険料等を含む）「雇用者報酬」,「営業余剰」（「企業所得」と「非企業の財産所得」），政府への分配である「純間接税」および固定資

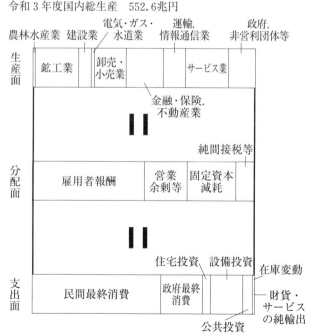

注：1．純間接税は，間接税－補助金
　　2．純輸出は，財貨サービスの輸出－財貨サービスの輸入

図9-3　三面等価
出所：総務省統計局より作成

本減耗で，その全体が「**国内総所得 GDI** Gross Domestic Income」です。以上が GDP の生産面，支出面，分配面の 3 面で，等価になります（**三面等価**）。

「**国民** National」は外国に居住している人も含めて日本国籍を持つ人を指す概念で，「**国内** Domestic」は日本の領土内に住む，外国籍も含めてすべての市民です。「**純** net」と「**粗** gross」（総）は投資のうち減価償却分である「**固定資本減耗**」を含むか否かの相違，純間接税とは間接税−補助金で，各産業と政府の間の金銭的なやりとりです。従って

　　国内純生産 NDP＝GDP−固定資本減耗
　　国民総生産 GNP＝GDP＋日本人が外国で稼いだ所得−外国人が日本で稼いだ所得
　　国民純生産 NNP＝GNP−固定資本減耗
　　国民所得 NI＝NNP−（間接税−補助金）

となります。

　さらに分配された GDP を家計，企業，政府という制度部門ごとに「**所得支出勘定**」で受取と支払を見ていくと，図 9‑4 のようになります。「雇用者報酬」「営業余剰」，「純間接税」は分配の受取としては図のように配置されます。分配後に部門間で支払われる直接税は家計の所得税，企業の法人税等で，それらを除いた所得が可処分所得になります。家計にかんしては可処分所得のうち民間最終消費に支出した残りが家計貯蓄で，政府・企業についても受取と支払の差額が貯蓄です。家計と企業，政府の貯蓄の合計が総貯蓄で，国民総可処分所得 GDP から民間最終消費と政府消費を除いた残額です。そこから固定資本減耗を除くと純額の「**貯蓄**」になります。

　貯蓄は 1 年間で消費されなかった余剰金で，蓄積されてストックとなり「**資本調達勘定**」に記載されます。それを調達した原資として行われ

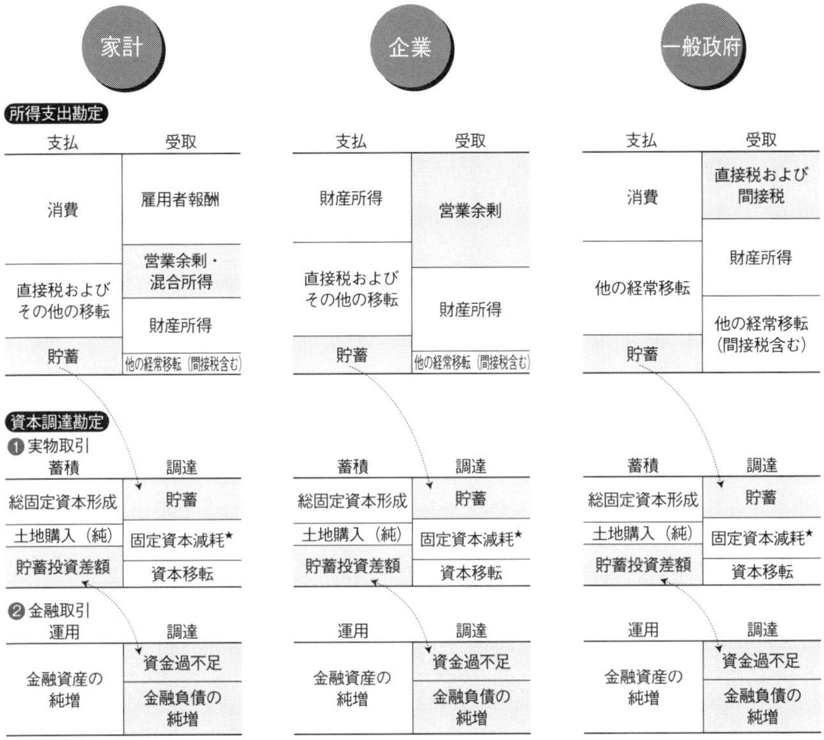

第9章 マクロ経済分析と不確実性 | **185**

家計 / **企業** / **一般政府**

所得支出勘定

家計
支払	受取
消費	雇用者報酬
	営業余剰・混合所得
直接税およびその他の移転	財産所得
貯蓄	他の経常移転（間接税含む）

企業
支払	受取
財産所得	営業余剰
直接税およびその他の移転	財産所得
貯蓄	他の経常移転（間接税含む）

一般政府
支払	受取
消費	直接税および間接税
	財産所得
他の経常移転	他の経常移転（間接税含む）
貯蓄	

資本調達勘定

❶ 実物取引

蓄積	調達
総固定資本形成	貯蓄
土地購入（純）	固定資本減耗★
貯蓄投資差額	資本移転

（家計・企業・一般政府 各部門共通）

❷ 金融取引

運用	調達
金融資産の純増	資金過不足
	金融負債の純増

（家計・企業・一般政府 各部門共通）

★ 93SNA では，固定資本減耗は，控除項目として蓄積側に記録しています（純ベースでの記録方式を採用）。

図9-4　制度部門別所得支出勘定および資本調達勘定の基本的概念図
出所：内閣府経済社会総合研究所

る実物の「総固定資本形成」が家計では「住宅投資」，企業では「設備投資」，政府では「公共投資」に当たります。

　国内総生産 GDP を Y，民間最終消費を C（家計消費），住宅投資と設備投資と公共投資の和を I，政府支出（政府消費）を G，財貨・サービスの輸出を X，輸入を M，貯蓄を S，政府の可処分所得を受取から他への経常移転を除いた T とすると，以上から恒等式で

国内総生産の生産面 ≡ 支出面　　　　$Y \equiv C + I + G + (X - M)$

国内総生産の分配面　受取 ≡ 支払　　$Y \equiv C + G + S$

となります。

9-3　有効需要の発見——ケインズ

　ケインズが集計量で描こうとしたのは,「供給はみずからの需要を創造する」という「セイ法則」が成り立たない状況でした。ケインズ以前,セイ法則は成立すると考えられてきました。それは何故でしょうか。自給自足であれば,自分で供給したものは自分で需要します。農業中心経済においては在庫はできないとすると,経済の循環のうちに供給された農産物は消費し尽くされます。ワルラスの一般均衡理論を信奉するアメリカの新古典派は,工業部門も存在し多様な商品が産出されたとしても,供給すればすべて需要されるとみなしました。財とサービスを「物」と考え,物を供給して得られた予算としてのカネは別の物を買わない限り得るものがないと考えるならば,労働市場や信用市場も含めすべての商品につき市場で価格が調整して,需供が一致することになります。現実には存在しない物々交換を経済の基本とみなしたために,労働や信用についても需要と供給が不均衡になる非自発的失業や金融危機は起こりえないことになったのです。

　これは例外的な発想ではなく,2000年前後の日本の教育行政でも,博士や弁護士の資格者数を十倍にしても全員が雇用されると考えられました。セイ法則が信じられたのですが,現実にはオーバードクターや仕事のない弁護士が多数生まれてしまいました。

　これを集計量で言い換えましょう。政府や外国との取引が存在しないある時点で,総供給が金額表示でYだけ行われたとします。供給されたのは消費財と投資財(生産設備や建物等)で,それぞれの需要額が消

費Cと投資Iだったとします。ここでY＞C＋I，つまり供給がそれに見合わない額の需要しか生み出していないと，総供給の内で需要されない部分があることになります。企業は供給に要した費用を賃金や地代，利子へと支払っているのでYは家計の総所得になります。両辺からCを除くとY－C＞I，所得YからCを除いた残りは貯蓄SですからS＞Iです。

ここで金融市場にかんし「**貸付資金説**」を採るとしましょう。貸付資金説では，貯蓄は現在の消費を断念して余剰資金を貸し付ける資金の供給で，対価として利子率iが与えられると理解します。また投資財を購入するのに不足資金を借入れるなら投資は資金の需要であり，利子率iを支払います。SとIは資金についての供給と需要であり，価格に相当するのが利子率iという解釈です。ここで$S(i_1)＞I(i_1)$は資金供給＞資金需要を意味するため，資金が余って利子率が下がり，資金供給Sは減り資金需要Iが増えます。$S(i^*)＝I(i^*)$となるまでSが減ればCが増え，Iも増えるので，CとIの和がYに一致するまで増えて，Y＝C＋Iになります。貸付資金説を採る限り，設備投資が必要な工業においても利子率が下がって総供給は等額の総需要を生むことになります。

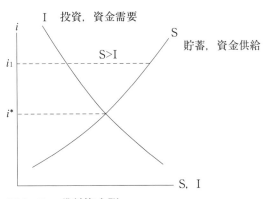

図9-5　貸付資金説

総供給が自動的に総需要を生み出すのなら総供給と総需要は独立では
なく，総供給だけを考察すればよいことになります。現在需要が不足し
ていたとしても時間が経てばやがて消費と投資が回復するとみなすた
め，景気後退は自然災害やストライキ等，供給側の問題でしかありませ
ん。市場における価格や利子の調整に任せるべきで，それでも失業が出
たとすれば賃金規制などの干渉のせいとみなされます。

　それに対して大恐慌やその後の不況を目の当たりにしたケインズは，
セイの法則が成り立つという発想に根本的な欠陥を見いだし，供給して
もそれに見合う需要が生まれない理由を考えました。利子率や賃金が変
動しても需給を調整しない状況です。ケインズは『一般理論』におい
て，株式価格の暴落は金融機関が借手に対して抱く「信認」や「信用」
が弱まったために起き，回復するには双方が復活することが必要だと強
調しています[9]。「個人主義的資本主義の経済においてきわめて制御しに
くいものは，・・・「信認の回復」である」[10]とケインズは述べていま
す。

　信認や信用の弱気を「不安」と呼ぶならば，不安が蔓延すれば購買力
の確保への欲求が強まります。流動性が高い資産が求められ，利子率が
低下しても貨幣を手放してまで消費や投資を拡大しようとはしません。
生産した商品が売れるとも限らないのに，家計や企業が新たに借金した
り，保有している貨幣を手放して消費や投資をしようとは考えないから
です。その場合，$Y>C+I$となっても市場では自動的に需要は回復しま
せん。SとIが，資金の需給にかんする価格であるiによっては需給を
調整されないからです。ケインズはそれを明示するために，消費Cを
利子率iではなく，所得Yの関数$C(Y)$とみなしました。

　これを「45度線図」を使って図解しましょう。横軸は総供給Yです
が，45度線だと高さも同じく総供給Yです。もし完全雇用水準で総供

---

[9]　ケインズ（1995）p.156
[10]　同　p.317

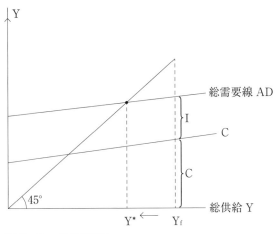

図9-6 45度線図

給 Y_f＞C＋I とすると，貸付資金説ならば利子率 i_1 が低下し，S は小さくなり（C は大きくなり）I も大きくなって，Y_f＝C＋I になるまで利子率が調整します。けれども債務不履行が連鎖する金融危機においては誰もが貨幣を手元に置こうとするため S も I も平時のようには利子率の関数ではなくなります。Y＞C＋I で在庫が出ても，利子率が下がって C と I が増えることはないため，在庫の調整のために企業の総生産量を減らすことになって，次期には Y_f よりも小さな Y^* が総供給になります。Y^* は総供給＝総需要 AD になる均衡国民所得であり，不完全雇用になったままで均衡してしまう，というのがケインズの考えでした。

物々交換ではなく信用が売買を仲介する「**貨幣経済**」では，金融危機が発生すると信用貸し付けの仲介機能が麻痺し，財市場でも価格メカニズムが機能しなくなります。デフレで実質金利が高止まりしているからだという見方もありえますが，その場合にはインフレに転じれば問題は解消されるはずです。そのように物価では調整されないのであれば，不

安や信認が原因である可能性が高まります。このとき総需要が完全雇用に対応する総供給から分離し，総需要は利子率の調整によっては回復しません。そうした総需要をケインズは「**有効需要**」と呼びました。危機への対応として中央銀行がとるべき金融政策はすでにバジョットが経験則を『ロンバート街』（1873）でまとめていました。ケインズの業績は有効需要の発見と財政政策の評価にありました。

金融危機においては投資や消費が低水準に落ち込み，市場価格や利子率，賃金の調整によっては回復しません。そこで民間が投資と消費に支出しなかった分を政府が政府支出や公共投資で補い，完全雇用の水準まで総需要を拡大するというのがケインズの提案でした。ただしそれは対症療法にすぎないことには注意が必要です。財政政策を講じても危機を一時的に回避できるだけで，根本的には「信認」（確信）という社会心理の好転が必要ですが，その処方箋は未確認です。

ところがケインズの死後，財政政策は，不況対策や景気振興の名目のもと政治家が利益誘導に使っているだけではないかと疑念が持たれています。政府支出や公共事業が国家や社会にとって必要な公共財や準公共財であるのかは，検討する必要があります。12-4で，非自発的失業者に仕事を供与するための提案を見てみます。

9-4　マクロ一般均衡分析の展開

20世紀の経済学は中心をマーシャルのいたイギリスからアメリカへ移し，市場の価格調整メカニズムが平時と危機とを問わずに機能すると想定して，ワルラスが連立方程式で描いたフィクションの続きを書くことを目指しました。ワルラス自身は未知数と独立の方程式の数が等しいことを確認するまでで説明を止めていました。価格や需給の量はマイナスにはならないので変数はプラスに限るため，連立方程式に正の均衡解が

存在するのか（**存在条件**）が数学的に追究され，さらに不均衡状態から均衡への調整が安定するための条件（**安定条件**）も明らかにされました。

けれどもワルラスの一般均衡論を認めると，市場の価格調整メカニズムが機能不全に陥る場合があるというケインズの指摘には説明がつかなくなります。こうしてケインズの『一般理論』と一般均衡論をいかに両立させるかが課題となりました。そうした中でJ.R.ヒックスが1937年，書評論文「ケインズ氏と『古典派』」（Economica）で，ケインズの『一般理論』をマクロ変数の連立方程式として書き替えるというアイデアを提案しました。ケインズの主張は一般均衡分析の枠組みに収められるかに見えたため，ヒックスが提案した「IS＝LM分析」は，「マクロ経済学」の標準的なモデルとして戦後のアメリカで受け入れられていきます。

ヒックスは財市場を均衡させるような有効需要の原理を利子率と所得の関係として，IS曲線の形で書き直しました。財市場における総供給＝総需要はS(Y)＝I(i)を満たすYとiの関係で，IS曲線と呼ばれます。

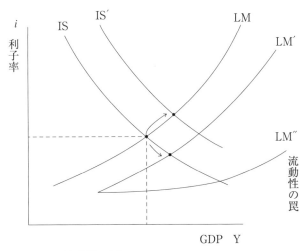

図9-7　流動性の罠

iが大きくなると資金需要としてのIは小さくなり，所得Yが大きくなるほどに消費Cと貯蓄Sはともに大きくなる関係にあります。そこでiが大きくなればS(Y)＝I(i)を維持するにはSが小さくなる必要があり，Yは小さくならねばならず，図9‐7で示されたようにIS曲線は右下がりになります。

　次に資産市場ですが，ケインズは資産市場にかんしては貸付資金説に替えて「**流動性選好説**」を唱えました。利子率がフローの資金需給によってではなく，ストックとしての株式・債権・貨幣という資産の選択によって決まるとみなしたのです（ケインズは株式と債権を同類の「債権」と呼び，貨幣との選択を考察しました）。利子率がフローの資金の需給によってではなくストックの資産選択において決まるというのは，一世紀以上のあいだ世界経済を支配し莫大な冨を蓄積してきたイギリスにおける資本市場の現実を反映しています。資産市場を均衡させる利子率と所得の関係がLM曲線です。もっとも資産市場における貨幣の供給量をM，債権の供給量をBとすると，資産総額W≡M＋Bで一定ですから，貨幣需要L＝Mであれば自動的に債権需要＝Bも成立し，貨幣の需給と信用の需給のどちらか一方を考えれば良いことになります。

　そこで貨幣の需給均衡の方に注目しましょう。貨幣需要の項目は，ひとつには「取引需要」があります。所得が大きければ取引も増え，kY（kは定数）のように所得に比例します。ふたつにはキャピタルゲインを得るための「投機的需要」Lです。債権を持つ場合の収益率は，利子率iからの収益と債券価格P_Bの上昇によるキャピタルゲインです。債券を多くの人が安すぎると感じているならキャピタルゲインを得るために貨幣を手放して債券を購入する動機が強まり，貨幣の需要は減ります。債券価格が安いと利子率が高くなる傾向があるために，利子率が高すぎるならば貨幣需要は小さくなります。従って貨幣への需要L(i)は，

利子率が高い方が小さくなります。

以上から M を一定として M＝kY＋L(i) を維持するには Y が増えると kY は増え L は減る必要があるので利子率は上がらなければならず，LM 曲線は図 9-7 のように右上がりになります。

IS＝LM 分析では，財市場の均衡を表す IS 曲線では S(Y)＝I(i)，貨幣市場の（もしくは債券市場）の均衡を表す LM 曲線では M＝kY＋L(i) という 2 本の式でマクロ経済が描かれるとされます。連立方程式を解くと内生変数である i と Y とが決まります。

IS については消費 C のうち所得の大小によらず定額の基礎消費や政府支出 G，公共投資 Ig が外生変数であり，大きくなると IS 曲線を右上方にシフトさせます（IS→IS′）。IS と LM が図のような右下がり，右上がりの形をしているとき，たとえば公共投資で道路を造成すると利子率は上がり GDP も増えるとされます。LM については貨幣供給 M や債権供給 B が外生変数であるため，金融緩和によって M が大きくなると LM 曲線は右下方にシフトし（LM→LM′），利子率は下がり GDP も増えるとされます。

IS，LM の形状によっては財政政策，金融政策の効果が異なります。また一般物価水準が明示されないため，実質貨幣供給量 $\left(\frac{M}{P}\right)$ という形で組み込んだ総需要・総供給分析へと拡張が図られました。

IS＝LM 分析は，財市場および資産市場の一般均衡である点に特徴があります。ケインズが金融危機のような大きなショックの後に利子率の調整機能が損なわれると考えたのに対し，それは平時における利子率の調整機能を併せて考察しようとするものでした。危機においては貨幣供給量が増えてもすべて需要され，債券の購入に回らないため利子率が下がらず LM 曲線が水平になる「**流動性の罠**」に陥り，平時には LM 曲線は右上がりで金融政策の有効性が回復するとみなしたのです。IS＝LM

分析は金融危機を，金融緩和してMを増加させてもYを拡大する景気
刺激効果が縮小されることと捉えたのです。それは危機において，当局
がMを増やすことすらできなくなることを理解していません（第10章
参照）。

　それでもIS＝LM分析は財市場と資産市場によって有効需要が決まる
と考える点で，P.サムエルソンら「ケインジアン」あたりまではケイ
ンズの発想を引き継いでいました。ケインズは非自発的失業が有効需要
の不足を原因とし，就労可能数は有効需要が上限となると考え，労働組
合が賃金引き下げに反対するために労働市場の不均衡は解消しなくなっ
ていると主張するピグーを批判しました。ところがフリードマンらマネ
タリストは，失業が存在するのは賃金の上下動にかんする情報に遅れが
あり，労働者がそれに気づかぬ間だけだと主張し，また「ニュー・ケイ
ンジアン」は賃金がなぜ硬直的であるのかを論じ（「暗黙の契約理論」
や「インサイダー・アウトサイダー理論」），失業を賃金の硬直性の問題
として理解するピグーの主張に戻っていきました。

　こうしてケインズがもともと直視していた不確実性のもとでの信用市
場の不安定性や，金融危機が有効需要を縮小させると賃金による調整で
は失業は解消しないといった価格メカニズムの機能不全という大きな論
点は矮小化され，賃金が収縮的な労働市場を取り込んだ分析が普及して
いきました。けれども2000年代以降の日本で顕著となった非正規雇用が
2019年には38.3％に上る（厚生労働省）という現象に見られるように，
非自発的な失業は見えにくい形で現実に存在しています。[11]

　そもそも信認が揺るがす信用経済において資金の貸借が平常通り行わ
れる「平時」の一般均衡理論と，信用が危機に瀕し資金貸借が滞る「危
機」のマクロ分析という，適用範囲の異なるふたつの理論をひとつの図
式としてヒックスが接合したことに無理がありました。

11　山本　勲（2011）「非正規労働者の希望と現実＊―不本意型非正規雇用の実態―」
RIETI Discussion Paper Series 11-J-052　2011年4月は非正規労働者のうち一部が
「不本意型非正規雇用」であり，失業者の1.5倍に上ると指摘しています。

第9章　マクロ経済分析と不確実性　　**195**

🖋 理論のまとめ

　マクロ経済学は，普遍的な法則を発見するというよりも，経済が「危機」に陥り何らかの政策的介入が避けがたくなったとき，また次年度の予算編成の論拠づけに大雑把にでも推定を行うといった理由で集計値を用い，変数の数を大幅に減らします。

・付加価値を国内ですべての生産主体につき足し合わせた総額が国内総生産（GDP）ですが，それは最終消費財の生産額の総和にも一致します。

・国内総支出 GDE はどの経済主体が何の目的で購入したかで分類した付加価値の総和で，民間最終消費支出 C＋政府最終消費支出 G＋民間総固定資本形成 Ip（家計の住宅，企業の設備）＋公的総固定資本形成 Ig ＋財貨・サービスの純輸出 X－M＋在庫変動です。

・国内総所得 GDI は GDP を産業からの分配として分類したもので，（雇い主の社会保険料等を含む）雇用者報酬＋営業余剰（企業所得と非企業の財産所得）＋政府への分配である純間接税＋固定資本減耗です。

・GDP の生産面 GDP＝支出面 GDE＝分配面 GDI で，「三面等価」と呼びます。

・「国民」は外国に居住している人も含めて日本国籍を持つ人を指し，国内は日本の領土内に住む，外国籍も含めてすべての市民，「純」と「粗」（総）は投資のうち減価償却分である固定資本減耗を含むか否か，純間接税とは間接税－補助金で，各産業と政府の間の金銭的なやりとりです。

国内純生産 NDP＝GDP－固定資本減耗

国民総生産 GNP＝GDP＋日本人が外国で稼いだ所得－外国人が日本で稼いだ所得

国民純生産 NNP＝GNP－固定資本減耗

国民所得 NI＝NNP－（間接税－補助金）

・貯蓄を S，政府の可処分所得を受取から他への経常移転を除いた T とすると，恒等式で国内総生産の生産面≡支出面

$$Y \equiv C + I + G + (X - M)$$

国内総生産の分配面　受取≡支払　　$Y \equiv C + G + S$

マクロ経済学には，考え方の基本が 2 種類あります。

・第一が価格による調整メカニズムが機能すると考える場合で，マクロ変数を用いた一般均衡分析 IS＝LM 分析や総需要・総供給分析 AD＝AS の形を取り，供給すればすべて需要されるセイ法則やミクロ的基礎付けに従い，不均衡があるとすれば価格の調整を妨げる規制や慣行が存在するせいと考えます。

・第二は金融危機等を経て金利や価格の調整メカニズムが機能しなくなった場合で，ケインズが有効需要の原理と呼びました。信用取引においては期日通りに借り手が返済すると貸し主が期待する「**信認** confidence」が必要ですが，強気になれば貸出は増えるし，弱気になれば慎重になります。しかも信用は第三者に売却するときもしくは支払い期日がきたときにどれくらい換金しやすいかという「**流動性** liquidity」にも左右され，信認が崩壊し不確実性が拡がる金融危機においては，資産価格が暴落するため不安から誰もがより高い流動性を求めて中央銀行券や貴金属通貨を欲するようになり，消費や投資が減退して供給に対し有効需要が不足し，不均衡は非自発的失業として表面化します。

参考文献

　N. グレゴリー・マンキュー（2019）足立英之他訳『マンキュー経済学Ⅱ　マクロ編（第4版）』東洋経済新報社。本講では J. M. ケインズに従ってマクロ経済学を，信用や流動性を原因として価格メカニズムが機能しなくなる「危機」において，一国経済の概略を把握するための理論としてとらえています。それに対し価格メカニズムが働かなくなるのは労働組合や政府による規制のせいと考えるのが新古典派のマクロ経済学で，その典型がマンキューの本書です。一般的な経済学の考え方を知るには参考になります。

10 | 信用と中央銀行——金融政策の仕組み

10-1　貨幣の定義
10-2　二つの金融政策観
10-3　金融政策と物価水準の安定
10-4　金融危機とプルーデンス政策

《要約》　金融政策は中央銀行が貨幣の供給を通じて金利操作，資産の売買オペレーション等を行って民間の金融に影響を与え，「物価水準の安定」や「景気の安定」，「為替相場の安定」，「最後の貸し手機能」等の目的を果たします。決済には中央銀行券よりも銀行口座にある要求払い預金が使われることがはるかに多く，キャッシュレス化でその傾向には拍車がかっています。しかも投資や消費への資金需要が小さい時には要求払い預金への振込みが縮小するため，貨幣供給を意図通りには管理しにくくなります。これは貨幣が民間経済に中央銀行という「外部」から注入された中央銀行券よりも信用取引という「内部」で発生した預金通貨が主であることによります。民間銀行は預金が全額行内に残っているわけではないために脆弱性があります。預金者がいち早く預金を引き出そうとすると「取り付け騒ぎ」を招き，決済不能は一時的に滞るだけでなく，金融機関間で連鎖するのです。金融機関の破綻には健全な銀行や企業も連鎖的に倒産させる可能性があり，中央銀行が「バジョット・ルール」に従って対処しています。

《キーワード》　負債／持分／相対取引／市場取引／審査／貨幣数量説／現金通貨／要求払い預金／日銀当座預金／準備預金制度／準備率／マネタリーベース（ハイパワードマネー）／マネーストック／決済手段／要求払い預金／信用創造論／預金必須説／貨幣定数理論／全銀ネット／即時グロス決済方式／プルーデンス政策／自己資本比率規制／取り付け騒ぎ

10-1　貨幣の定義

　貨幣には現金通貨と，それとは別に商業信用および銀行信用があり，しかも経済循環は貨幣とは分離しておらず相互に影響しあう内生的な関係にあって，政策当局が貨幣の総量を意のままに操作できるものではありません。本章では貨幣と金融政策の関係に焦点を当ててみましょう。

　中央銀行が行う金融政策の目的には「**物価水準の安定**」，「**景気の安定**」，「**為替相場の安定**」，「**最後の貸し手機能**」等があるとされてきました。そして中央銀行は「**公開市場操作** open market operation」や「**金利操作**」，「**法定準備率操作**」といった方法（10-4で説明します）でマネーストックを増やす（金融緩和）もしくは減らし（金融引締め），これらの目的に応えようと努めてきました。

　まず貨幣（マネー）とは何か，定義を見ていきましょう。経済がキャッシュレス化していることからも明らかなように，貨幣といっても現金（キャッシュ）に限らないことは明らかです。クレジットカードでの支払いでは，預金通貨が実質的に通貨の役割を果たしています。そこで貨幣の範囲は，日本では次の3つが考えられます。

⑴ 非金融機関が銀行の口座から引き出し，商品を購入するのに用いられる「**現金通貨**」。市中に出回っている日本銀行券と硬貨（banknotes and coins）です。現金は法により強制通用力を与えられた「法貨」で，日本銀行の債務である日本銀行券と政府補助通貨である硬貨，すなわちお札やコインです。日本銀行法では，日本銀行券は無制限に通用する（受け取られる）のに対し，硬貨は20枚までを限度とする（使ってよい）とされています。

⑵ 商業銀行に預金してあり，いつでも払い戻せて流通現金になる「**要求払い預金**」。普通預金や当座預金等で，支払機能を持つため貨幣とみ

なされます。要求払い預金は商業銀行への預金のなかでも流動性が高く，預金者には現金通貨と同じに感じられます。「流動性」とは現金通貨と同等とみなせる度合いで，流動性の高さは考え方や時代，場所に依存するため幅があります。

　17世紀にアムステルダム銀行に口座を保有した商人たちは，「振替決済システム」により口座間で振替決済を行うようになりました（第3章）。また19世紀ロンドンのシティでは，銀行が顧客口座へ数字を記入して要求払預金として銀行信用を供与し，信用創造を行いました（第5章）。本講で古代の信用に始まり大市で商業信用が芽生え，信用の清算と決済が専門化して銀行口座間での振替に集約されたという金融の歴史を説明してきましたが，それに銀行信用を重ねて要求払い預金を理解する必要があります。

(3) 金融機関が支払いや準備のために預金している**「日銀当座預金」**。金融機関等が日本銀行に口座を設け利用しています。金融機関は日銀当座預金を，他行や国，日銀との間では「決済手段」，預金者からの引き

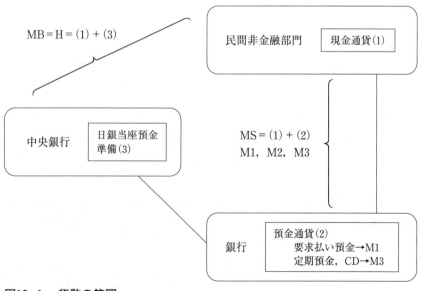

図10-1　貨幣の範囲

出し要請に応えるためには「支払準備」，準備預金制度に応じるためには「準備預金」として使っています。「準備預金制度」とは金融機関に対して受け入れている預金等の一定比率（**準備率**）以上の金額を日本銀行に預け入れるよう義務付ける制度で，金融不安などで資金繰りが悪化した際には一部を取り崩し，支払いが滞るのを回避する仕組みです。準備預り金として預け入れる最低金額を「法定準備預金額」といいます。

　現金が貨幣であるのは当然ですが，銀行預金も貨幣とみなされ，もっとも一般的とみなされる決済手段である M1 では現金が約11%，要求払い預金約89%（2023年，日本銀行マネーストック統計）と，大半が預金通貨となっています。キャッシュレスと言われる以前からこの傾向は明らかでした。信用で財・サービスを購入した後，遅れて支払い，それまでに発生していた売った側の「債権」と買った側の「債務」関係を解消するとき，その支払手段を「決済手段」と言います。銀行預金，中でも決済に用いられ利息がつかない**要求払い預金**（当座預金等）はいつでも法貨との交換が全額保証されており（預金保険制度[1]），しかも決済手段として用いられるため，現金通貨ではないにもかかわらず貨幣に含められています。企業間の取引が代表的ですが，近年のキャッシュレス化から一般家計にも拡がり，現金の授受は少数派となりつつあります。

　そして「**マネタリーベース（ハイパワードマネー）**」は「日本銀行が経済全体に供給する通貨」で日本銀行の負債に当たり，(1)と(3)の合計です。MB ないし H と記すと

　MB＝H＝(1)＋(3)となり，日本銀行によれば2023年12月には平均残高で約665兆円（日本銀行券約123兆円，貨幣流通高約4.8兆円，日銀当座預金約538兆円うち準備預金469兆円）でした。

　一方「**マネーストック**」は民間が支払いに利用するもので，民間にとっての貨幣です。(1)と(2)の合計ですから MS＝(1)＋(2)です。(2)

---

[1]　日本では政府，日銀，民間金融機関が出資して1971年に設立された預金保険機構による。

の民間銀行の預金額のうち，要求払い預金（当座，普通，貯蓄，通知，納税預金等）は日本銀行の定義ではM1です。解約すれば現金通貨や要求払い預金になりうる定期預金・譲渡性預金（CD）をこれに加えるとM2，郵便局・農協・漁協・信用組合等の預貯金を加えればM3です。日本銀行によれば2023年12月にはM1が約1082兆円（現金通貨約117兆円，預金通貨約966兆円），M2が約1241兆円，M3が約1596兆円です。

　日本銀行が経済全体に供給する通貨がマネタリーベース（ハイパワードマネー）であり，民間が支払に使う通貨がマネーストックということになります。日本銀行は金融政策としてマネタリーベースを増減させ（金融の緩和と引締め），マネーストックに影響を与えようとしています。けれどもその関係は，主流派の経済学が思い込んでいるほど単純ではありません。

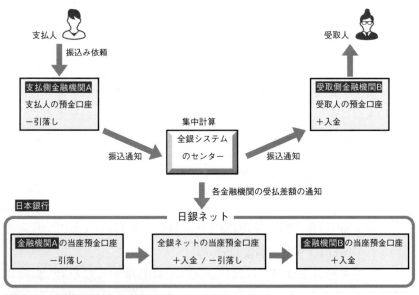

図10-2　銀行振込みの仕組み
出所：日本銀行「日本銀行について」（https://www.boj.or.jp/about/education/oshiete/kess/i27.htm）を基に作成

次に現在の日本で要求払い預金が決済手段となって清算や決済が行われる仕組みを見ておきましょう。銀行間および中央銀行を結ぶネットワークがすでに整備されているとします。「支払人→受取人x円」という債権・債務関係があったとして，支払人（債務者）がA銀行の店舗やコンビニエンスストアに設置された端末やPCで自分の口座からB銀行の受取人（債権者）の口座に一定額を振り込むようA銀行に指示したとします。ここで受取人の口座にx円を振り込むようA銀行がB銀行に依頼し，それが実行されるとA銀行がB銀行にx円の負債を負う（A→B）というあらたな債権・債務関係が生まれます。これが銀行間の全国規模のネットワーク・システムである「全銀ネット」に持ち込まれると，別にB→Aでy円の債権・債務関係があったならばこれと帳消しにし（ネッティング），その「受取差額」が中央銀行に通知されます。こうして中央銀行におけるA銀行の当座預金口座からB銀行の口座へとx−y円が振り替えられます。

この通知には時点の間隔がありましたが，最近では銀行間の債権・債務関係が積み上がることを回避するために，一件ごとにリアルタイムで決済する「**即時グロス決済方式**（RTGS）」が取り入れられています。リヨンでは年に何回か開催される大市に債券と債務の証書が持ち寄られて清算や決済が行われていましたから，隔世の感があります。すべての財の取引が現金通貨で行われると想定するワルラス理論では均衡解を誰がどれだけの時間をかけて算出しているのか不明でしたが，預金通貨による取引ではネッティングにより計算時間が大幅に短縮されています。

10-2　二つの金融政策観

この「マネーストック」を金融政策で管理しうるかをめぐって二つの対立する立場があり，金融政策でなしうると考えられることにも大きな

開きがあります。

　貨幣は何を裏付けとするのでしょうか。商品，中でも貴金属だというのが第1の立場です。経済取引は物々交換に始まり，多数の商品にかんしそれぞれの需要と供給が一致するよう相対価格が調整しているとしても，手持ちの商品を相手が受け取ってくれるとは限りません。つまり物々交換では「欲望の二重一致の困難」が難点となります。それを回避するために商品の一種，貴金属等が誰にでも受け取ってもらえる貨幣となり，それぞれの価格や一般物価水準が決まるとします。「一般均衡分析」になじみやすい立場で，貨幣はあくまで他の商品を購入し消費するための媒体にすぎず，それ自体は保蔵の対象ではないと考えられてきました。

　この立場では，中央銀行が貨幣を中央銀行内の民間銀行口座に振り込めば引き出され，銀行から民間の企業や家計に貸し出されるとみなされます。日本銀行が国債を買う等して民間経済に現金を注入すればそれが信用創造の源となり，マネーストックを構成するとみなすため，「**外生的貨幣供給説**」と呼ばれます。

　戦後にマクロ経済学のIS＝LM分析が定着し，金融の引き締めと緩和を通じて物価や失業率，成長率を操作できるかが論じられました。この場合，金融政策とはMと表記されるマネーストックの量を増減させることで，中央銀行が自在に決定できると考えられてきました。「**貨幣数量説**」はMの増減が物価水準に直接に影響するとみなし，戦後にはM.フリードマンに率いられたマネタリズムはIS＝LM分析で失業率を管理しようとするケインジアンとその効果について見解が分かれましたが，政策的にMを増減させうると考えた点では対立はありませんでした。

　第2の立場は，貨幣は大半が銀行信用であり，貸す側と借りる側の合

意によって自生し，外部から中央銀行や政府が管理しようとしても影響には限界があると考えます。その合意は信認にもとづいており，その裏付けは取引相手の信用と金融システムの安定性への信頼にあります。第3章で述べたように，それぞれの銀行は信用リスクや流動性リスクを管理する能力を競いますが，危機に際しては金融システムの全体が安全性を高めるようプルーデンス政策（10-4）が用意されています。借りる側の信用を貸す側の金融機関が認めれば民間経済の内部で信用貨幣は生まれますが，その際に中央銀行の口座にある預金を上限まで貸すとは限りません。信用貨幣は民間経済の内部で自生するのです。

　この二つの立場について，データを挙げて当否を見ておきましょう。マネーストックとマネタリーベースにはどのような関係があるでしょうか。現金通貨残高を CU，中央銀行の当座預金を R とするとマネタリーベース（MB）は H＝CU＋R です。マネーストック M（ないし MS）は銀行における預貯金を D として M＝CU＋D です。M を H で割ると

$$\frac{M}{H} = \frac{\dfrac{CU}{D} + 1}{\dfrac{CU}{D} + \dfrac{R}{D}}$$

となります。CU/D は，公衆が通貨を現金と預金のいずれの形で持つのかという「現金・預金比率」，R/D は銀行の日銀への「預け金・預金比率」で法定準備率がかかわります。もしこれらが安定した定数ならば，M は H の定数倍になり，マネタリーベースを増減させればその定数倍マネーサプライも増減することになります。

　外生的貨幣供給説を説明するために多くの経済学のテキストが採用しているのが，本源的預金から預金が派生するという「**貨幣乗数理論**」です。次のような架空の物語を考えます。いま預金者が A 銀行に新たに100だけ預金したとしましょう（本源的預金）。法定準備率を１％とする

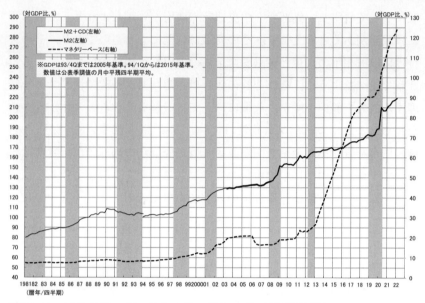

図10-3　マネタリーベースとマネーストック（対GDP比）
出所：日本銀行『金融経済統計月報』

とA銀行は預金のうち1を日銀に預け，残りの99を貸し出します。この99が借り手の取引先であるB銀行の預金口座に振り込まれると，現金・預金比率10％だとして借り手は9.9を現金として引き出します。ここで89.1がB銀行に残り，預金されます。B銀行は89.1×0.01＝0.891を日銀の口座に預け，残りの88.209をC銀行に貸し出すと8.8209が引き出され，預金は79.3881だけ生まれます。このプロセスが無限に続くとすると$100+89.1+79.3881+\cdots=100+100\times0.891+100\times0.891^2\cdots$＝$100\div(1-0.891)$＝約917.4となります。当初に発生した預金の約9.2倍の預金が生まれており，信用が創造されたことになります。

　これは貸出された金額が口座に収められたまますぐには引き出されない，引き出されたとしても一部に止まり他の銀行に振り込まれるという

性質によるものです。それは，銀行が貯蓄と決済を兼ねるという特性を持つことに起因します。このプロセスが実在するとすれば，中央銀行が民間銀行から国債を購入するなどして（買いオペレーション）中央銀行内の民間銀行の口座に中央銀行券（現金通貨）を振り込めば，それが民間銀行にとっては新規の貯金を得たのと同じことになり，その定数倍だけ民間銀行の預金が増え，すなわちマネタリーベースの増加は比例的にマネーストックを増やします。

　この仮説では，中央銀行における民間銀行の口座に法定準備率を超える預金があればおおよそ貸し出されると前提しています。けれども貸し出されるには借りたい人がいなければなりません。日銀がマネーストックを創出できるのは，借りる意欲が旺盛である場合に限ります。

　マネタリーベースを増加させればマネーストックも拡大すると信じ，実行に移された金融政策があります。日本銀行がインフレ率２％という目標を宣言して巨額の国債購入を持続し，マネタリーベースを急拡大させた2013年から約10年にわたる「インフレ目標政策」です。実際にその間，マネタリーベースは急増しています。けれども日本銀行はインフレ率を２％の目標に近づけるどころか，マネーサプライを自在に増やすこともできませんでした。インフレ率が２％を超えて高止まりするようになるのは，皮肉にもロシアがウクライナに進行してからのことで，明らかにこの政策とは関係がありません。図10-3に見られるように，2010年頃からの日本では，家計の消費や企業の投資が小さく企業は内部留保して，マネーストックが増えない状態が定着していました。

　図10-4から理由は明確です。定数であると期待された信用乗数が2013年頃から急落したせいで，マネタリーベースが急増した効果が打ち消されたのです。図10-4では比較的安定しているのは現金・預金比率であって信用乗数ではありません。信用乗数の急落は，日銀への預け金

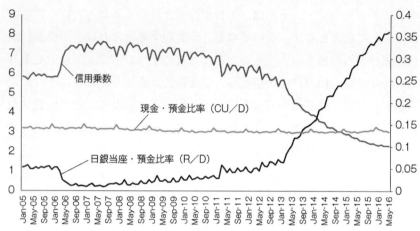

＊Rは日銀当座預金残高・準備預金制度適用先合計・月末残高、CUは日本銀行券発行高・月末発行高、Dは預金合計月末残高

図10-4　信用乗数の推移
出所：日本銀行HPより作成。

（日銀当座）・預金比率が急増したことの反映です。日銀は国債のみならず株式信託やREITまで購入したのですが、売却した側の民間銀行は得た資金の多くを日銀の当座預金に置いたままにし、企業や家計への貸出には回しませんでした。日銀の口座に「タンス預金」するかのような状態です。民間銀行が企業に融資しようとしても投資に回す資金需要が少なく、家計にしても消費を増やすための資金需要を増やしませんでした。流動性を手放してまでは投資や消費をしない傾向（広義の「流動性の罠」）が企業と家計に広がっていたのです。

　インフレ目標（リフレーション）政策が2012年に導入された頃は、マネタリーベースを増やして適切にインフレにできるかハイパーインフレになるかでエコノミストの間で侃々諤々の議論が沸き起こりました。ともにマネーストックを中央銀行が増やせると考え、しかしインフレ率を

確実に管理できるか否か，適切なインフレに止まるかハイパーインフレになるかで意見が対立したのです。けれどもそもそもマネーストックを増やすことができなかったので，インフレにするどころではありませんでした。

こうしたデータからも，マネーストックは中央銀行が自由に操作できるものではないことがわかります。ただしこれは消費意欲や投資意欲が低く，貨幣需要が小さい時期であることには注意を要します。逆に消費意欲や投資意欲が高い時期に起きた現象であればマネタリーベースの伸びは貸出に繋がってマネーストックを増やし，インフレになる可能性があります。中央銀行はそうした社会心理をつねに観察しておく必要があります。

消費意欲や投資意欲が弱く，貨幣を家計は消費に，企業は投資に使わない理由として，「デフレだから」という説が流布されました。金利をゼロまで引き下げても投資が増えなかったのはデフレのせいで，物価上昇分を除いた実質金利がプラスだったからだと言うのです。ロシアのウクライナ侵攻以降に現実にインフレになったのですから，不確実性ゆえの不安を実質金利の低下が払拭すれば，貨幣は支出されることになります。けれども金融政策の成果ではありません。

マネーサプライの操作にかんする楽観論が生じたについては，信用創造が銀行に対する外部からの貯金の振り込みを発端として起きるという教科書的な思い込みもあります。そうした信用創造についての「**預金必須説**」には，強い批判が寄せられています。代表的なのはイングランド銀行で，所属する M. マクリー他（2014）の論文[2]を2014年の『四季報』に掲載，中央銀行が供給した貨幣から新規の貸出と預金が派生するという「貨幣乗数理論」は間違っていると断言しています。

---

[2]　Michael McLeay, Amar Radia, Ryland Thomas, 'Money Creation in the Modern Economy', Bank of England Quarterly Bulletin 2014 Q1
　またこの論文についての解説として斉藤美彦「なぜ先進国中央銀行は貨幣供給の内生性に関する論文を発表したのか」『大阪経大論集』第74巻第1号

図10-5 は論文に掲載された図で，銀行が消費者に貸し出す場合のバランスシートが描かれています（図10-6 も参照）。この図では，口座に新規に貸出・借入と預金（の数字の変更）が発生するだけであって，中央銀行からの貸出や外部からの預金はかかわっていません。銀行が貸し出すのは，預金口座に貸出額に相当する数字を記入することに相当し，それが可能になるのは，決済が振替で済むため，現金をいちいち引き出

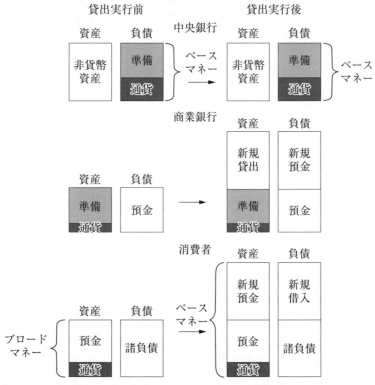

図10-5　銀行セクター全体の貸出増による貨幣創造
出所：McLeay et. al. p. 16

して他行の口座に移す必要がないからです。銀行は貸し出した額だけ家計への債権を増やしますが，その額を自行における債務者の口座に振り込むので，同時に銀行は負債も増やしています。あらかじめ外部から預金がなされなくとも，貸出しても同額だけ自行内で預金されるため，準備で困ることにはならないのです。この説明は第5回5‐4でも触れましたが，H.D.マクラウド（1897）が行っていたものと同じです。

10-3　金融政策と物価水準の安定

　以上を前提にすると，現代の金融政策には
(a) 公開市場操作　open market operation
(b) 法定準備率操作
(c) 金利操作
があります。日本銀行は年に8回，正副総裁と6人の委員の計9人で政策会合を行っています。

　日本銀行はマネーストックを直接には操作できません。そこで(a)公開市場操作では，日銀は短期金融市場で金融機関から資産を売買することで日銀当座預金のその口座に日本銀行券を振り込みます。けれどもこれまでにも述べたように，マネーストックは借り主の意向にも依存し，マネタリーベースを増やすだけではどれだけ増やせるかは明らかではありません。

　公開市場操作では，むしろ短期金利を誘導目標に近づけ間接的にマネーストックに影響を与えようとしています。そこでまず誘導目標である「政策金利」を，物価安定のもとで適度な経済成長を実現する水準に定めようとしています。

　この政策金利を各国の中央銀行が決めてきましたが，どうやって決めているのかは不明，つまり名人芸のようなものと考えられてきました

（名人と謳われた人にアメリカのA.グリーンスパンがいます）。そこでJ.テイラーが各国の中央銀行の一般的な方針を調べ，インフレ率とその目標とのギャップ，およびGDPにかんする総需要・総供給のギャップを加えて定められていると指摘しました。政策金利を示す関係式は「テイラー・ルール」と呼ばれ，金融資産市場を均衡させるとみなされています。[3]

　政策金利が決まると，それに向けて短期金融市場で日本銀行が証券売買を行いますが，近年では特定の年限の債券を集中的に買い，金利の「期間構造」に影響を与えるなどの方法が模索されています。[4]

　（b）法定準備率操作は，民間銀行の貸出が過剰である時期にそれを抑制するのに用いられました。けれども資金の調節に短期資金市場が使われるようになり，準備率は1991年以降，変更されていません。

　（c）民間銀行は中央銀行に預金口座を持っていますが，当座預金には金利が付いています。法定準備額以上の超過準備が常態化してからは，貸出を促すため日本では2016年にその金利がマイナスに変更され（マイナス金利政策），民間銀行が金利を中央銀行に支払うこととなりました。それでも目覚ましい効果は得られず，2024年に同政策は解除されました。

　金融政策がGDPや物価水準を理想的な水準に保つよう管理することは困難ではありますが，不安定化しやすい金融市場を安定化させることには責任があります。預金を取り扱う金融機関が破綻すると，一時的に決済ができなくなるからです。

　さて「物価」とは一国における種々の商品やサービスの価格を一定の

---

[3]　政策金利＝a×インフレ率ギャップ＋β×需給ギャップ＋定数項
これに供給面における条件を示すフィリップス曲線（インフレ率＝将来の予想インフレ率＋γ（自然失業率－現実の失業率））と財市場の均衡条件を示すIS曲線を交えたものが標準的なマクロ経済学モデルとみなされています。齊藤誠・岩本康志・太田聰一『マクロ経済学』有斐閣，2010参照。

[4]　入門書でありながらこの点について詳しいのが湯本雅士（2023）『新・金融政策入門』岩波新書です。

方法で総合した平均値です。個別の商品価格ではなくその平均値なので，一国経済の全体からその趨勢が決まるものと考えられます。

物価が上昇する趨勢をインフレーション（inflation），下降する趨勢をデフレーション（deflation）と言います。インフレとデフレは総需要と総供給に乖離がある際に起きると考えられています。

デマンド・プルのインフレーションは，総需要が拡大した場合に生じます。図9‐6で総需要線 AD と総供給線 AS の交点 Y^* が Y_f を超える大きさだったとすると，総需要が総供給を上回り物価が趨勢として上がると思われます。超過需要になると品薄になり，価格が上がりインフレになるからです。逆に Y^* が Y_f よりも小さいとき，総供給が総需要を上回り，デフレになります。超過供給になると品余りになり，価格が下がるからです。

これらは総需要が原因で起きるのでデマント・プル型の物価変動と呼ばれますが，総需要が拡大する原因はそのうちの民間最終消費（家計消費）C や民間固定資本形成 Ip，公的総固定資本形成（公共投資）Ig，政府支出（政府消費）G，純輸出 X－M のうちのいずれかが増大したことによります。民間固定資本形成のうち家計の住宅投資や企業の設備投資は銀行から融資を受けて行うことが多いので，その金利が下がると増えやすくなると考えられてきました。

それに対し特異な物価の決定理論として「貨幣数量説」があります。物価の上昇や下落はマネーストックの増減に比例するというもので，マネタリストは中央銀行がベースマネーを増減させれば物価を管理しうると考えます。

そうした理論を念頭に，中央銀行はインフレを抑えるためには公開市場操作で売りオペ（国債や手形の売却）を行い，通貨の市場での流通量を減らしたり，誘導目標金利（短期の政策金利）を引き上げたりしてい

ます。金融引き締めです。

　デフレの際には逆に買いオペで市場における通貨流通量を増やし金利を引き下げようとします。金融緩和ですが，国債や手形を購入して日銀当座預金の口座に通貨を振り込んでも，民間銀行からの借り手がいないと通貨は引き出されないため，政策的にインフレを起こすことは容易ではありません。

　一方，外国から輸入している原材料や原油の価格が高騰するなどして費用が上がり，企業が製品価格に転嫁して物価が上がる場合があり，コスト・プッシュ型のインフレと呼ばれます。製品への需要が変わらないのに価格が上がれば製品は売れなくなり，企業の収益は下がりがちになります。これには金融政策は対策を立てづらいところがあります。

10-4　金融危機とプルーデンス政策

　現代的な金融市場の原型が整ったのが，産業革命で工業経済が勃興した19世紀のロンドンでした。W.バジョットが1873年にロンドンの金融街につき分析し出版した『ロンバート街』[5]によれば，イギリス経済の特質は活発な商業にありました。銀行や手形割引を通じて他人の資本を素早く集め，質は劣るが価格が安い代替財を迅速に販売して，自ら十分な資本を持ち良質な商品を売るベネチア，ジェノバの豪商を駆逐していったのです。それを可能にしたのがロンバート街を中心とするロンドンの金融市場で，流動的な貸付資金が集まり，清算し，貸付先の信用度に応じて利子が敏感に割り振られました。中小の企業が無限責任で借り入れて工業製品を供給したのです。こうして他人資本によって経営する中小規模の株式会社が定着しました。

　金融市場には信用を専門知識で判定し資金を担保つきで預かり金利を付ける「手形仲買業者」，19世紀初頭には誠実さや有能さで資金を託さ

---

[5]　ウォルター・バジョット（原著1873）『ロンバート街』

第10章　信用と中央銀行——金融政策の仕組み　｜　**215**

れたものの半ばには淘汰されていった「個人銀行」，目覚ましい成功を収めていた「株式銀行」が，「イングランド銀行」を中心に，手形の再割引による貸付けで鎬を削っていました。

　そうしたなかで金融危機が頻発しました。債権者が一度に支払いを請求すると銀行は深刻な危機に陥り，支払うための資金が手に入らないという不安は取り付け騒ぎの狂気に巻き込みます。そこで政府勘定を管理し銀行券を発券でき，頻繁に発生した恐慌に唯一対抗する能力を持つイングランド銀行の口座に，他行はみずからの準備を預金し，残りをイングランド銀行券で持つようになっていきました。そうこうするうちにイングランド銀行は特別だとして，他銀行とは手形割引を競ってはならず，資金不足や信用不安があるときのみ行動すべきとイングランド銀行条例で定められます。1844年，中央銀行が誕生したのです。

　金融機関には「システミック・リスク」という特異な脆弱性があります。銀行が破綻すると預金者がいち早く預金を引き出そうとするため，他の銀行への「取り付け騒ぎ」を招くのです。決済不能は一時的な不便だけでなく，金融機関間の連鎖も呼び，金融機関の破綻には健全な銀行や企業も連鎖的に倒産させる可能性があります。

　経済の危機的状況は経済危機と総称されますが，大別すると**通貨危機，金融危機，財政危機**の三種類があります[6]。金融システムが危機状態に陥ったために他の市場の機能も一時的に失われる状態です。これらは需要を失った事業を市場が淘汰する過程である「景気後退」や「不況」とは性格を異にします。経済危機は伝染病に似て，健全な経済活動も停滞させたり消滅させたりするため，公的に対処することが望まれます。

　こうしたことからとりわけ金融システム全体に対して信用秩序の維持と預金者の保護を図ることが政府にとっての重要な課題となり，「**プルー**

6　深尾光洋「金融・財政システム危機の発生メカニズムと予防・対処方法」『巨大災害・リスクと経済』澤田康幸編，日本経済新聞社，2014参照。

デンス政策（prudential policy）」と呼ばれる銀行規制が時を追って敷かれていきました。プルーデンス政策には，予防のための事前的な措置と，危機が現実のものになってから損失を最小限に止める事後的な措置とがあります。[7]

　事前の措置として，1990年代に金融自由化が実施される以前の日本では，大蔵省と日本銀行が厳しい規制のもとで金融危機に備えました（「護送船団方式」）。ところが銀行が自由に行う資産選択は監督当局が規制するには複雑過ぎるものとなり，銀行は資産選択から生じるリスクに見合うだけの自己資本を保有するよう求められることとなりました。それが**自己資本比率規制**です。

　銀行の自己資本とは，中央銀行への当座預金を含む現金や国債等の有価証券，貸出といった資産から，負債としての預金を除いた部分です。この自己資本が資産に対して占める比率が自己資本比率で，それを一定以上持つことが課されたのです。けれども自己資本の最低額を決めてもハイリスクを狙いかねないため，BIS規制（バーゼル合意）では国際業務を行う場合に自己資本比率を8％以上（国内業務のみだと4％）とすることが定められ，見直されたバーゼルⅡではリスク資産量は銀行みず

図10-6　銀行のバランスシート

---

[7]　池尾和人『現代の金融入門　新版』ちくま新書，2010，第7章

から計算することとされ，さらに計算方法の修正と国際的統一が2017年にバーゼルIIIで宣言されました（国際的にはバーゼル銀行監視委員会，国内では金融庁）。

事後的措置は特定の銀行が経営破綻しても金融システム全般に危機が広がらないようにする「**セーフティネット**」です。ここで注意が必要なのは，本来ならば健全であるにもかかわらず預金の払い戻し請求が一時的に集中するような偶然の流動性不足により経営困難に陥っているのか，支払い能力がそもそも欠如しているのかの区別です。

支払い能力を喪失した銀行に対しては，中央銀行が安易に貸し出すべきではありません。経営責任が問われないまま救済されると他の銀行にも経営にかんし同様の弛緩が起きる懸念もあります。といっても特定銀行に破綻が宣告されると，他よりも早く払い戻し請求しないと逃げ遅れてしまうため，預金者は我先に払い戻しを求めます（取り付け騒ぎ）。金融にかんし素人の預金者はどの金融機関が信用できるのかを自力で判断できず，払い戻しは健全な他の銀行にも波及してしまいます。

そこで金融危機の拡大を抑えることを目的として，公的機関が銀行から保険料を徴収しておき預金者には払い戻しを保証することになり，日本では「預金保険機構」が預金者一人一銀行当たり1,000万円までの払い戻し（**ペイオフ**）に応じています。預金保険機構は，経営困難に陥った銀行を他の銀行が救済目的で合併する際に資金援助し，救済銀行が現れるまでの期間，継承銀行（ブリッジバンク）を設立することも行っています。資金援助は1992年から2002（平成14）年にかけて頻繁に行われました。

経営危機の度合いが募るほど銀行はハイリスクに賭けがけちになるため，自己資本比率が基準値を下回り経営破綻が近づいたと判断された銀行は，当局が直接の監視下におき，経営改善するか破綻処理を実施して

います。これは「早期是正措置」と呼ばれ，日本でも金融庁を所轄官庁として1998年に法制化されました。

　一方，偶然の流動性不足に陥った銀行に対しては，中央銀行が「最後の貸し手（lender of last resort）」となって貸出することが必要です。これはW.バジョット（1873）が定式化した考え方で，中央銀行は金融危機に際しては不安の火を消すよう，不要な債権者までが殺到しないように高金利で自由に貸し付けることをバジョットは唱えました。他人の資本を預かって貸し付ける金融市場で金融恐慌を食い止めるため中央銀行は高金利で積極的に貸し付けるべきとされ，これは今日「バジョット・ルール」と呼ばれています[8]。日本では，信用力が十分にあると日銀が認めた金融機関に担保価額内で貸し付ける「補完貸付制度」が「ロンバート型貸出制度」として2001年に導入されました。

　金融危機時の資金需要は資金確保を目的とするものですが，資金需要が投資や消費を目的とするなら過剰流動性はマネーストックの増加から財市場で総需要を底上げし，インフレを引き起こす可能性があります。危機に対応する金融政策は，いずれの資金需要であるのか社会心理を見極め，緩和と引き締めを使い分けなければなりません。

　金融危機には，共有されていた信頼が喪われて起きるという面があります。信用は，もともとはコミュニティにおける対面でのつきあいから生じた共有資本で，そのことは現代でも変わりません。それを象徴するのが，1970年5月にアイルランドで起きた銀行システムの閉鎖事件です。銀行と従業員の間で労働争議が起き，ストライキが決行されて，硬貨や紙幣の流通が止まったのです。支払いは小切手で行われ，小切手は個人や企業の借用書でしかありませんが，11月に銀行が再開するまで受け入れられ続けたのです。決済が完了したのは翌年2月でした。

　長々と決済できない小切手で代金を支払う人の信用力は，どうやって

---

[8]　M.フリードマンとA.J.シュウォーツも大著『米国金融史1867～1960』（1963）で，1929年から数年間の「大収縮」は中央銀行が十分な流動性を供給しなかったために生じたと主張しています。

審査されたのでしょうか。それにはアイリッシュ・パブでの支払い実績が有効だったと見られています。長年酒を出しているパブの主人は客がどれくらいの流動性資産を持っているのかを把握しており，そうした人間関係資本が信用の審査に役立ったというのです[9]。この事例からすれば，金融資本が依存する信用は，紙幣や金貨によってではなく，根幹においては人間関係資本に支えられていることが分かります。

　けれども現代の「大きな社会」では，信用だけですべての地域や国で金融危機を防げるのでもありません。共有資本としての信用にプルーデンス政策を併用する必要があります。

---

[9]　F.マーティン（2014，原著2013）pp.37-39

✎ 理論のまとめ

貨幣には，金融機関が支払いや準備のために預金している「日銀当座預金」(3)と，商業銀行に預金してありいつでも払い戻せて流通現金になる「要求払い預金」(2)，非金融機関が銀行の口座から引き出し商品を購入するのに用いられる「現金通貨」(1)の3種類があります。

日本銀行が公開市場操作で証券の売買を行った際に振り込むのは(3)で，(1)と合わせてマネタリーベース，民間で商品の売買や決済に用いられるのはマネーストックで(1)と(2)の和ですが，現金通貨残高をCU，中央銀行の当座預金をR，マネタリーベース（MB）はH＝CU＋R，マネーストックM（ないしMS）は銀行における預貯金をDとしてM＝CU＋Dで，金融政策でマネーストックを操作するためにはMをHで割った比が安定している必要があります。CU/Dは，公衆が通貨を現金と預金のいずれの形で持つのかという「現金・預金比率」，R/Dは銀行の日銀への「預け金・預金比率」で法定準備率がかかわります。

$$
\frac{M}{H} = \frac{\dfrac{CU}{D} + 1}{\dfrac{CU}{D} + \dfrac{R}{D}}
$$

日銀当座預金の口座に法定準備率を超える預金があっても貸し出されるには借りたい意欲が旺盛でなければならず，投資や消費に支出する欲求が沈滞している場合には金融緩和は困難です。

現代の金融政策は「公開市場操作」を中心に行われ，金融機関から資産を売買することで日銀当座預金の口座に日本銀行券を振り込みますが，マネーストックの増減は借り主の意向にも依存するため，短期金利を誘導目標に近づけ間接的にマネーストックに影響を与えようとしています。そこでまず誘導目標である「政策金利」を，物価安定のもとで適度な経済成長を実現する水準に定めています。

デマンド・プルのインフレーションは総需要が拡大して総供給を超える場合に生じるため，金利が上昇するように誘導することで総需要の要因のうち家計の住宅投資や企業の設備投資を抑制しようとします（金融引き締め）。しかしデフレの際に金融緩和をしようとしても，投資や消費の欲求が強くないとインフレへの誘導は困難になります。

　金融システム全体に対して信用秩序の維持と預金者の保護を図る政策が「プルーデンス政策」で，予防のための事前的な措置と，危機が現実のものになってから損失を最小限に止める事後的な措置があります。

　金融危機時に流動性不足に陥った銀行に対しては，中央銀行が「最後の貸し手 (lender of last resort)」となって貸出することが必要で，中央銀行は金融恐慌を食い止めるためには高金利で積極的に貸し付けるべきとされています（「バジョット・ルール」）。

参考文献

　現代につながる貨幣の起源は貴金属ではなく信用と負債だと主張したのは A. ミッチェル・イネス（原著1913）「貨幣とは何か」楊枝嗣朗訳，（上）佐賀大学経済論集　第52巻第4号，（下）同第53巻第1号です。

　マクロ経済学のオーソドックスなテキストでありながら，日本経済の「故障箇所」を企業の内部留保と労働への過小な分配に求めるのが脇田成『マクロ経済学のナビゲーター（第三版）』日本経済評論社，2012です。

11 財政政策による再分配

11-1　財政の仕組みと働き
11-2　公的福祉
11-3　災害支援
11-4　社会保険——医療保険と年金

《**要約**》　財政とは中央政府や地方自治体が民間から租税や社会保険料を徴収し，公債を発行して資金を借入れ行う公的部門の経済活動です。厚生経済学の基本定理では完全競争のもと市場経済において自由な経済活動が行われれば効率的な資源配分が達成されると言われますが，市場がそうした効率的な資源配分を導かない場合，財政政策が補正します。財政政策には「資源配分の調整」と「景気の安定化」，「所得の再分配」「市場の失敗の補正」があり，今後の各章で扱います。ただしは物々交換で市場の価格メカニズムが需給調整を行うという経済観だと市場の調整を補佐すれば良いのに対し，本講は信用が売買を仲介する現実を見据え，信認が危機に陥った場合に不安心理が蔓延し，実物取引にも影響するという経済過程に注目します。本章ではとくに市場で平等に競争するための基本条件として公的福祉，災害支援が予測しがたい不確実性に対する最後の保障となることを論じます。保険市場が機能しない逆選択とモラルハザードについては社会保険で説明します。

《**キーワード**》　資源配分の調整／景気の安定化／所得の再分配／市場の失敗の補正／一般政府／中央政府／地方政府／公的企業／租税／所得税／法人税／消費税／建設国債／社会資本整備／ナショナル・ミニマム／公的福祉／公助／自助／新自由主義／共助／生活保護法／公的扶助／社会福祉／福祉６法／復興基金／逆選択／モラルハザード／公的年金／社会保険／失業保険／公的医療保険／年金／積立方式／賦課方式／未納問題／マクロ経済調整スライド

11-1 財政の仕組みと働き

　財政政策とは中央政府や地方自治体が民間から租税や社会保険料を徴収し，公債を発行して資金を借入れ，これらを財源として行う公的部門の経済活動を言います。財政政策には一般に市場を補正する役割があります。項目として「**所得の再分配**」と「**景気の安定化**」，「**資源配分の調整**」の３つがあり，「**市場の失敗の修正**」を付け加えて４つとすることもあります。第11章は再分配，第12章は安定化，第15章は資源配分の調整で，公共財・市場の失敗と共有資本について述べます。

　７‐３で説明した厚生経済学の基本定理では，完全競争のもと市場経済において自由な経済活動が行われれば効率的な資源配分状態である「パレート最適」が達成されると言われています。けれども確率が判明しているリスクではなく不確実性に満ちた現代では例外があり，財政政策による市場の補正には次のような項目があります。

　１）「所得の再分配」。パレート最適性は資源配分の効率のみ評価し，所得分配が適正であるか，すなわち格差に問題がないかは論じません。格差の是正は税制を通じて行い，その是非は政治的に評価されます。けれども市場による資源配分や政治による格差是正を論じる以前に市場で平等に競争するための基本条件を保障する必要があります。知的身体的な格差の是正は公的福祉（11‐２），災害の不確実性への対処は災害支援（11‐３）が扱います。これらには予測しがたい不確実性に対する最後の保障として，不安心理を打ち消す役割もあります。保険市場を正常に機能させなくする逆選択とモラルハザードについては，社会保険（11‐４）で説明します。

2）「景気の安定化」。物々交換で市場の価格メカニズムが需給調整を完全に行うならば，財政政策は市場による調整を補佐するに止まります。けれども信用による売買が大勢を占め，信認が危機に陥る場合があり，投資や消費といった実物取引にも影響が及ぶと，総供給と総需要が乖離したままになります[1]。このように価格メカニズムが麻痺した状況においては金融政策には「最後の貸し手」の働き（10-4），財政政策には乗数効果に止まらない総需要の底上げが求められます（12-1，12-4）。また研究開発によってイノベーションを起こす必要もあります（15-4）。

3）「資源配分の調整」。物理的な特性につき非排除性や非競合性がある場合，すなわち公共財や準公共財，共有資本は，私的財を配分する市場では適切な水準まで供給されません。警察や国防，義務教育のサービス，道路や公園等の社会資本のうち，国が供給するものが公共財，地域で管理するものが準公共財です（8-4，11-1）。共有資本については15-3，15-4で検討します。

4）「市場の失敗の修正」。経済活動が市場を通さず他者に不利益を与える「外部不経済」については，交渉で済む領域だとコースの定理が成り立ちますが，被害の甚大な公害や復旧が現世代では不可能に近い原発事故では経済学の知見を超えます（15-3）。また「コモンズの悲劇」とともに文化のシェアについての侵害，持続性については15-3，15-4で述べます。元は共有資本であった自然や人間関係，文化や信頼に私的所有権や市場取引が後付けされる場合，共有資本を毀損しない配慮は，市場活動に対する社会的規制に込められねばなりません。

　まず日本における現実の財政政策の仕組みをみておきましょう。財政

---

[1] その具体的な経過についてはハイマン・ミンスキー（1999，原著1975）『ケインズ理論とは何か―市場経済の金融的不安定性―』岩波書店等を参照のこと。

政策の実施には国会や地方議会の議決が必要です。つまり財政政策は民主主義によって管理される建付けになっています。国会は，年に一度の予算編成を通じて財政を管理します。初夏に各省庁が概算要求を行い，秋口に財務省が査定して次年度予算の原案を作成，それをもとに年初の国会で政府が決定するという過程をたどります。財務省が官庁の中でも強い権限を持つのは，こうした予算編成の仕組みに由来しています。財政支出が収入を超えると赤字になって将来世代に負担を回すため，予算編成に当ってはどの時代に効果が表れるのかも配慮しなければなりません。

　支出する側の政府部門において，公共部門は一般政府と公的企業に分かれ，**一般政府**は中央政府と地方政府，社会保障基金からなっています。

　中央政府は一般会計と非企業特別会計，**地方政府**は普通会計と事業会計その他を通じて，政府最終消費支出と公的固定資本形成，土地の純購入等に支出します。政府最終消費支出は政府による消費財の購入や公務員のサービスで，後者は市場で売買されないため政府が自家消費したことにしており，保険給付以外の医療費や国防への支出等がこれに当たります。公的固定資本形成は社会インフラの形成で，道路整備やダム建設

一般政府	中央政府（一般会計・特別会計）
	地方政府
	社会保障基金（年金・健康保険・労働保険など社会保険）
公的企業	現業（国有林野事業・地下鉄など交通・水道など）
	特殊法人（公団・公社・空港・日本郵政など）
	第3セクター
	独立行政法人（国立大学・博物館・美術館・研究機関など）

表11-1　公共部門
参考：奥野信宏『公共経済学』岩波書店，2008

等，土地の購入と合わせて公共事業と呼ばれます。

　公的企業としては，中央における三公社と国営企業である五現業が有名でしたが，三公社の日本専売公社・日本国有鉄道・日本電信電話公社は民営化されました。後者のうち紙幣等の印刷事業や造幣事業が独立行政法人化し，郵便事業は日本郵政，国有林野事業は廃止，アルコール専売事業は日本アルコール産業となりました。地方公営企業には上下水道，病院，交通，ガス，電機，工業用水道，港湾，国民宿舎等があり，住民の福祉増進を目的として地方公共団体が料金収入で運営しています。

　中央・地方政府の主な収入は，所得税・法人税等の直接税，消費税等の間接税といった**租税**です。第二次大戦後の先進国で，租税の中心は**所得税**でした。所得税には「累進課税」が採られ，種類の異なる所得を合算し，必要経費を控除した課税所得の段階ごとに，累進する税率を適用します。所得当たりの平均税率が累増的で，さらに所得が上がるにつれ限界税率も上がります。それによって高課税所得者にはより高い税率が課されて，所得の再分配が行われるのです。累進課税が正当化される理由に，所得が上昇すると一円当たりの限界効用が下がるため，貧困者にとって少ない所得の一円は貴重だが，高額所得者にとって一円はさほど重要と感じられていないことが挙げられてきました。けれども限界効用を他人と比較するのは基数的であり主観性が排除できず，最高限界税率はかつては60〜80%だったものが世界的な趨勢として40〜60%へと引き下げられています。

　法人税は企業の利潤に対して課されていますが，２つの方向から批判を受けています。企業は課税されると商品価格に上乗せしたり賃金を削減したり株主への配当を減らすという対応を取りますが，法人税を転嫁

された労働者や株主は所得税と二重課税になり，不当と言われるのです。けれども企業には組織として活動し消費する面もあり，完全に転嫁されるわけではありません。

さらに深刻なのは租税回避の傾向で，金融取引の増大とグローバリゼーションの進展にともない顕著になってきました。かつて法人税は世界的に40％から60％の間でしたが，1981年にアイルランドが45％から10％へと突如引き下げGAFAの本部等の誘致に成功すると，先進各国でも20％から40％の間へと下方シフトしました。OECDのTax Databaseによれば，2016年の実効税率でイギリスが20％，韓国が24.2％，日本が29.97％，ドイツは34.43％，アメリカは38.92％となっています。

日本の所得税には業種間で捕捉率が異なるという問題があり，クロヨンとかトーゴーサンと呼ばれてきました。概算で給与所得者（サラリーマン）は10割が捕捉されるのに，自営業者は5割，農業従事者が3割のみに止まることを揶揄した表現です。そこで捕捉率にかかわりなく徴税する付加価値税が注目され，日本では**消費税**が導入されました。

一般政府は租税等の収入から政府最終消費支出や社会給付等を支出します。公共投資（公的固定資本形成と土地購入）の財源は政府が発行する**建設国債**です。地方公共団体は，交通・水道等の公営企業や建設事業費の財源に地方債の発行が認められています。社会保障基金は年金や医療，介護等の保険料を収入とし，それらの給付を支払いとします。

地方財政に目を向けましょう。中央政府と地方政府と社会保障基金の間では，相互に移転が行われています。1947年に地方自治法が制定され，地方分権の促進が図られました。ところが実際に足を踏み出してみると，地方での税収が不十分と判明，1951年頃からは財政赤字に陥る自治体が続出しました。地方は中央に財政支援を要請しましたが，住民の

ニーズが多様化していないという当時の事情も重なって，地方分権その
ものがいったん棚上げされました。公的に提供する財・サービスは全国
で一律とし，国から地方交付税交付金と補助金を移転して地方の税収不
足を補填したのです。

　この一律の公共財につき，戦後の地方行政は2つの施策目標を立てま
した。「**社会資本整備**」と「**ナショナル・ミニマム**としての行政サービ
ス」です。戦後初期に農村が広がっていた地方自治体でも産業の中心が
工業へと移行し，企業や工場の誘致には道路や港湾，ダムや工業用水，
住宅が必須となって，地方自治体は社会資本の整備を急ぎました。また
「健康で文化的な最低限の生活を営む」という憲法に謳われた生存権を
満たすため，基礎教育や衛生，福祉・清掃・警察など，ナショナル・ミ
ニマムと呼ばれる全国一律の住民サービスも地方行政の目的とされまし
た。地方の多様性には目をつむり，地方行政は中央の策定したガイドラ
インや基準，規制にいったん従うことにしたのです。「豊かさと便利さ，
等しさ」はいわば国是となり，それをもっとも効率的に追及することを
日本の地方行政は目指しました。

　それでもオイル・ショックで経済成長率が下がると，地方自治体の財
政赤字が再び問題になります。すべての地方の租税徴収力が十分な水準
に達したのではありませんが，1990年代からは見切り発車するように長
く続く地方分権が開始され，地方自治体の支出は無条件では補填されな
くなります。

　地方の特色は自然や文化，人間関係等の共有資本に表れますが，日本
では明治時代以来，中央集権的であったため，地域が共有資本をいかに
持続させるのかは熱心には論じられませんでした。自然資本が汚染され
る場合に限り環境問題という「市場の失敗」が取り上げられるに止まり
ました。けれども共有資本は市場を通さない私的部門の影響関係を超え

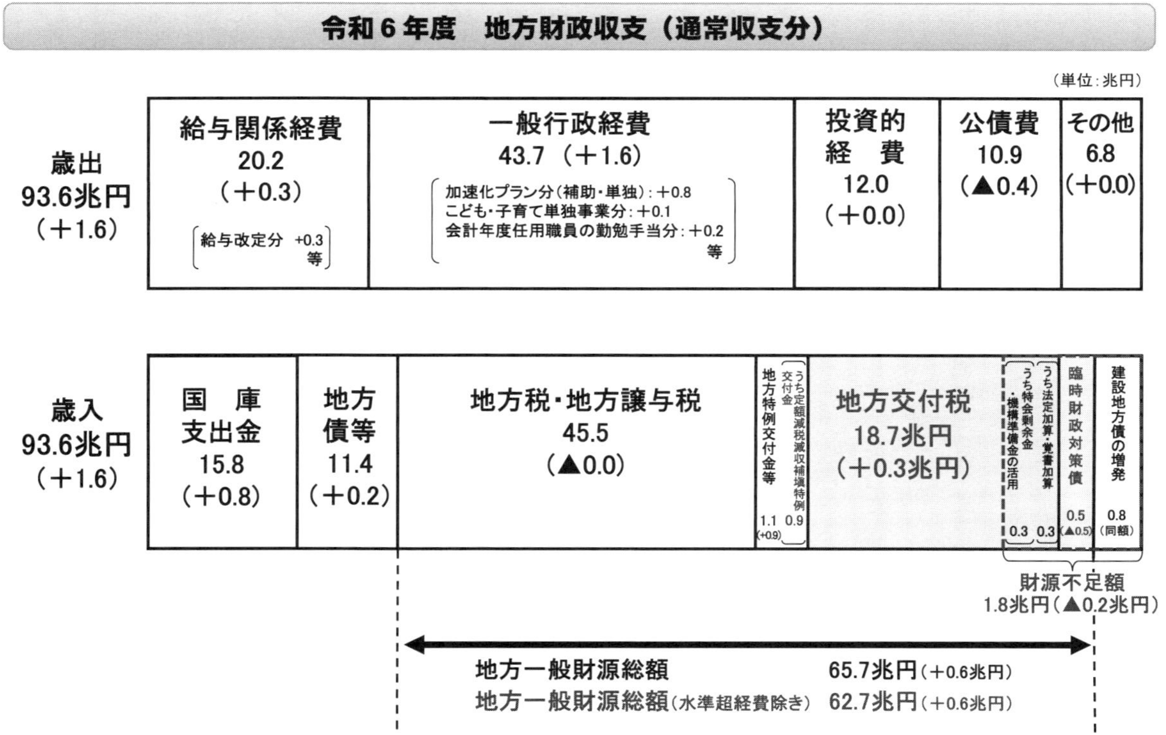
令和６年度　地方財政収支（通常収支分）
（単位：兆円）
歳出
93.6兆円
（＋1.6）
給与関係経費
20.2
（＋0.3）
給与改定分 +0.3 等
一般行政経費
43.7（＋1.6）
加速化プラン分（補助・単独）：＋0.8
こども・子育て単独事業分：＋0.1
会計年度任用職員の勤勉手当分：＋0.2 等
投資的経費
12.0
（＋0.0）
公債費
10.9
（▲0.4）
その他
6.8
（＋0.0）
歳入
93.6兆円
（＋1.6）
国庫支出金
15.8
（＋0.8）
地方債等
11.4
（＋0.2）
地方税・地方譲与税
45.5
（▲0.0）
地方特例交付金等
1.1
（+0.9）
うち定額減税減収補塡特例交付金
0.9
地方交付税
18.7兆円
（＋0.3兆円）
うち特会剰余金・機構準備金の活用
0.3
うち法定加算・覚書加算
0.3
臨時財政対策債
0.5
（▲0.5）
建設地方債の増発
0.8
（同額）
財源不足額
1.8兆円（▲0.2兆円）
地方一般財源総額 65.7兆円（＋0.6兆円）
地方一般財源総額（水準超経費除き） 62.7兆円（＋0.6兆円）

注１：表示単位未満四捨五入の関係で積上げと合計が一致しない場合がある。
注２：（　）内は令和５年度地方財政計画からの増減額

図11-１　地方財政収支　出所：総務省「令和６年度地方財政計画の概要」p. 10

る広がりを持ちます。国と地方が協力しつついかに共有資本の持続を図るのかについては特段に論じる必要があり，第15章で扱います。

11-2　公的福祉

　財政政策の役割のうち「所得の再分配」を，公的福祉（11-2）だけでなく災害支援（11-3）と社会保険（11-4）についても説明します。

　日本の社会経済は明治維新以降，自由主義を建前としてきました。成人については**自助**，支援をするにしても家族やコミュニティによるという「**共助**」を原則としてきたのです。貧困者対策については，家族・親族の義務という考え方が根強く，公助を受ける以前に3等親以内の親族が扶養義務を負うとされています（民法877条）。

　それに対し戦後日本では大家族制度が崩壊し，しかも戦禍によって自由に活動する条件が整わず，そうした時期に日本国憲法第25条は第1項で「すべての国民は，健康で文化的な最低限度の生活を営む権利を有する」と規定しました。当人に責任がないのに「最低限度の生活」が保障されない環境に置かれる場合は，人格や自尊心を保護するよう**公的福祉**が対応することになったのです。

　公的福祉のうち（1）想定外の経済危機で貧困に陥った人へは**公的扶助**，（2）高齢者・児童・身障者・母子家庭などハンデキャップを持つ人々へは**社会福祉**，（3）突然襲ってきた災害には災害支援が対応します。これらは「**公助**」です。公的福祉には公的扶助と社会福祉が含まれます。災害支援が含まれない理由は次の項で説明します。

　実際のところ敗戦直後の日本では共助では不十分で，戦禍から家族をなくし貧困に陥った人々への公的扶助が不可欠でした。**生活保護法**は1946年に制定され（改定1950），制定時は第二次大戦の終戦直後だっただけに，自助や共助で想定されない親のない子や傷痍軍人が多く生活に

困窮していました。1947年には児童福祉法，1949年には傷病軍人への援助として身体障害者福祉法が制定されました。戦争は国民の誰もが共通に体験した辛苦であったため，立法には共感が得られました。

　1950年代の後半になると日本では高度経済成長が始まり，戦争被害は薄らぎ平時に戻ります。貧困者と言っても，家族・親族に扶養を求めて拒否されたり，保護基準に満たない支援しか受けられない場合に対象が限られるようになりました。**公的扶助**は生活保護とそれを受けない低所得者への支援ですが，現在では成人で健康な生産年齢（15歳～65歳）の単身者で生活保護を受けるには，自助を目指す就労活動が義務づけられ，就労支援プログラムを履修することになっています。これについては次項11-3で再述します。

　生活保護には母子家庭の救済という色彩がありました。所得のある内縁関係の夫がいる女性は除外されるため，地区のソーシャル・ワーカーが家庭訪問を実施し，厳格な資力調査を行っています。社会手当制度や生活福祉資金貸付制度，公営住宅制度もあり，「衣食」については金銭で購入する選択の自由が保障され，「住」も公的に安く提供されています。

　戦後もしばらく時が経つと当人に責任がないことの焦点は貧困よりもハンデキャップに移り，社会福祉が注目されていきます。1960年に精神薄弱者福祉法（1999年から知的障害者福祉法），63年に老人福祉法，64年に母子福祉法（1981年から母子及び寡婦福祉法）が制定され，**福祉6法**として体系化されました。

　社会福祉の対象については，納税者の全員に戦争のような共通体験があるわけではありません。けれども身体特性や家庭環境は当人の努力で勝ち取るものではなく，誰が特定の状況に置かれるのかには不確実性が伴います。体験はなくとも「もし自分が，ないし自分の子どもがそうし

た立場にあったら」と想像を働かせるならば，社会福祉は予想される損害にあらかじめ備える制度すなわち「セイフティーネット」と理解されます。

政治哲学者のJ. ロールズは『正義論』（1971）で，自分の能力や生活水準がどのような状態にあるのかを全員が知らないという「無知のヴェール」の状態を仮設し，その場合にどのような社会制度が全員一致で合意されるのかを検討しました。ここで言う「無知のヴェール」は自分がどんな親のもとでどんな知的身体的能力に生まれるのか分からない等，自由な経済社会であっても競争に参加する条件に当人に責任が帰されない不平等が含まれる場合を指します。

このような理知的な共感は，時代を追って広がりを見せます。公立の保育所は，児童福祉法では保育条件に欠ける児童のためのものとされていました。1960年には，保育所入所児童世帯のうち，所得税を支払っている世帯は20％未満でした。ところがその後その割合は急増，1990年代以降は70％以上となりました。所得にかかわらず社会傾向として共働き世帯が増加し，保育所は貧困家庭だけのものではなくなりました。

高齢者を対象とする老人福祉も，1960年代の老人ホームは低所得者中心の施設でした。けれども1970年代に寝たきり老人が急増，特別養護老人ホームが量的にも整備されるようになり，1980年代に在宅福祉に力点が置かれるようになりました。1989年に「ゴールドプラン」つまり高齢者保健福祉推進10ヵ年戦略が策定されて，ホームヘルパー10万人，ショートステイ5万床，デイサービス1万ヶ所，長寿社会福祉基金が設置されました。その後逐次拡充され，2000年には公的介護保険が発足しました。

こうした一連の施策の背景には，高度成長期以降の核家族化で大家族が崩壊したこと，子どもと同居しない老人が非婚者同様に独居するよう

になったこと，地縁も弱体化していること等，人間関係資本の希薄化があります。家族や地縁という共助（共有資本）を前提とした自助にもとづく社会経済は共助の弱体化ゆえに再編を余儀なくされ，公助としての公的福祉は誰にとっても我が事として担うべき制度となったのです。

　自助努力を主張する価値観として諸外国にも**新自由主義**（Neoliberalism）があり，人権を建前とした公的福祉に対して批判的です。けれども諸外国で自助を主張する人は同時に利他的で，チャリティーに多くを割くことが少なくありません。それにはキリスト教のような宗教的，歴史的な背景があります。そうした利他心が希薄な日本で新自由主義が強まるのはセーフティーネットなしに綱渡りするような危険を伴います。

11-3　災害支援

　さらに20世紀末からの日本で特段に制度化された社会的支援として，大震災からの復興支援があります。阪神・淡路大震災（1995）や東日本大震災（2011），能登半島地震（2024）のように，専門家であってさえ予期できないほど不確実性が高い巨大災害では，生存者は身内を失うという耐えがたい心的苦痛のみならず，家屋や企業の設備・人的組織，さらに販路までを一挙に喪失するという経済危機にも直面させられます。災害復興にかんし国の財政政策が何を行いうるかについては，1959年の伊勢湾台風の被害を機に成立した災害対策基本法（1961）が概略を規定しており，防災計画の作成から災害応急対策，災害復旧までに限って対象とするとしています。

　災害直後には，災害救助法にもとづき国が中心となって，現物給付すなわち避難所や仮設住宅，飲食料の供与を行ないます。現金給付については災害弔慰金法により，政府は死亡者の遺族に対して災害弔慰金，また障害を受けた被災者に対しては災害障害見舞金を支給しています。[2]

---

[2]　東日本大震災では，死亡者が生計維持者であった場合は500万円，その他は250万円でした。

けれども復興の最終段階に当たる被災者の住宅再建には公的補償は及びにくいところがあります。阪神・淡路大震災に際し当時の村山富市首相が述べたように、「自然災害により個人が被害を受けた場合には、自助努力による回復が原則」だからで、税金を使う以上、焼け太って被災地外の国民との間に不公平を生じさせてはならないという条件があるからです。実際のところ被災の現場では、当初こそ相身互いという感情が溢れていますが、復興が進むにつれ個人差に不満が募るのが人情です。そこで政府サービス、道路・ガス・水道といったインフラの復旧は公共財として災害応急対策で実施し、避難所から応急仮設住宅、さらに災害公営住宅を設営することまでが別途、復興における住宅政策の柱とされてきました。それでも住環境の質を高めるという発想がなかったため避難所の体育館で仕切りがないといったプライバシー保護の問題が、さらに指摘されてきました。

　住宅が全壊しローンを完済していない被災者は、返済と次の借家の家賃が二重払いになります。大震災の発生は数十年という長期でしか予測ができず、自治体ごとの防災対策が地域の災害の特性を踏まえていない可能性は小さくありません。大震災は個々人にとっては不確実性に満ちており、震災保険により個人の責任で備えようにも限界があります。

　そこで義援金という「共助」が住宅・生活再建を支援するための資金として用いられてきました。ところが義援金には、被災地の人口規模により一人当たりの支給額が大きく異なるという特性があります。その穴を埋めているのが、1991年の雲仙・普賢岳噴火以降、被災者の救済・自立支援を目的として創設されることが慣例化した「復興基金」です。1998年には「被災者生活再建支援法」が制定され、災害により住宅が全壊し、倒壊防止のため解体せざるをえなくなって経済的理由から生活の再建と自立が困難になった世帯に対し、年収に応じた支援金が支給可能に

第11章 財政政策による再分配 | **235**

国の歳出（支出済額合計）		⇒
1　災害救助等関係	10,250	
2　災害廃棄物処理事業	11,425	
3　復興関係公共事業等	71,099	
4　災害関連融資関係経費	16,299	
5　地方交付税交付金	55,392	
6　東日本大震災復興交付金	33,260	
7　原子力災害復興関係経費	59,451	
8　その他	68,764	
小計（国債整理基金特別会計繰入以外）	325,950	
9　国債整理基金特別会計への繰入等	37,218	
合　計	363,167	

地方政府の国からの歳入		地方歳出
国庫支出金	141,151	230,348
復興特別交付税	50,079	
合　計	191,230	

注）地方歳出は，都道府県と市町村の純計額。ただし，重複を避けるため，積立金への支出額は除いてある。
（出所）財務省「令和元年度決算の説明」，総務省「地方財政統計年報」各年度版より作成

図11-2　東日本大震災復旧・復興関係経費の執行状況（2011～2019年度合計）[3]

なりました。基金からの支援金は，半額を国が補助するものとされています。

　一方，巨大災害で被災した一般企業につき支援を行うことも，既存の政策枠組みでは困難が目立ちました。被災前には経営がうまくいっていた企業であっても，被災を克服して経営を再開してみたら販路の多くが戻ってこなかったという例は少なくなく，かといって公的な支援が収益の回復に直接につながると個人財産を形成してしまうというジレンマが生じます。

　そこで東日本大震災では，古い事業形態への「復旧」ではなく，新たに商品開発と販路獲得する「復興」について，無償で専門家を派遣する

---

[3]　井上博夫（2021.12）「東日本大震災復興財政10年の検証」RESEARCH BUREAU 論究（第18号）

支援が試みられました。融資を別とすれば，販路の損失を金銭で補填するのではなく，被災後に業態改革を遂行する際の間接支援を行ったのです。顧客からの需要は不確実であり市場がたえず流動するものである以上，「企業の復興」にしても，被災前の事業水準に戻すことではありえません。被災企業への支援は，自己変革努力への支援に重点が置かれています。

11-4　社会保険──医療保険と年金

　保険は偶然に発生する事故によって生じる経済的打撃に備え，多数の者が掛け金を出し合い，それを原資として被害者に一定の金額を給付する制度です。不測の事態ではあっても生起する確率が統計的な「リスク」として判明している事象には，民間の「保険」が対応します。不測の事態であっても加入者が多ければ多いほど給付対象となる事象の発生確率が一定値に収束するという「大数法則」が成り立ちます。事例数が多く発生確率が知られている場合，リスク回避的でありたい人が加入者になると，民間保険が成立します。[4]

　ところが民間保険が成り立ちにくくなる例外があります。一つは保険加入者が自分のリスクが高いことを隠蔽する場合で，「**逆選択**」と呼ばれます。民間の保険ではリスクの高い人がより高額の保険料を払う仕組みになっていますが，リスクの情報は加入者本人が保険者よりも把握し易いため，保険者に対して加入者が隠蔽すると，保険は効率的に設計されません。保険会社は高齢の医療保険申請者に対し，自分の健康状態を正直に言っていない可能性が他世代よりも高いと疑っています。

　また公的扶助があると，いざとなれば生活保護を受ければ良いと楽観し，将来に備えて貯蓄しない人が一定の割合生まれます。「**モラルハザード**」です。そこで老後に備える人との不公平をなくすには強制貯

---

[4]　ただし初期の衛星発射のような始まったばかりの事象では事故数が稀少であるため，事故の確率が安定的に算出されず，不確実性があります。不確実性のある事象では民間保険が成立しません。

蓄・強制加入の**社会保険**が必要になります。

　社会保険は，低所得者でなくとも直面しうる生活上のリスク，すなわち予想外に長生きして財産が不足する高齢のリスクや，突然病気や障害を負うリスク，失業のリスクを想定し，失業保険（雇用保険）や医療保険，年金保険を公的に整備するもので，民間保険では不可避の逆選択とモラル・ハザードを防止するため，加入を国民に強制する保険です。情報の秘匿が行われる民間保険では個別の情報が把握できなくなりますが，全員に加入が強制される社会保険では，全体のリスク分布が明確になります。社会保険においては全員が強制加入させられる限りで逆選択は解消されます。以下，概略のみ述べましょう。

　失業保険では，逆選択とモラルハザードの双方が深刻になります。倒産のリスクが大きい会社やその従業員が率先して加入すると，逆選択が生じます。また失業しても十分に失業保険が支給され生活が保障されると，懸命になってまで求職しなくなるというモラル・ハザードが生じがちになります。失業保険は民間では供給されず，失業のリスクにさらされる労働者には生活不安がつきまといます。そこで公的失業保険を整備する意義があります。

　ところが**公的医療保険**は存在することが理由となり，モラル・ハザードが起きやすくなっています。患者からすれば医療の消費は補助金であるかに意識され，とりわけ時間の機会費用が比較的低い高齢者は医者にかかりがちになります。

　医者の側でも，日本では診察・手術・注射・検査など細分化された医療行為ごとに点数が設定され合計が医療費となる「出来高払い」方式が採用されているため，治療・検査行為をすればするほど保険給付額が増え，検査や投薬を増やし高価な検査機器を購入する動機付けを与えてし

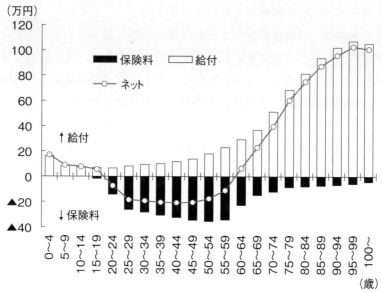

図11-3　年齢階級別1人当たり医療保険の給付・負担
資料：厚生労働省「医療保険に関する基礎資料　〜令和2年度の医療費等の状況〜」

まっています。

　こうしたことから全体として見れば保険料の支払いと給付に著しい偏りがあり，高齢になればなるほど身体面での機能低下等で医療コストが増大し，現役世代の保険料負担の増加が避けられなくなっています。現役世代から高齢者，とりわけ後期高齢者に向け，実質的に多額の「所得移転」が生じているのです。偶然に発生する事故に際し大数法則を利用し被害者に一定の金額を給付するという保険本来の狙いからは逸脱してしまっています。

　そこで高齢者の負担額を増やす，あるいは高齢者への保険給付を抑制することも検討せざるをえなくなりました。患者のコスト意識を高める

ため風邪や二日酔いのように軽微な疾病には自己負担比率を上げたり，医者の側も重症患者向けの病院に軽症患者がかからないよう絞り込む等，２年に１度の改定が続いています。薬価についても後発薬（ジェネリック医薬品）の使用割合を増やしたり，患者の服薬指導を行う等の改革が行われています。それでも抜本的な解決に至らないため，高齢者も含め全世代で負担すべく，消費税の増税が予想される事態となっています。

年金については，そもそも戦前は平均寿命が50代で，定年がなく高齢でも働く自営業者と家族従業者が労働者の大勢を占めており，引退後の生活保障を広く制度化する必要がありませんでした。年金制度の本格的な整備が必要となったのは，寿命が伸び定年のあるサラリーマンが増加した戦後です。

年金には産業ごとにそれぞれが別々に設立されたという経緯があり，職場を移動すると短期間の所属では一時金しか支給されないという不都合がありました。それを解消すべく，個々の制度では受給資格期間に満たないが加入期間を合計して所定の年限に達する人には年金が通算される通算年金制度が制定されました。

1961年には拠出制の国民年金が実施され，すべての国民がいずれかの制度に加入する国民皆年金が，国民皆保険と時を同じくして発足しました。1986年には国民年金が基礎年金とされ，一階部分の基礎年金は税の補助を受け，二階部分は保険料収入によって積み立てられる二階建て方式に統合されました。自営業は国が所得を把握することが困難であるため，一律の保険料を基礎年金として全額自己負担し，受け取る年金を一律としたのです。一方，報酬が把握されるサラリーマンや公務員は，二階部分の保険料を被用者・雇用者が半分ずつ負担，勤労期間中の所得水準が高かった人は比例して高額の保険料を負担し，見合った給付額を受

けることとされました。

　この二階部分で，一般サラリーマンは厚生年金，国家公務員・地方公務員・私立大学教職員は共済年金に加入するとされていましたが，両者は平成27年10月から厚生年金に統一されました。

　年金制度には，考え方としては勤労期間中に積み立て老後に引き出す「**積立方式**」と，現役世代の支払いによって同時期に引退世代が支えられる「**賦課方式**」があります。積立方式は積み立てて早世した人が長生きした人を支えると考えれば世代内で，賦課方式は世代間で再分配を行う制度です。日本では，積立てた人が将来にもらえるという積立方式であるかに説明して1944年に厚生年金保険が発足しましたが，積立金の蓄積が少ない当初は支払いがわずかしかなく，1954年には賦課方式を加味した修正積立方式に改訂されました。

　ところが賦課方式の様相が強まると，少子高齢化，人口減，成長率低下によって収支が赤字になり，年金制度は存続が危ぶまれるようになります。そこで給付引き上げ幅を抑制し，支給開始年齢を引き上げ，保険料を引き上げるといった改革が試みられました。それにもかかわらず勤労所得税的な色彩の濃い賦課方式ではそもそも若年世代への負担が重く，しかも人口減少・高齢化のもとでは，若い世代は将来に払い込んだ額よりも小さな額しか得られません。

　保険の発想は「予想外に早く死んだ人」が「予想外に長く生きた人」を支えるという世代内での支え合いですが，その長所を生かせず，高齢世代が現役世代から所得移転を受けているのが実情です。

　では世代ごとの積立方式に戻れば良いのでしょうか。積立方式だと，自分の世代で積み立てた分を取り崩すだけで，現役世代には負荷をかけないと期待されます。けれども同時期に勤労世代から移転されるだけの賦課方式とは異なり，積立方式だと積立金の運用の失敗で積立額が満額

第11章 財政政策による再分配 | 241

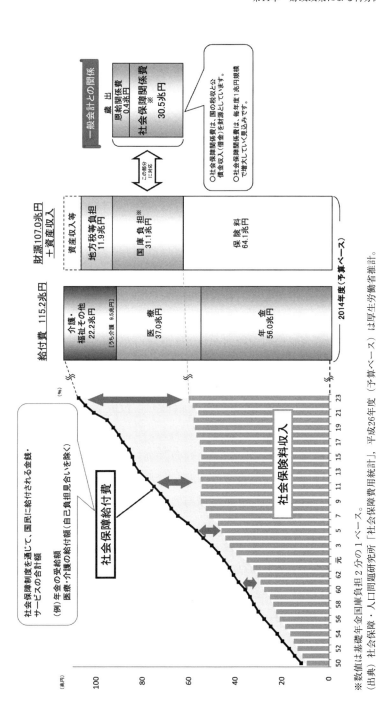

図11-4 年金や医療関係の給付と財政の関係　出所：厚生労働省

※数値は基礎年金国庫負担2分の1ベース。
（出典）社会保障・人口問題研究所「社会保障費用統計」、平成26年度（予算ベース）は厚生労働省推計。

返らない可能性も否定できません。産業ごとに異なる仕組みだった年金につき長期にわたる納入記録を完全に管理する困難もあります。

それらの困難のせいか，**未納問題**が無視できなくなっています。徴収額を増やそうしても，未納者が増えてしまえば制度そのものが崩壊する可能性があります。そこで従来の未確定保険料・確定給付から，2004年には確定保険料・未確定給付へと変更がなされ，さらに「**マクロ経済調整スライド**」が導入されました。これは環境の変化に合わせて給付を自動的に減らすもので，未納率が上がっても年金制度は維持され，実質的に現役世代および企業の負担をこれ以上増やさない仕組みになっています。

以上の社会保険で，民間保険ではありえないほどの赤字が顕著になっています。赤字の内訳を見ると，社会保険の対象である年金と医療費が大半を占めています。それに対し社会保険料収入は GDP を反映して伸び悩んでおり，平成以降は収支の差が急拡大しています。

公的医療保険において高齢者への医療コストが増大し，現役世代の保険料負担がたかまっていること，年金において賦課方式はそもそも現役世代が高齢者を支える仕組みであることを反映し，現役世代から高齢者への「所得移転」が明確になっています。

その結果，正規雇用の労働者にかんし社会保険を代わりに支払っている企業は，現役世代について正規雇用を減らし非正規雇用を増やすという対応を打ち出し，結果として非正規雇用は40％に近づくまでになっています（12-3）。

理論のまとめ

　厚生経済学の基本定理は，完全競争のもと市場経済において自由な経済活動が行われれば効率的な資源配分状態である「パレート最適」が達成されると主張しています。それと同時に，経済学は所得格差の是正という価値観の実現もできないとしています。さらに本講では，金融危機に端を発する経済危機や「外部経済」と一括りにされた共有資本の持続可能性にも言及します。

　財政政策では，中央政府や地方自治体が民間から租税や社会保険料を徴収します。公債の発行によって資金を借入れ，これらを財源として行う公的部門の経済活動を実施します。目的としては「資源配分の調整」（公共財の供給），「景気の安定化」，「所得の再分配」，「市場の失敗の修正」があります。

　財政政策の役割のうち「所得の再分配」について当人に責任を負わせられない環境に置かれた人には公的福祉が対応し，「最低限度の生活」を保障して人格や自尊心を保護しています。そのうち想定外の経済危機で貧困に陥った人へは生活保護を軸とする「公的扶助」，高齢者・児童・身障者・母子家庭などハンデキャップを持つ人々へは「社会福祉」，突然襲ってきた災害には被災者への支援が対応します。

　災害支援については「自然災害により個人が被害を受けた場合には，自助努力による回復が原則」であるため，現物給付すなわち避難所や仮設住宅，飲食料の供与を行ない，住宅・生活再建を支援するための資金としては義援金という「共助」が用いられています。

　社会保険は民間保険ではモラルハザードや逆選択が起きやすい医療や年金が制度化されていますが，高齢化や現役世代の負担増からいずれも危機に瀕しています。

参考文献

財政学についての包括的な説明は諸冨徹（2017）『財政と現代の経済社会』放送大学教育振興会に詳述されています。

柏木ハルコ『健康で文化的な最低限度の生活』ビッグコミックス，既刊12巻。生活保護にまつわる具体的な事例が漫画でリアルに紹介されています。

12 | 景気循環と安定化

12-1　景気循環論
12-2　財政政策による景気の安定化効果
12-3　正規雇用と非正規雇用
12-4　財政政策批判と現代貨幣理論（MMT　Modern Monetary Theory）

《要約》　J. A. シュンペーターは好況の原因を新機軸に求め追随者が増えることで景気後退が起き，投機の失敗が続くと深刻な不況になるとしました。景気変動の安定化にマクロ経済政策は有効でしょうか。金融政策はインフレーションや経済危機への対応が本務です。財政政策が不況対策になるかを測る指標のひとつが乗数効果です。日本では，その効果は1990年代から顕著に下がり，累積赤字の原因とされています。しかも21世紀に入ってからは，表面上は失業していなくても社会保険や企業内教育が支払われない非正規雇用を増やす形で企業は支出を削減しています。では赤字を累積させる財政支出は景気の安定策として無用でしょうか。「現代金融理論MMT」は，国債を購入して自国通貨を発券する国では，総需要が総供給を超えインフレになるまでは財政支出を拡大して構わないとし，失業を余儀なくされている人々を最低賃金で雇い入れる「就業保証プログラム」を提唱しています。

《キーワード》　静学／静態／循環／企業家／創造的破壊／新機軸／動態論／好況／リアル・ビジネス・サイクル／投機／景気動向指数／キッチン・サイクル／ジュグラー・サイクル／コンドラチェフ・サイクル／建設循環／消費関数／限界消費性向／基礎消費／特例国債／赤字国債／非正規雇用／教育投資／政策的経費／プライマリー・バランス／現代金融理論MMT／機能的財政

12-1 景気循環論

　財政政策の目的のうち，「景気の安定化」につき検討します。投資が投資を呼ぶような好況の連鎖や，逆に金融が緩和されても投資や消費を誘発しない民間経済の萎縮といった循環はなぜ起きるのでしょうか。経済危機がもたらした不況の特性を論じたのはJ. M. ケインズでしたが，好況と不況の連鎖という意味での景気循環に早くから[1]注目したのがJ. A. シュンペーターです。

　シュンペーターは『理論経済学の本質と主要内容』（1908）で，時間を考慮することなしに均衡状態を分析する方法を「**静学** statik」と呼びました。シュンペーターが一般均衡分析を評価するのは，一つの変数が変動すればそれに従い他の諸量もすべて変動するというように，相互の依存関係が明示されているからです。一般均衡分析では攪乱の後に均衡が回復する経緯は論じられますが，回復にかかる時間は明記されません。時間の次元を含まない相互依存関係が描写されているのです。

　それに対してシュンペーターが『経済発展の理論』（初版1912，改訂版1926）で「**静態**的」や「**循環**的」，あるいは定常的と形容するのは，時間の経過をともないつつも経済生活が年々歳々同じような経過をたどる状況です。静止しているのではないが各財の供給と需要が均衡に達している状態です。均衡では超過利潤が存在せず，正常利潤しか得られません[2]。生産や交換，消費する量に変化がないのですから，設備資本を増加させる投資や貯蓄は存在しません。

　それに対しシュンペーターは，資本主義の本質は**企業家**（entrepreneur）がみずから変動の震源となり，社会や文化に非連続な変化を及ぼ

---

[1]　J. M. ケインズ以前に，という意味ですが，ケインズとシュンペーターは同1883年生まれです。

[2]　ジョセフ・アロイス・シュンペーター（1983，原著1908）大野忠男他訳『理論経済学の本質と主要内容』岩波書店，同（1977，原著初版1912，改訂版1926）塩野谷祐一『経済発展の理論』上下，岩波書店

して，経済を断続的に変動させるプロセスにあると考えました。彼はそうした非連続な変化を「**創造的破壊**」と呼び，それを引き起こすのは企業家が打ち出す「**新機軸**（innovation）」だとしました。

そのように循環軌道の変更を考察するのが「**動態論**」で，新機軸には次のようなものが挙げられました。

（1）新しい（品質，もしくは知られていない）財貨の生産。
（2）新しい生産方法（生産工程）の導入。
（3）新しい販路（市場）の開拓。
（4）原料あるいは半製品の新しい供給源の獲得。
（5）新しい組織の実現，独占状況の実現や打破。

ここでは，既存の供給曲線を右下方にシフトさせるような新しい生産方法（2）の導入や原料の獲得（4）だけでなく，需要曲線を右上にシフトさせるような新しい販路の開拓（3），さらにはこれまでにない財の新規生産（1）や，市場における独占の破壊と新規参入（5）が挙げられています。（1）では代替財を開発し他の市場から需要を奪う場合もありえます。

静態的な経済学は自然や文化から自生する差異，価格差や需給差に従った資本投下しか想定しませんが，現実の経済では企業が品質戦略や銘柄の維持，広告戦略や輸送方法，産業組織形態を競い合っています。シュンペーターはそれらにも視野を広げ，新しい均衡点への変動は古い均衡点からの「微分的な歩み」ではなく非可逆的な因果関係によるもので，「郵便馬車をいくら連続的に加えても，けっして鉄道を得ることはできないであろう」と形容しました。

新機軸を部分均衡分析の一産業で図示すると，企業みずから需要曲線

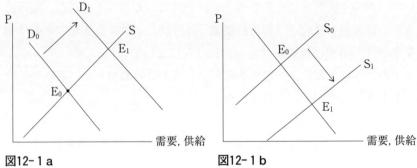

図12-1a　　　　　図12-1b

や供給曲線をシフトさせることだと言えます。新しい販路を開拓する場合だと，需要曲線が右上に拡張的にシフトします。図12-1aではE_0からE_1へとマーシャル的には超過需要価格が発生して企業が生産量を増やし，ワルラス的には超過需要が生まれて（誰がオークショナーかは問わないでおくと）価格が上昇します。新たな価格に到達するまで新機軸を起こした企業は利潤を得ます。利潤を得ることを目的に新しい販路を開拓したと言えます。

　新しい生産方法を導入した場合だと，供給曲線が下方にシフトします。図12-1bではE_0からE_1へとマーシャル的には超過供給価格が発生して企業が生産量を増やし，ワルラス的には超過供給が生まれて価格が下落します。やはり新たな価格に到達するまで新機軸を起こした企業は利潤を得ます。利潤を得ることを目的に新しい生産方法を導入したとも言えます。化石燃料を用いた輸送や製造により価格差が速やかに解消され新しい均衡点へ移るとすれば，新機軸を打ち出すことによってしか差異や利潤は生まれません。

　では新しい財貨が生産される移行の過程において，好況や景気後退，不況とはどんな状態でしょうか。A.H.ハンセンはシュンペーターの景

第12章 景気循環と安定化 | **249**

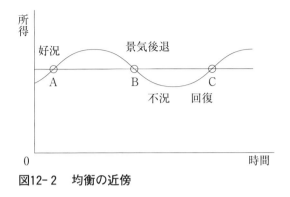

図12-2 均衡の近傍

気循環を，図12-2のように，均衡の「近傍」で表しました。[3]

『景気循環論』(1939)[4]においてシュンペーターは，いずれかの企業が先導して新機軸を打ち出して成功すると周辺の企業も模倣すると言います。ここで「第一次接近」として，AからBへの循環に注目しましょう。好況の局面Aでは，例えば新商品開発という新機軸により新たな消費財が大量に供給され，元の均衡点で企業に雇用されていた労働者や土地は新たな企業へとより高い賃金や地代で引き抜かれます。銀行の貸出も，低金利で借りていた企業から新機軸を模倣した企業へと移行します。

では旧企業は倒産するかというとただちにそうはなりません。信用量が銀行の信用創造によって増加しているからだとシュンペーターは言います。これがAからの所得の上昇という「**好況**」に当たります。シュンペーターは新機軸を打ち出した企業だけでなく，模倣して参入した企業の一部も新たな均衡点で生き残り，古い技術を持つ企業は淘汰され，労働や土地，資本は新しい企業に移動するとしました。

ところが好況面を超え模倣する企業が過剰に参入すると，やがて供給

---
[3] A. H. Hansen, "Business Cycles and National Income". WW. Norton & Company, I tic, I951に掲載された模式図。
[4] J. A. シュムペーター (1964, 原著1939) 吉田昇三監修『景気循環論』I～V，有斐閣

は過大になります。需要の奪い合いとなり，利潤は上がらなくなります。価格は限界費用まで下がり，利潤は消滅して，やがてBに達します。「景気後退」の局面です。ここで借入資金の銀行への返済が始まると，過剰に参入した企業は赤字になって撤退していきます。

　シュンペーターが景気後退は「お湿りのようなもの」と評して政府は静観すべきと説き，財政支出による景気対策を批判したのは，過剰に参入した企業数を適正水準まで減らすこの景気後退の局面です。ここで倒産するのはそもそも過剰であった企業であり，財政支出によって延命させるべきではありません。

　ところがシュンペーターは第二次接近として，詐欺的な模倣（**投機**）を行う企業が群生し，それらにも信用が供与される場合をも考察しました。投機とは，商品の実体が何であれ，買値よりも高値で転売すること自体を目的とする行為です。実体のない投機の局面で銀行が融資してしまう「第二次接近」では，超過需要価格の縮小が始まりすでに景気後退局面に入って模倣企業が淘汰されていても，専門家ではない企業や過剰な消費に対し新規に信用が投与されてしまいます。

　この過程は誤った信用創造が生み出したみせかけのブームであり，やがて高騰した価格は下落しますが，借金した企業がすべての資産を売り払っても負債はなくならず，清算には相当な年月がかかります。容易に均衡に近づかず，そうした場合には好況から景気後退というA－Bの過程を超え，異常な模倣を吸収する過程であるB－Cの「不況」へと陥ります。詐欺まがいの模倣でも儲かるという過剰な楽観が弾けると，詐欺的な模倣に貸出した銀行も不良債権を背負います。この局面が深刻になると金融危機を呼び込みかねません。

　清算には一般的な解答はないとシュンペーターは言います。悪循環が拡散したり不況時に特有の事業が現れたり，政府からの援助が行われる

といった経過をたどり，いつ来るか分からない回復を待つことになります。異常を整理する過程としての「不況」では，銀行はおびえ，民間に萎縮があっても不思議ではありません。

　銀行の中に安全な水準まで流動性を維持するために貸付を積極的に回収（貸し剝がし）し，債務者を行き詰まらせるものも出現すると，清算後にも将来不安から投資や消費は落ち込むかもしれません。ここで不況は長期化し，深刻化します。新機軸が登場したとしても模倣も現れにくくなります。この「第二次接近」の不況では，シュンペーターも政府の支援が必要とみなしていました。

　1980年代に技術革新は実体経済の水準にのみ影響すると考え，将来予想は的中しすべての市場で需給が一致し資源は常に効率的に配分されているとみなす「**リアル・ビジネス・サイクル**」の理論が現れました[5]。超過需要価格が拡大からやがて縮小に転じることを見越した模倣企業のみが参入してくるということですから，第一次接近の後半で過剰に参入した企業を調整するB近辺の景気後退もないことになります。またB－Cの不況も存在しないことになります。

　景気循環は日本では内閣府が月々に発表する**景気動向指数**によって記録され，異なる周期が観察されています。それぞれが異なる原因を持つと言われ，発見者の名前から在庫の変動は3‐4年の**キッチン・サイクル**，設備投資の増減は8‐10年の**ジュグラー・サイクル**，大きな技術革新や大戦争，国際金融制度の変遷などによる約50年の超長期循環は**コンドラチェフ・サイクル**と呼ばれています[6]。それ以外にも20年ほどの**建設循環**があると言われています。

12-2　財政政策による景気の安定化効果

　マクロ経済学が成立して以降，金融・財政政策には景気を安定化させ

---

[5]　Kydland, F. E. and E. C. Prescott（1982），"Time to Build and Aggregate Fluctuations," *Econometrica* 50, 1345‐1370

[6]　コンドラチェフ・サイクルについては存在そのものを疑う声もあります。

る働きが期待されました。物価が過剰に上昇するインフレを抑え，図12-2で言えばB以降の不況をCへ向かわせるといったことです。

　金融政策については，貨幣需要意欲が高まってインフレになりそうな状況で政策金利を上げる等して金融を引き締めることが期待されます。しかし第10章でも述べたように，貨幣需要が減退した時期には企業や消費者が借りてくれなければ預金口座に銀行は振り込めず，中央銀行はマネーサプライを思い通りには増やせません。それゆえCの不況におけるデフレには金融政策は無力です。そこで金融政策の本来の役割はインフレや金融危機そのものへの対応ということになります。

　では財政政策は景気を安定させるのに役立つのでしょうか。9-3の図9-6では総需要の項目がC+Iとなっていますが，政府部門があって貿易はないとすると，総需要はC+I+Gです。Cは民間最終消費，Iは国内投資で家計の住宅設備I_h，企業の設備投資I_f，政府の公共投資I_gの和，Gは政府最終消費とすると市場が均衡する条件は総供給＝総需要で$Y=C+I_h+I_f+I_g+G$です。

　例えば国立の美術館を建設するとしてI_gだけが増えることの影響を考えてみます。総需要線は上方にシフトし，均衡Y^*は増加します。また利子率も組み込んだIS＝LM分析では，9-4の図9-7に示したように，I_gが増えればIS線が上方にシフトし，利子率iは上昇してもやはり均衡Yは増加します。

　財政拡張にもとづく総需要の拡大が均衡GDPを増大させる効果は「乗数効果」と呼ばれます。簡単な数式で表してみましょう。いま消費の集計量CがcY+Aという関数で表せるとします。これを「**消費関数**」と呼びます。Yは国民所得，cは国民所得が1円（微小額）だけ増えたときに消費がどれだけ増えるかに当たる「**限界消費性向**」，Aは国民所得がゼロであっても資産を切り崩すなどして消費せざるをえない定

額の「**基礎消費**」です。限界消費性向は基礎消費以上の所得を全額貯蓄するならゼロ，全額消費するなら1ですが，通常はその間でしょうから $0 < c < 1$ です。国民所得の増加1円について消費しない残りは限界貯蓄性向 s で，$c + s = 1$です。

財市場が均衡する Y^* は

$Y = cY + A + I_h + I_f + I_g + G$ を満たす Y ですから

$(1 - c)\ Y = A + I_h + I_f + I_g + G$ で，$Y^* = \dfrac{A + I_h + I_f + I_g + G}{1 - c}$ です。

ここで I_g だけが微少量変化しています。変化後の I_g を I_g' とすると，$\Delta I_g = I_g' - I_g$ で，デルタ Δ は変化後との差を示します。

そのとき左辺も連動して変化し，しかし A，I_h，I_f，G は変化しないから変化分は0で，

$\Delta Y = \dfrac{\Delta I_g}{1 - c} = \dfrac{\Delta I_g}{s}$ となります。

政府が国債を発行して1億円を集め美術観建設の公共投資に使い，限界消費性向は0.9だった場合だと，$\Delta Y = \dfrac{\Delta I_g}{1 - 0.9} = \dfrac{\Delta I_g}{0.1} = 10\Delta I_g$ で，ΔI_g = 1億円なので10億円だけ国民所得を拡大することができます。

なぜ1億円から10億円へという効果が生まれたのでしょうか。まず1億円が公共投資を受注した建設会社に支払われ，労働者の賃金や原材料費として全額家計へと分配されたとします。ここまでが第一段階です。所得税や法人税はかからないとしたなら，家計は余分の所得1億円のうち1000万円を貯蓄し，9000万円を消費します。これが第2段階。9000万円を受け取った衣類や飲食といった消費財産業も全額家計に分配したとして，家計は $9000 \times 0.9 = 8100$ 万円を消費します。こうした段階が無限に続くとすると，無限等比級数で $1 + 0.9 + 0.9^2 + 0.9^3 + \cdots = \dfrac{1}{1 - 0.9}$ となります。

つまり投資から国民所得への10倍という乗数効果は，賃金を得た労働

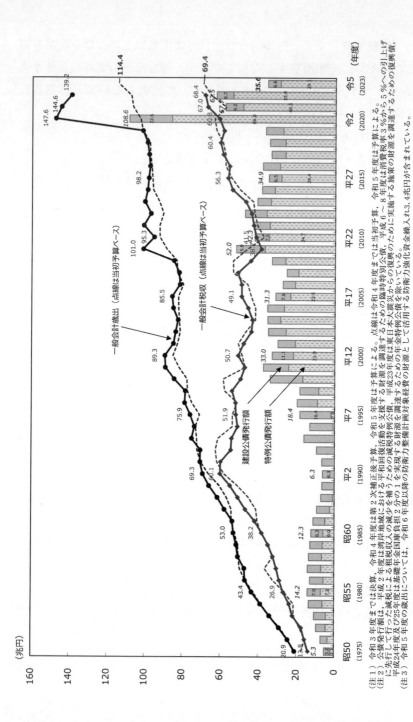

図12-3　一般会計総額、歳出総額及び公債発行額の推移　出所：財務省

者が消費需要を派生させ、無限の段階で消費が呼び起こされるために生じたのです。新たに生じた10億円の国民所得から税金を回収できますから、国債で集めた１億円は返済できるだろう、というのが公共投資を妥当とみなす立場です。

この乗数は A, I_h, I_f, G のいずれについても同じ効果をもたらしますが、G と ΔI_g は財政政策にかかわりますから財源との大小関係が問われます。乗数が１よりも大きければ景気に対して拡大効果があり、小さければ悪化させます。利子率を組み込んだ IS＝LM 分析や物価にも配慮した AD＝AS 分析では変数が増えますが、基本的な考え方はおなじです。

ここで所得税 T＝tY が導入されると、$Y = c(Y-T) + A + I_h + I_f + I_g + G$ で、$\Delta Y(1-c(1-t)) = \Delta I_h + \Delta I_f + \Delta I_g + \Delta G$ ですから、公共事業の乗数効果 $\Delta Y/\Delta I_g$ は $\dfrac{1}{1-c(1-t)}$ で、所得税率 t＝0.1 とすると $\dfrac{1}{1-0.81}$ ＝5.26と小さくなります。公共事業で所得が増えても可処分所得の一部が税となって減るため、総需要の拡大が抑えられるからです。逆に景気が後退して Y が減ると税も減り、自動的に総需要が拡大しますが、その拡大幅は税という制度の存在によって縮小しています。それは経済が安定するということで、税制は社会保障制度とともに自動安定化機能を持つ「ビルトイン・スタビライザー」であるとされています。

では現実には政府関係の乗数はどれだけの大きさだったでしょうか。乗数は高度成長期には大きかったものの1990年代からは顕著に下がり、１以下になったという判断が多くの研究で示されています[7]。それでは税を投じて GDP が増えても税となって環流することは望めません。建設国債を発行して公共投資を行い、その後で歳入すなわち税収での環流が不足した場合に発行されるものは「**特例国債**」で、「**赤字国債**」とも呼ばれます。日本では2000年代に入ってから「特例公債」の発行が続

---

[7] 三平剛（2021）「乗数効果の低下の要因について」財務省財務総合政策研究所「フィナンシャル・レビュー」令和３年第１号（通巻第144号）

き，発行額は一定の水準から減っていません。投資の乗数効果を直接に計測したのでなくとも，そこからは間接的にその小ささが窺われます。

財政拡張の乗数効果は，好況期に大きく不況期に小さいのが通例です。景気が良い時期には限界消費性向が高まるからでしょう。高度成長期に財政拡張の乗数効果が大きかったのには，「投資が投資を呼ぶ」というように，公共事業が口火を切ると民間の投資も連鎖していったこともあります。

財政拡張の乗数効果が小さくなってからは，財政は需要拡大の口火は切っても民間の投資や消費に着火しない状況が続いています。そこで2000年代以降，公共投資を景気の安定化に用いる財政政策には，赤字を累積させるだけという批判が強まりました。

これはシュンペーターの「不況」，投機の失敗によるバブル崩壊の時期で，金融危機後に将来不安が必要以上に定着し，カネを持っていても投資や消費には回さない状態です。この状況になると，企業は設備投資だけでなく，次世代を担う人材への投資をも手控えるようになります。

12-3　正規雇用と非正規雇用

1990年代まで，日本の大企業では研修やOJT（on the job training）等の人材育成が各社の内部で独自に実施され，日本では大半を占める中小企業でも，技能形成は働きながら行われました。ところが1990年代以降の長期にわたる不況を経て，大企業でさえ長期雇用制を維持することが困難になり，従業員を中途で採用することも珍しくなくなりました。

その結果，企業は正規雇用と非正規雇用を使い分けるようになりました。図12-4は，日本における非正規雇用の増加を示し，2015年の段階では37.5％と全被雇用者の3分の1以上が非正規雇用となっています。非正規雇用は正規雇用に比べ，景気に応じて調整され賃金が低いのみな

第12章 景気循環と安定化 | 257

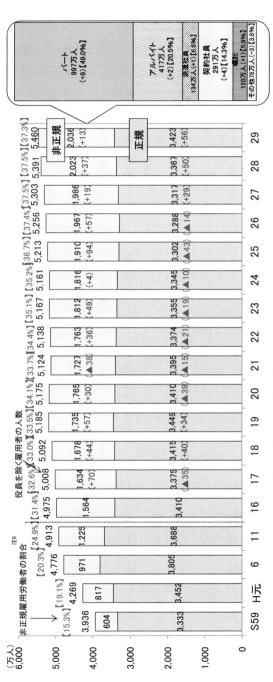

図12-4　正規雇用と非正規雇用の推移　出所：厚生労働省

らず，雇用保険や健康保険・厚生年金の加入率も低く，正規雇用と同じ職務をこなしても待遇には差があります[8]。2020年代には日本では完全失業率が3％未満となっていますが，就業はしていても条件に明らかな格差がある非正規雇用が増えたことで，1990年頃以降は失業率が低めに見積もられるようになっています。

とりわけ2023年においても9.6％と10％前後を記録する「不同意非正規雇用」は，非正規雇用が景気変動の受け皿であり，実質的に非自発的失業が存在することを示しています。[9]

さらに注目されるのが教育投資を施すか否かの差です。企業の側が非

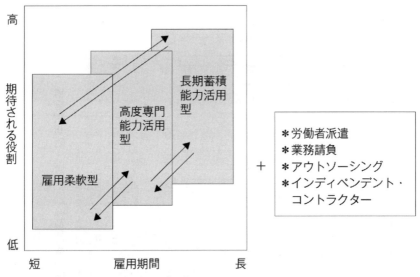

図12-5　雇用ポートフォリオの概念
出所：日経連（現・日本経団連）『新時代の「日本的経営」』

---

[8] 2014年で正規雇用が90％以上に対し，非正規雇用の場合，雇用保険は67.7％，健康保険は54.7％，厚生年金は52.0％，退職金制度は9.6％，賞与支給制度は31.0％。総務省「非正規雇用の原状と課題」より。

[9] 「不本意非正規雇用の状況」『「非正規雇用」の現状と課題』厚生労働省，https://www.mhlw.go.jp/content/001234734.pdf

正社員をどのように位置づけるかを物語る図12-5があります。旧日経連（現在は日本経団連）が1995年に「雇用ポートフォリオ」という考え方を提唱した際に用いたもの[10]で，すでにこの時期の日本の財界は三つに労働者を区分し，自社の経営環境に応じて組み合わせて雇用したいと宣言していました。それが基幹労働者を中心に長期雇用を前提とする「長期蓄積能力活用型グループ」，専門的熟練・能力を有する「高度専門能力活用型グループ」，有期雇用で職務に応じて柔軟に対応させる「雇用柔軟型グループ」です。

　ここに暗に示されているのは，企業が成長の要因と考え費用負担してまで人材育成を行うのは，正社員の「長期蓄積能力活用型グループ」に限られるということです。「高度専門能力活用型」は大学院等で出来上がった研究者や会計士・弁護士などの専門家を短期的に契約して使うというもの，そして「雇用柔軟型」すなわち非正規雇用は，企業が人材育成に費用をかけることなく，社会保険料を負担することもなく適宜雇用するグループで，期待される役割も大きくありません。図12-6に示さ

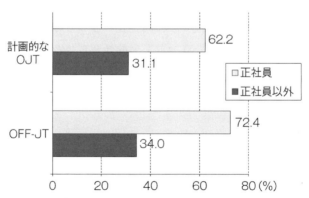

図12-6　事業所における教育訓練の実施状況
出所：厚生労働省「平成26年度　能力開発基本調査」

---

[10]　日経連「新時代の『日本的経営』──挑戦すべき方向とその具体策」1995年5月

れるように，正社員以外に教育訓練を実施している事業所は，計画的な
OJT，OFF-JT のいずれも正社員の約半数にすぎません。

　ここで問題なのが，いったん非正規雇用になると容易には正規雇用に
はなれないことです。非正規雇用のままでは職業訓練に制約があるた
め，技能を有する人的資本としての価値を高めづらいのです。しかもあ
る時期に職業訓練を受けないとそれが次の雇用に際して「役割を期待さ
れない」理由となり，さらに職業訓練を受けられない期間が延び・・・
と悪循環が続きます。非正社員は望んでも正社員になれないというの
は，市場競争への参加に障壁が存在していることを意味します。

　これはたんに不平等であるとか差別だというだけには収まらない事態
です。新機軸を思いつく人間の才能には，成熟を経てから潜在能力を発
揮する大器晩成型もありうるからで，そうした才能が非正規雇用の枠に
閉じ込められると，教育投資を受けられず企業にとっても潜在能力を生
かし切れません。しかも人生の前半で才能を発揮しただけの人材が正規
雇用されていると，大器晩成型人材と競争せずむしろ企業の革新を阻む
要因ともなりかねません。

　企業内に秘匿された情報につき公開を強いることはできませんが，公
開された技術を修得させる教育投資を公的サービスとして財政支出の対
象とすることには妥当性があります。「企業横断的な能力開発」を公的
に実施することが可能であるなら，優秀な成績を上げた者には就業の可
能性が広がるでしょう。

12-4　財政政策批判と現代貨幣理論
（MMT　Modern Monetary Theory）

　不況時の財政政策は乗数効果が小さいという理由から景気安定化策と
しては使うべきではないとする声には根強いものがあります。その理由

として累積赤字があり，日本では財務省が主張し多くの経済学者も同調しています。

　累積赤字を削減する基準として財務省が挙げるものに，財政支出を一定の枠内に収めるための基準があります。税収と**政策的経費**（政府最終消費支出＋社会給付＋公共投資）を一致させつつ（これを「**プライマリー・バランス**」と呼びます），経済成長率を金利よりも引き上げるならば，累積財政赤字の指標とされる債務残高／GDPを減らすことができるとされます。

　税収と政策的経費の差額は単年度の赤字ですから，それが生じない限りで経済成長率が金利を上回れば税収増となり，債務削減に当てられるという理屈です。その枠からすれば日本財政の政策的経費は過大です。そのうえGDPに対する乗数効果は期待されるほど大きくはなく，財務当局は将来の税収を増やす効果を持たないとみなしています。

　ところがこうした主張に対し真っ向から反論する学派が現れました。「**現代貨幣理論MMT**」は，金本位制を脱して以降，発行する貨幣の裏付けとして金との兌換が義務づけられなくなった中央銀行は，自国通貨建てで発行された国債を購入すれば自国通貨（ベースマネー）を自由に発券できると主張しています。

　ここで問題になるのが，財政赤字が経済を破綻させるか否かです。財務省や多くの経済学者の立場は商品貨幣説で，商品である金との兌換を認めた紙幣だけが流通するように義務づけていました。しかしその制約がなくなり，財務当局は財政政策が守るべき新たな規律として歳入と歳出の均衡財政を課し，黒字になればインフレ，赤字になれば財政破綻するとみなしてきました。けれども財政の黒字と一国経済のインフレ，赤字と財政破綻には理論的な関係がありません。

　それに対しMMTはケインズにならい，インフレとデフレは財政の

不均衡ではなく総需要と総供給の不均衡によって引き起こされ，黒字ならばインフレ，赤字ならば失業が生じると考えます。総需要が総供給を超えればインフレになるため，それを上限として日銀が国債を購入するならば財政支出を増やすことができるというのです。総需要と総供給の差額だけ財政支出を行うというこの方針は，かつて A. ラーナーが「**機能的財政**」と呼んだものです。[11]

　では財政赤字は意図的に削減できるのでしょうか。政府の無駄な支出によりプライマリー・バランスが赤字になっているからだというのが財務省の立場です。ところが9‐1に掲げたように $Y \equiv C + I + G + (X - M)$ は恒等式であり，しかも $Y \equiv C + S + T$ であれば，

　$(I - S) + (G - T) + (X - M) \equiv 0$ が成り立ちます。

　投資貯蓄差額＋財政赤字＋純輸出 $\equiv 0$ です。投資貯蓄差額は，企業が投資以上に行う貯蓄を他の部門に貸し付けることを意味しています。

　日本経済はここで純輸出 $X - M$ を黒字としていますから，それは海外部門への貸付けです。財政赤字（$G > T$）は政府への貸付ですから，財政赤字はプライマリー・バランスだけで生じるのではなく，民間で企業の貯蓄が投資を上回り $S > I$ となっていることも反映しています。

　企業は資本主義においては投資主体であり，銀行からの借り入れや株式の発行で資金を借り入れます。投資が貯蓄を上回るという健全な状態に戻れば，財政赤字は自動的に解消されるのです。日本の財政赤字は民間経済の過少消費・過大貯蓄，過小投資から当然の成り行きであって，財政赤字の原因を政府支出と公共投資に求めるのは誤りです。ただし財政支出には制約があり，それが総需要の上限を総供給までにしてインフレにしないことが条件になると MMT の論者たちは言います。

　これは貨幣の裏付けが何かをめぐる議論でもあります。商品貨幣説では商品である金が信頼されるため兌換される紙幣は流通すると主張して

---

[11]　Abba Lerner, "Functional Finance and the Federal Debt", *Social Research*, 1943

いました。ところが金ドル本位制が1970年代に終了してからも，世界中でドルや日本円は流通してきました。金の裏付けがなくなっても財政が破綻せず貨幣が流通するのは，プライマリー・バランスが貨幣の信頼を保証してきたためだというのが商品貨幣説にもとづく財政均衡論の主張でした。

　けれども貨幣の大半が銀行預金であり信用なのだという信用貨幣説を取るならば，信用貨幣が流通しているのは信用が破綻していないからで，銀行部門が貸出の審査を適切に行ったからです。また物々交換を前提にせず投資や消費が十分に大きくはないとすると，総需要と総供給が一致するとは限りません。

　MMTの主張にかんしては，どこまで財政支出をしてよいのかよりも，むしろ何に財政支出すべきかに注目すべきと思われます。というのも財政支出の制約がなくなれば，政治家は国家予算を使ってやりたい放題するからです。

　MMTはここで，無駄な博覧会を開催したり箱モノを建設するのではなく，失業を余儀なくされている人々を最低賃金で雇い入れる「就業保証プログラム」を財政当局が提供し，「最後の雇い手」になることを提案しています。働く用意と意欲がありながら仕事のない人を対象に，最低賃金で仕事を提供するという案です。流動性の罠に陥り人々がカネを投資にも消費にも回さないならば，有効需要が総供給を下回って失業や非正規雇用が発生します。労働は在庫がきかず，賃金を下げても労働市場では雇用されない労働者は生活保護に頼るしかありません。長期失業は犯罪や薬物汚染，暴力等，社会病理を引き起こしがちでもあり，政府が何かの仕事を準備すべきというのは妥当です。

　ではどんな仕事が適当なのでしょうか。日本では過去に蓄積された社会インフラの多くがコンクリート製で，半世紀経ってメンテナンスの時

期を迎えています。橋などが崩壊する危機にあり，全国でその修理だけでも恒常的に仕事が存在しています。過去に蓄積した社会インフラの維持は公共事業に向いています。非正規雇用の期間が長期化した労働者で意欲のある者が財政プログラムで能力開発を施されたとして，民間では勤務先がないならば修了生は積極的に公的部門で雇用すべきでしょう。

　さらに将来に新機軸を生み出しそうな研究開発に公的資金を積極的に投じることも重要です。こうした知識創造は日本ではもっぱら産業界が行ってきましたが，成功が確実とは見込まれない大胆な新機軸にはなかなか予算を投じにくいのが実情です。

　政治家が，国民が共有しうる目的を説明できない一部事業に国家イベントの名目で利益誘導するのは，無駄でしかありません。将来の立国に結びつく技術分野での研究開発が求められています。

第12章 景気循環と安定化 | **265**

🖊 理論のまとめ

財政政策は「景気の安定化」にどのような効果があるのでしょうか。財政政策の景気安定効果は「乗数効果」と呼ばれ，$Y = cY + A + I_h + I_f + I_g + G$ を満たすマクロの需給関係から $\Delta Y^* = \dfrac{\Delta I_h + \Delta I_f + \Delta I_g + \Delta G}{1 - c}$ となることから計算できます。

経済危機がもたらした不況の特性を論じたのはケインズでしたが，好況と不況の連鎖という意味での景気循環に注目したのが J．A．シュンペーターです。シュンペーターは資本主義の本質を，企業家がみずから変動の震源となり，社会や文化に非連続な変化を及ぼし，需要を拡大し，供給費用を低減させることにあるとしました。そうした非連続な変化が「創造的破壊」で，それを引き起こすのは企業家が打ち出す「新機軸」です。新機軸には (1) 新しい（品質，もしくは知られていない）財貨の生産，(2) 新しい生産方法（生産工程）の導入，(3) 新しい販路（市場）の開拓，(4) 原料あるいは半製品の新しい供給源の獲得，(5) 新しい組織の実現，独占状況の実現や打破があるとしました。

まずいずれかの企業が先導して新機軸を打ち立て成功すると周辺の企業も模倣する「第一次接近」として，好況の局面では，たとえば新商品開発という新機軸では新たな消費財が大量に供給され，元の均衡点で企業に雇用されていた労働者や土地は新たな企業へとより高い賃金や地代で引き抜かれます。これは所得の上昇という「**好況**」に当たります。

ところが好況面を超え模倣する企業が参入すると，やがて供給は過剰になります。利潤は消滅します。「景気後退」の局面です。シュンペーターが景気後退は「お湿りのようなもの」と評して政府は静観すべきと説き，そもそも過剰であった企業を財政支出によって延命させるべきではないと批判しました。

さらに第二次接近として，詐欺的な模倣（**投機**）を行う企業が群生し，それらにも信用が供与される場合，専門家ではない企業や過剰な消費に対し新規に信用が投与されてしまうと，借金した企業がすべての資産を売り払っても負債はなくならず，清算には相当な年月がかかります。安定化が必要になるのは経済危機にも陥りかねないこの局面です。

　不況時の財政政策は乗数効果が小さいとして，累積赤字を増やすために手控えるべきでしょうか。財務省は税収と**政策的経費**（政府最終消費支出＋社会給付＋公共投資）を一致させつつ（これを「**プライマリー・バランス**」と呼びます），経済成長率を金利よりも引き上げるべきと主張します。それに対し現代金融理論（MMT）は，金本位制を脱して以降，発行する貨幣の裏付けとして金との兌換が義務づけられなくなった中央銀行は，自国通貨建ての国債を購入することで自国通貨（ベースマネー）を自由に発券できるため，総需要が総供給を超えインフレになる限界までは日銀が国債を購入して財政支出を増やすことができると唱えています。

　無駄な国家イベントや箱もの公共事業ではなく，社会インフラのメンテナンス等に，失業を余儀なくされている人々を最低賃金で雇い入れる「就業保証プログラム」を財政当局が提供すべきとしています。

参考文献

　現代貨幣理論についてはランダル・レイ（2019）『MMT　現代貨幣理論入門』東洋経済が総括的な入門書です。同じ著者の（2021）『ミンスキーと＜不安定性＞の経済学』白水社を併読すると，この立場がケインズからミンスキーを経て確立されたことが分かります。

13 | 国際経済学が示唆すること

13-1 比較優位説をどう理解するか
13-2 帝国主義とキャッチアップ
13-3 国際通貨制度
13-4 国際マクロ経済学と国際金融

《要約》 比較優位説は，いかなる国も比較優位にある商品は輸出でき，特定産業に特化し自由貿易を行うことが消費者も含む国益にかなうと論じて，市場経済の効率性を唱えました。なるほど自由貿易は消費者の効用を増進させますが，帝国主義とは表裏一体ですし，特化できない産業の労働者は慣れた仕事を追われます。工業国にとって特化とは食糧自給率を下げることであり，不確実性を考慮せず食糧安全保障に反します。先進強国が他国の社会的規制を脅迫で撤廃させた歴史もあり，綺麗事ではない配慮が求められます。江戸期末の日本はそうした帝国主義への恐怖から経済循環や文化・自然を捨て，キャッチアップを図り，みずから覇権に挑みました。それは先進国の模倣により得られる「後発国の利得」で，実現したかに思われました。一方，先進国は過去に蓄積した対外資産を活用し，生産力では後発国に対抗できなくなっても，資産運用で所得を得るという指針もありえます。

《キーワード》 比較優位説／絶対優位説／特化／生産可能領域／消費可能領域／可塑性／労働移動支援／開発経済学／世界システム論／帝国主義／後発国の優位性／長期平均費用の逓減／金本位制／正金配分の自動調節機構／不胎化政策／国際収支／経常収支／資本移転等収支／金融収支／貿易収支／基軸通貨／為替レート

13-1 比較優位説をどう理解するか

　自由貿易主義は**金本位制**とD.リカードの**比較優位説**を軸に，19世紀のイギリスが唱えた立場です。覇権国であるイギリスは，比較優位説の理屈を盾に，現実には「黒船」が示唆する暴力の脅しによって各国に通商における開国を迫りました。ここで「比較優位説」をどのようなものとして理解するかが問題になります。

　D.リカードの説明は次のようなものです[1]。簡単な数値例を挙げましょう。生産要素として労働だけがあり，ポルトガルとイギリスの二国がワインとラシャ（毛織物）の二財だけを製造しているとします。イギリスはラシャ1単位製造に100人，ワインには120人，ポルトガルはラシャに90人，ワインに80人の労働を使う技術を持つとします。

　この場合，イギリスは両財ともポルトガルよりも生産性が低くなっています。ラシャ，ワインともに1単位製造するためにより多くの労働者を必要とするからです。このときイギリスは国際競争力が低く，いずれの商品もポルトガルに買ってもらえなさそうに思えます。そうした考え方を「**絶対優位説**」とみなし，それに対抗する立場として，いかなる国も比較優位にある商品は輸出できると説いたのがリカードの比較優位説でした。

　仮に両国の労働人口が，イギリスは600万人，ポルトガルは720万人だとしましょう。特定の分野でのみ生産するよう生産要素を集中させることを「**特化**」といいます。ここでイギリスがワイン醸造に特化しラシャ造りを止めると，5万単位のワインを製造できます。逆にラシャ造りに特化すれば，6万単位を生産できます。特化せずに双方の財を製造するならば，図13-1の線分がイギリスにおいて両財の生産が可能となる組み合わせです。図中の三角形の内部は輸出入のない閉鎖経済におけるワ

---

[1]　D.リカード，羽鳥卓也，吉沢芳樹訳（1987）『経済学および課税の原理』上・下，岩波文庫（David Ricardo, "On the principles of political economy, and taxation" 1817）

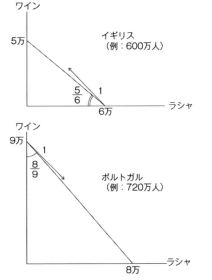

図13-1　比較優位説

インとラシャの「**生産可能領域**」です。

ポルトガルでは9万単位以下のワインと8万単位以下のラシャの組み合わせが生産＝消費可能な三角形で，外国との貿易を行っていない閉鎖経済では，各国はその内部で生産および消費を行います。

ここで両国がワインとラシャを1対1の比率で交換（貿易）するとしましょう（交換比率は5/6から9/8の間であれば，どれだけであっても議論は変わりません）。イギリスはラシャ造りに特化すれば，6万単位生産して一部を輸出できます。ラシャをワインと1対1の比率で交換する

ので，貿易後はたとえばラシャを5万単位，ワインを1万単位消費できます。このときイギリス国民が消費しうる領域は，図中の矢印のように拡張されます。

　一方，ポルトガルはワイン造りに特化して9万単位のワインを生産，そのうち1万単位のワインを輸出するならば，8万単位のワインと1万単位のラシャを消費できます。このときポルトガル国民が消費できる領域は，図中の矢印のように拡張されます。このとき両国とも，閉鎖経済時に消費しえた三角形よりも外側で消費できています。貿易を始めたことにより，閉鎖経済よりも**消費可能領域**を広げることができたのです。

　閉鎖経済での生産性比率は，ワイン対ラシャでイギリスが5対6に対し，ポルトガルが9対8と異なります。比率が異なっている限り，比較して技術的に優位にある財の生産量を増やし，劣位にある財の生産量を減らした上で貿易に臨むと，両国とも消費可能領域を広げることができます。

　絶対優位説では弱小国は多くの財について生産において劣位にあり，輸入するだけでどの財も輸出できないかに思われます。ところが比較優位説は，どんな国でもいずれかの財については比較優位を持ち，輸出しうることを説明して，先入観を覆しました。

　この図式においても犠牲者は存在します。リカードのモデルでは，ポルトガルのラシャ産業は生産性においてイギリスのラシャ業者に比べ絶対優位にあるにもかかわらず，廃業させられます。これには同国のラシャ業者は容易には納得がいかないのではないでしょうか。

　しかもこの説では，ラシャ職人からワイン職人への転職は容易である，労働者には「**可塑性**」（malleability）があるということが暗黙のうちに前提されています。可塑性とは労働や資本といった生産要素が特定の用途に固定されず，費用や時間をかけずに他の用途に転用されること

です。けれども現実の人間には経済学が想定するような可塑性は乏しく，住み慣れた自然や社会と別れ，手に付けた職を変えるのは，とりわけ高齢者にとって苦痛です。

日本で自由貿易により衰退した産業と言えば，戦後に石炭から石油へとエネルギー革命が起きた際，炭鉱が1950年代後半から閉山になっていったことが挙げられます。このとき比較優位産業に移動できたのは現実的には若者に限られ，高齢者は行き場を失いました。そこで職は多いが高齢者が慣れない都会だけでなく，地方都市へも広域的に転職を支援したり，離職者の追跡訪問までが手厚く施行されました[2]。これは**労働移動支援**の成功例です。

比較優位説の問題点をさらに3点挙げましょう。第1には「現時点」での効率的な生産と消費，貿易を論じるだけで，時間的な視野を持ち合わせていないことがあります。産業の特化は不確実性を考慮しておらず，貿易自由化には「食糧安全保障 food security 論」の観点から懸念があります。

2007～8年に穀物の国際価格が約3倍に高騰した際，30カ国が自国民の食料を確保しようと輸出制限を行い，食糧危機に直面した多くの国で暴動が起き，2009年に開かれたFAO（国際連合食糧農業機関）サミットでは食料安全保障が唱えられました。食糧自給率が主要先進国でも最低水準にある日本でもそれ以来，食料作物の生産を維持せよという声が高まっています。[3]

第2には，消費者の自由な欲求をかなえるといっても社会秩序を乱す

---

[2] 嶋崎尚子（2013）「石炭産業の収束過程における離職者支援」『日本労働研究雑誌』。December, 2013。一山として最大の解雇者が出たのは，福島県いわき市の常磐炭礦磐城鉱業所の4,702人（1971年閉山）。自由貿易を謳う経済協定加入によって日本の農業が衰退を余儀なくされるとすれば，農民の離職に際し補償や支援を行うべきでしょう。

[3] 2021年度（令和3年度）の日本の食料自給率は38%（カロリーベースによる試算）で62%は海外からの輸入。生産額ベースでは，日本の食料自給率は63%（2021年度。国内生産額10.6兆円／国内消費仕向量16.2兆円）。

ような財であれば容認できないということがあります。19世紀のイギリスと中国における貿易では，イギリス人は清国の茶を始めとする商品に魅せられながらも輸出に値する物産を持たず，輸入超過が続いていました。そこでイギリスが清に持ちこんだのが，ラシャやワイン等ではなく植民地のインドで栽培したアヘンでした。

中国では明代末からアヘン吸引の悪弊が広まり，清代になると何回も輸入禁止令が発せられています。イギリスは1839年に清とアヘン戦争を開戦，1842年に勝利すると清国にアヘンを大量輸出しました。自由貿易はアヘン禁制という清国における社会的規制の撤廃と引き換えに実現されたのです。

ここで経済にかかわる関税や保護を「経済的規制」，生産要素にかんする秩序を乱す行為の禁止を「社会的規制」と呼び，区別しておきましょう。比較優位説は消費者の利益向上という経済上の理由から経済的規制の撤廃を求めますが，社会的規制の対象となるアヘンの自由貿易を区別していません。

第3に比較優位説には，社会的規制を撤廃させるための方便に使われてきたという経緯があります。アヘンの取引は化石燃料と蒸気機関を装備した戦艦による脅迫によって実現した貿易であり，教科書的な比較優位説が唱えるような綺麗事ではありません。

1880年代頃から先進国においては帝国主義の時代が始まり，ヨーロッパ諸国はアジア・アフリカ諸地域の分割と植民地化に邁進しました。K.マルクスは先進国内で資本家が労働者から搾取すると論じましたが，イギリスではそのような現象は見られず，代わりに現れたのが，植民地が真のプロレタリアートとして先進西欧諸国に搾取されるという現象でした。そうした見方はA.ルイスの「二重経済モデル」[4]等が切り開いた

---

[4] アーサー・ルイス（1981）原田三喜雄訳『国際経済秩序の進展』東洋経済新報社，収められた「二重経済再考」は著名な論文 "Economic Development with Unlimited Supplies of Labour", The Manchester School of Economic and Social Studies Vol. 22, No. 2（May. 1954）を再述したもの。

「**開発経済学**」や，国際政治学とも連携したI.ウォーラスティンの「**世界システム論**」[5]に引き継がれています。将来を見越さず自由貿易に踏み込んだ途上国は，先進国との国際分業で途上国の立場に固定されてしまう可能性がありました。

現在の日本では，あからさまな示威行為は行われませんが，自由貿易でGDPがどれだけ増えるかといった内閣府の試算[6]が国民への説得に使われています。それは一国全体の経済厚生の拡大を主張しますが，国民の安全にかかわる社会的規制，たとえば遺伝子組み換え農産物の表示義務の撤廃が引き起こす損失については触れていません。米大手の元モンサント社（現バイエル社）は日頃表示の撤廃を主張し，アメリカの政府機関に同社関係者が就いているとの報告があります。[7]

13-2　帝国主義とキャッチアップ

では発展途上国が自由貿易に新規参入する場合に何が起きるのでしょうか。開国に際しての混乱はどの国にも起きます。1846年，イギリス議会は穀物条例（保護関税）の撤廃を国内で実現しています。フランスから安価な穀物を輸入し，5 - 1で述べたように，国内農業における利潤の消滅から資本家階級を救おうと自由貿易を唱えたリカードが死去したのは1823年で，イギリスでさえその後23年間も農業の保護が続きました。貿易開国を要求された発展途上国では反発が生じて当然です。日本では何が起きたのかを振り返ってみましょう。

軍事力による脅しをともなう自由貿易の強要は「**帝国主義**（imperialism）」と呼ばれます。1854年にアメリカからペリーが黒船を率いて日本

---

[5]　イマニュエル・ウォーラステイン（1981，原著1974）川北稔訳『近代世界システム；農業資本主義と「ヨーロッパ世界経済」の成立』1, 2　岩波書店〈岩波現代選書〉

[6]　内閣官房 TPP政府対策本部（2015）「TPP協定の経済効果分析について」。

[7]　マリー＝モニク・ロバン（2015），村澤真保呂・上尾真道訳『モンサント―世界の農業を支配する遺伝子組み換え企業』作品社（Marie-Monique Robin "Le Monde selon Monsanto," 2008）。TPPは秘密交渉であるため，交渉内容は開示されていません。

に来航，4年後には駐日総領事のハリスが不平等な日米修好通商条約を日本に押しつけました。明治政府の念頭にあったのは，帝国主義下でアヘンの輸入を強制された中国の二の舞となることだったでしょう。「西洋が中国に対してとった行為は偉大なる教訓であった―六頭か七頭の若い虎が一匹の老いたる牝牛に襲いかかったのである」と E.チェンバレンは述べています。[8]

　日本はここで通商条約の締結を拒否したり，社会的規制を死守することは選びませんでした。それに替えて日本が選んだのが，キャッチアップを急ぎ短期間で先進国になる道でした。対等な通商条約という経済的規制を実現するために欧米の制度を受け入れ，社会的規制を捨てていったのです。

　近代化へ向けての政治革命として，明治維新は世界史においてもまれなほど人命が損なわれなかった点に特徴があります。そこからは短期日で欧米の制度を導入することに，無意識であれ国民的な合意があったことが窺われます。経済改革のリーダーであった大久保利通は明治10年に惨殺され，そこにも人間関係の慣行である武士社会を擁護する守旧勢力からの反発の強さが分かりますが，それにもかかわらず明治政府は痛みを伴う改革を矢継ぎ早に断行しました。

　明治6（1873）年の地租改正事業は土地の個人所有を認定したことで知られますが，租税の金納を義務づけたことも重要です[9]。米という製品を収めるのではなく貨幣に変換した上で金納することが命じられ，それにより米の生産を軸として編成されていた経済が，工業製品の貨幣による売買に転換されました。日本銀行は明治15年に制定された日本銀行

---

[8]　B.H.チェンバレン（1969）『日本事物誌』1　平凡社東洋文庫，pp.10-12。アーノルドの来日は1889年11月5日。

[9]　国税庁は「地租改正事業は，明治6年の地租改正法の公布により着手され，同8年の地租改正事務局の設置以降本格的に進められ，同14年にほぼ完了しました。これにより土地の所有権が公認され，地租は原則として金納となりました。当初地租は地価の3％で，後に2.5％に減額されました」と述べています。

条例にもとづいて同年に業務を開始，日本経済は「銀本位制」に組み込まれました。

株式会社は有限責任だと会社が社会倫理に反する行動を取っても株主が責任を取らないとして日本では反発が少なくありませんでしたが，各自治体は1890年に商法を施行する頃まで周知に配慮し，粘り強く定着させました。顔見知りに対する無限責任は「小さな社会」に特有の倫理でしたが，情報公開のもと有限責任で資本を集めるという「大きな社会」の倫理へと転換を図ったのです。

明治時代の殖産興業政策は模倣を旨とし，工部省（1870年設置）と内務省（1873年設置）を中心に進められました。技術移転は中央政府および地方政府や私企業が高給で招いた「お雇い外国人」によって先導されました。その数は1875年まで増え，以降は日本人技術者が主役となっていきます。欧米へ派遣された初期留学生は官庁や民間企業の上級技術者となりました。工部大学校（現在の東京大学工学部の前身）で欧米由来の工学の知識を学んだ大学卒業者は工部省等の官庁や財閥企業の技師となり，1903年の専門学校令にもとづく高等工業学校卒業者は民間企業の基幹技術者となっていきました。

工業化の創始期から，大型機械による大量生産が導入されました。官営の模範工場として，富岡製糸場（1872年設立）や新町紡績所（1877年設立）が開設されました。重工業分野も1901年の官営八幡製鉄所設立を皮切りに，日本製鋼所，釜石製鉄所など民間の製鉄所の設立が相次ぎました。その過程で特定の民間企業家は特権的に官営工場や直轄鉱山の払い下げを受け，財閥となっていきました。1909年に三井財閥が三井合名会社を設立すると，他の財閥も1910年代～1920年代にかけて持株会社を中心とする組織形態を整えていきました。

イギリスの産業革命は18世紀から100年以上をかけ，多くの技術者た

ちの粘り強い開発と試行錯誤の期間を経て達成されましたが，後発のド
イツ，フランス，アメリカ，日本は，イギリスが発明した蒸気機関の動
力装置や製鉄法を20年～30年で模倣し，取り入れることに成功しまし
た。

　輸入代替を実現することになるこのような日本の経験は，一般化でき
るのでしょうか。A. ガーシェンクロンは主にヨーロッパ諸国を念頭に
後発国の工業化の特徴を「**後発国の優位性**」としてまとめています[10]。
これらは明治政府の方針に相当しています。

1．発展途上国と先進国の技術的ギャップが大きいが，先進国が開発に
　　費用をかけ試行錯誤の時間を費やした技術の成果を模倣することが
　　できれば，発展途上国の工業化の速度は先進国より急速となる。

2．先進国の資金までも利用できれば巨大な資本投資が可能になり，資
　　本集約的で最新技術をもつ巨大設備によって重化学工業化できる。

3．後発国で資本投入に応じて大企業化が進めば，独占やカルテルなど
　　も形成されやすい。

4．重化学工業は大企業投資銀行や政府によって「上から」形成され
　　る。

5．発展途上国は工業化が自主的でないため，銀行・国家・外国政府な
　　どに誘発されやすい。

6．発展途上国においては，工業化推進には特別な工業化の理念，ナ
　　ショナリズムや社会主義が支えとなりやすい，等です。

　深尾京司の推計では[11]，日本の一人当たり GDP は，1910年代に世界
の平均水準から急成長し，1935年にはスペインを抜いてアメリカ，イギ
リス，ドイツ，フランスに次ぐ位置に付けています。この時点で先進国

---

[10]　アレクサンダー・ガーシェンクロンの論文「歴史的観点から見た経済的後発性」
(1952)。(2005，原著1968)『後発工業国の経済史―キャッチアップ型工業化論』ミ
ネルヴァ書房所収。

[11]　深尾京司 (2020)『世界経済史から見た日本の成長と停滞――1868-2018』岩波書
店（一橋大学経済研究叢書67）

グループの仲間入りを果たし，1940年に戦前のピークを迎えました。ところがそこから日本は日中戦争から太平洋戦争にかかわり，破局を迎えます。戦後の日本経済もまた，鉄鋼・科学・自動車など資本集約的な重化学工業を経済成長の原動力とし，奇跡的な復興を果たしました。再び先進国入りしたのは1970年代です。

経済取引は，なんらかの差異を有利に使えることが発見された時に生

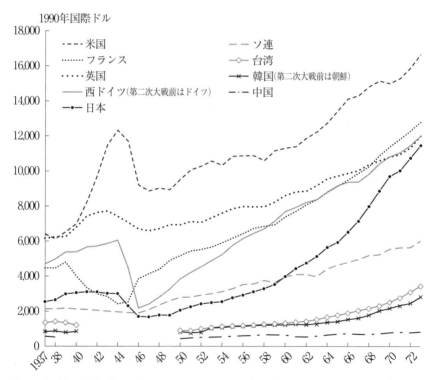

資料：深尾・攝津（2018a）．原データは，1955年以前の日本は一橋推計（攝津・Bassino・深尾2016）．日本以外の国と1955年以降の日本は，Maddison Project Database 2013年版（http//www.ggdc.net/maddison/maddison-project/data.html）より得た

図13-2　人口1人当たりGDPの日本と他の主要国の推移比較：1937-73年

まれます。日本はキャッチアップの過程で，模倣すれば新規軸を打ち出す費用が節約できることを学びました。これにつき村上泰亮（1992）は，ガーシェンクロンの模倣説を焼き直し，日本経済は幼稚産業を保護しつつアメリカの産業技術を模倣したことで長期的な費用の逓減を実現したと論じました。「**長期平均費用の逓減**」が起きると，企業が利潤を最大化すれば自然独占（7‐3）が生じて生産量は無限に拡大し，独占へ向かいます。そこで当時の通産省が講じたのが好況期には産業ごとの設備投資規制，不況期には行政指導カルテルおよび外国への集中型の輸出だったと解釈するのです（「**開発主義**」国による市場の誘導）。

　そこで直面するのが，近代化以前の特有の伝統を消し去るべきか否かという問題です。文化や自然の伝統や秩序は国家や地域の特異性に相当します。外国の模倣を急ぎ文化や自然が持続性を失うと，国民の個性も消え去ります。夏目漱石は明治維新後の社会を覆った「不安」を小説の主題としましたが，それは社会の連続が断たれることへの不安を語ったのだと思われます。

　村上の議論で重要なのは，キャッチアップ後に先進国となれば，保護主義を解除すべきと説いている点です[12]。後発国の段階を超えて先進国になれば模倣すべき先進国がなくなり，独創性が必須となります。戦後復興が量的な生産では不足ないまでに完了した1970年代からは，食やエネルギーにかんする不確実性に備え必要量を確保した上で，自由な新機軸（イノベーション）を競い合う段階に移行すべきでした。

　後発国が先進国に追いつくと，模倣して利潤を維持することができなくなります。そこで新機軸を打ち出して新たな領域を開拓する必要がありますが，利潤は文化や自然の伝統や秩序が他国から評価されても，逆にみずから破壊することによっても生まれます。これについては第15章で考えましょう。

---

[12] 　村上泰亮（1992）『反古典の政治経済学　上下』中央公論社。

13-3　国際通貨制度

　自然や文化はながらく地域の農業や軽工業で生産されるもの（特産品）を固定し，それが地域の個性となっていました。それに対して比較優位説は，消費者の効用（欲求）次第で生産要素の投入を特化させた方が有利になることを示しました。

　比較優位説の延長上において国際貿易の理論は発展しますが，現実に観察された途上国は，先進国に学びその生産方法を模倣して社会を改造していきました。

　ここでいう「先進国」と「途上国」の間には，経済力において「強さ」の差があると考えられています。では経済力の「強さ」は，どのような指標で表されうるものでしょうか。

　そうした指標のひとつが，通貨の交換比率である「為替レート」です。円とドルの比率「1ドル＝○円」は，円高になれば○が小さくなり，円安になれば大きくなります。1970年の1ドル360円は1995年には1ドル90円に達しますが，そのときには360万円で得られるドルが1万ドルから4万ドルへ増えたのですから「円高」で，ドルに対して円が「強く」なっています。

　為替レートは通貨の交換比率ですから，変化すればいずれかがより「強くなった」ことになります。1ドル80円から120円へと円安になるとドルを使う外国人にとってその国の通貨がより「強く」なり，日本へ観光に来たり，日本製品を買うことでドルの価値が1.5倍に高まったと感じることになります。では通貨間の為替レートはどのようにして決まるのでしょうか。

＜金本位制＞

　為替レートは，国際通貨制度のもとで決まります。また国際通貨制度は通貨が信用されることも目指しました。異なる通貨を相互に交換するための国際通貨制度として19世紀から20世紀の前半にかけ機能したのが「金本位制」でした。イギリスでは1816年に「金本位法」が発布され，金地金を鋳造したソブリン金貨をもって本位貨幣と定めました。これは「金貨本位制」です。当時のイギリスでは多くの銀行が銀行券を発行し，鋳貨と多種の銀行券が流通していましたが，それらは一定重量の金との交換（兌換）が義務づけられました。これは「金地金本位制」です。

　ここでは金本位制を採用する各国の通貨は，金を媒介して交換比率が固定されました。為替レートが固定される「固定相場制」です。英米両国が純金1オンスと x ポンド，y ドルという法定相場で金を売買したなら1ポンド＝y/x ドルという等価関係が成り立ちます（金平価）。以上で国の内外ですべての鋳貨や銀行券が金との兌換を保証されることになりました。これは「金為替本位制」です。

　金本位制が前提したことに，「商品貨幣説」があります。「商品貨幣説」は，通貨が信用されるには商品としての価値を持ち，しかもそれが安定するのは貴金属であり金だというものです。商品価値の小さい紙幣が流通するのは（中央銀行が紙幣と交換する）金との兌換が保障されているからだとみなされました。金は採掘が進み地球上で存在量が固定されており，輸出入が行われると差額の決済は金でなされます。また紙幣量が金の存在量を超えると兌換を求められても応じられない可能性があるため，中央銀行が紙幣を金の保有量を超えては発行しないことが，金本位制のルールです。さらに「貨幣数量説」は，流通貨幣量すなわちマネーストックの量と一般物価水準がおおよそ比例するとみなしました。

　これらが成り立つならば，国内に存在する金が多ければ通貨が増え，

物価水準は上がります。国内製品の価格が上がると輸出品の価格が外国製品よりも上がり，輸出量は減少します。輸出額が減って貿易収支が赤字に転じると，決済のために金は国外へ流出します。それに伴い国内で通貨が減ると，物価は反転して下落に向かい，やがて輸出が増えて金が流入します。通貨の発行量は金保有量に関連づけて抑制され，インフレ・デフレを防ぐことになります。「**正金配分の自動調節機構**」です。

また金本位制のもとでは，資金移動は自由とされました。貿易収支が黒字になると国内の通貨量は増え，通貨で購入されると国債価格が上がります。国債価格と利子率はおおよそ反対に動くので，国内の利子率が下がります。自国よりも利子率の高い国へと貸し付ける方が有利になるため，資本流出が起きます。外国の債券を得るため円で外貨を購入するなら，固定相場ですので為替レートは変わりませんが円安への圧力が燻（くすぶ）ります。

国際金本位制には矛盾が潜んでいました。為替レートが調整されないだけではありません。金が流出して物価が下がるデフレ期には，不況から国民は中央銀行に金融緩和を求めます。それは「**不胎化政策**」でルール違反なのですが，大国であっても国民の声には勝てず，力を付けつつあったアメリカが1920年代に率先して行いました。国際経済のルールを国内経済に優先させることは困難だったのです。また19世紀後半には世界経済の規模が拡大し，金の存在量はそれとテンポを合わせては増えませんでした。先進国は慢性的に通貨不足になやまされ，金本位制から次々に離脱していきました。

＜ブレトン・ウッズ体制＞

第２次大戦が終わり，アメリカは諸外国が保有するドルと金の兌換に応じるものとし，金ドル平価を１オンス＝35ドルと定めました。すべて

の国で通貨を金と兌換することはできなくとも，ドルの金兌換は認め，固定相場制は維持しました。ブレトン・ウッズ体制のもと，金・ドル本位制度は維持されたのです。金に相当するものとしてドルは高い信用を有し，国際通貨として諸外国に保有されました。またIMF（国際通貨基金）の加盟国は自国通貨と金との交換比率を定め，ドルとの為替相場が固定されました。円建ての為替レートは1ドル360円に固定され，ドルが売られるときはレートを360円に止めるために政府・日銀がドル買いの介入をしなければなりませんでした。さらに大恐慌への反省から，各国の資本移動は厳しく規制されました。

　ブレトン・ウッズ体制には，貿易が世界中で拡大すると国際通貨であるドルの供給も拡大しなければならなくなり，アメリカの金保有量の限界を超えてドルの信認が低下するという矛盾（「流動性のディレンマ」）がありました。現実にはベトナム戦争の泥沼からアメリカの経常収支が赤字になり，米ドルは海外に供給され，金の引き出しにもつながって，ドルの価値が大幅に下落，1971年にブレトン・ウッズ体制は崩壊しました。

＜変動相場制＞

　その後，日本を含む多くの国で採用されているのが変動相場制で，1980年代からは金融自由化が進み，資本移動も自由になりました。変動相場制によって固定相場を維持するために介入する必要がなくなりました。資本移動は再び自由化されて，貯蓄が海外で効率的に配分されると期待されましたが，戦前と同じく金融危機や通貨危機が再発するようになりました。金という商品の裏付けを欠いたドルはアメリカの負債でしかなくなりましたが，国際貿易の計算単位であり，なによりも各国間の決済を米国内で行うという「基軸通貨」に位置づけられました。

第13章　国際経済学が示唆すること　　**283**

　開放的な経済では，財市場の均衡に輸出入（輸出 X‐輸入 M）が加わり，固定相場制と変動相場制のそれぞれにつき IS＝LM 分析（マンデル・フレミングの理論）や AD＝AS 分析に変更が加えられました。

　すべての通貨は米ドルを計算単位として交換されますが，金のような商品の裏付けを得てはいません。各国の紙幣は，商品としての価値と額面とがズレてしまっています。

　そこで MMT のように「一国の通貨は税金の支払いに使われ，またインフレが生じないよう総需要が管理されているから流通している」といった主張が現れます。これは通貨の信用につき，商品貨幣説ではなくナショナリズム（国家の信用）を代置する理論です。ただし，国際貿易は資金の貸借と表裏一体です。それを金，もしくはナショナリズムの裏付けを持つ通貨だけで説明することは困難です。現金通貨だけではなく預金通貨も併用しているということで，各国の銀行の審査能力や金融システムに対する信頼も，通貨を裏付けています。

　為替レートの水準は，通貨の交換によって決まります。円を持っていてドルで外国の商品や証券を買いたくなった時に，円をドルと交換する必要が生じます。縦軸に価格，横軸に取引量を配し需要と供給をグラフで表記する一般の商品と同様に，縦はドルの価格（円単位），横はドルの量を配します。売買するものとして「何」を想定するかにより，異なる理論が生まれました。

　短期から中期にかけては，「資産」の売買のために行われる通貨の交換が主になります。どの国の資産を購入すれば有利かを判断し，アメリカで運用したいなら円をドルに替えます。もっとも単純には，金利差に応じて資本移動が生じ，為替レートが変化します。外国で運用したい金融機関が円でドルを購入するとドル高円安になります。こうした理解は「アセット・アプローチ」と呼ばれます。

商品についても，各国間で価格に差があれば輸出入が行われます。そこで価格の平均値である一般物価水準に差があれば貿易が行われ，通貨の交換が生じると考えられます。日本の物価が安いならば輸出が増え，外国で売却するとドルが入手されるためにドル安・円高になります。商業を通じて商品価格が均等になるという「一物一価」の法則が，各国の物価水準にかんして成り立つということです。ただし日米でインフレ率に差があると，それが織り込まれます。これは長期間をかけて進行する過程で，「購買力平価説」と呼ばれます。

13-4　国際マクロ経済学と国際金融

＜国際収支表＞

ここで国際収支表を見てみましょう。貿易したり海外で所得を得たり，また資産をやりとりした記録が国際収支表です。国際収支表は複式簿記の原理にもとづき，ある国に生活の本拠地がある「居住者」が，外国にある「非居住者」との間で行った一定期間内の取引の収支（受取と支払い）を計上しています。[13]

国際収支は「**経常収支**」と「**資本移転等収支**」，「**金融収支**」と誤差脱漏から成ります。

そのうちフローの「経常収支」は，財の輸出と輸入の「**貿易収支**」，サービスの輸出と輸入の「サービス収支」，主に利子配当の純受取である「第一次所得収支」，食料や薬品等消費財の無償援助や国際機関への金銭拠出の受取額である「第二次所得収支」で構成されます。「資本移転等収支」は外国政府への債務免除や社会資本への無償資金援助等です。

経常収支と資本移転収支は資金の流れで見れば流入，金融収支は流出

---

[13]　日本で働いている外国籍労働者や外国法人の日本支社は「居住者」，外国に旅行中の日本人も生活の本拠地が日本であるため「居住者」です。一方，日本法人の海外支社や訪日外国人観光客は「非居住者」です。日本の国際収支表は近年のヘッジファンド等の動きを明確にするために，2014年1月に表記が変更されています。

第13章　国際経済学が示唆すること　｜　**285**

国際収支
「経常収支」
　「貿易収支」（財の輸出―輸入）
　「サービス収支」（サービスの輸出―輸入）
　「第一次所得収支」（利子配当の純受取）
　「第二次所得収支」（食料や薬品等消費財の無償援助や国際機関への金
　　　　　　　　　　銭拠出の受取額）
「資本移転等収支」（外国政府への債務免除や社会資本への無償資金援助
　　　　　　　　　等）
「金融収支」（外国資産の増減）
　「直接投資」（外国企業の株式（10％以上）や海外不動産の取得）
　「証券投資」（株式や証券の取得）
　「金融派生商品」（金融派生商品の取得）
　「外貨準備」
誤差脱漏

表13-1　国際収支表

に当たります。ストックの「金融収支」は外国資産の増減で，うち「直接投資」は外国企業の株式（10％以上）や海外不動産の取得，「証券投資」は株式や証券の取得，「金融派生商品」は金融派生商品の取得，「外貨準備」は政府・中央銀行が保有し外国為替市場で介入するのに用いられる金や外貨です。

　誤差脱漏は，国際収支がゼロになるように決められています。そこで経常収支と資本移転等収支の和は金融収支と一致します。

　　国際収支＝0
　　経常収支＋資本移転収支＝金融収支＋誤差脱漏
　　　（貿易収支＋サービス収支＋第一次所得収支＋第二次所得収支）＋

資本移転収支＝（直接投資＋証券投資＋金融派生商品＋外貨準備）＋
誤差脱漏

　この式の重心は，経常収支の黒字が金融収支の黒字に概略対応する点
にあります。経常収支の黒字は輸出が輸入よりも大きい貿易収支の黒字
によって生まれますが，それは裏返せば生産したものを国内ではすべて
は買い切れず，残りを輸出して外国に買ってもらったこと，そこで得た
資金が外国で直接投資や証券投資，外貨準備になったことを意味してい
ます。経常収支の黒字は対外的な資金の貸し付け，資金移動に当たりま
す。
　数字の動向を見ると，福島原発事故が起きた2011年から日本の貿易収
支は石油の輸入増，日本企業の海外工場からの輸入などで，赤字に転じ
ました。しかしそうした時期にもそれまでに海外に投資した資産からの
収益である第一次所得収支がそれを上回る黒字額となっており，そのせ
いで2013年においても経常収支は黒字でした。第二次所得収支および資
本移転等収支がマイナスなのは，日本が発展途上国に援助を行っている
からです。
　以上を式で表記してみましょう。国内総生産を Y，輸出を X，輸入を
M，消費を C，投資を I，政府支出を G とすると，一国のマクロ・バラ
ンスは以下の式になります。

　Y＝C＋I＋G＋X－M

　この式を変形すると，隠れている資金の流れは

　X－M＝Y－（C＋I＋G）＝（Y－T－C）－I＋（T－G）＝（S－I）＋（T－G）

において，Tは租税，S（＝Y－T－C）は国民所得のうち租税と消費に
支出されなかった部分の民間貯蓄です。モノの面で見ると，国内でC＋
I＋Gで消化されず，海外で買われたのが貿易収支X－Mです。貯蓄投
資差額（S－I）＝貿易収支（X－M）－財政収支（T－G）ですが，これは資金
貸借の面で貯蓄のうち国内の民間では使い切れなかった貯蓄・投資差額
が，財政赤字（G－T）分を政府へ，貿易黒字分（X－M）を海外に貸し付
けていると読めます。

　ここで貿易収支は外国の事情もあって変更できないとすると，民間で
投資も消費もしないで生じたカネ余りが財政赤字と連動することになり
ます。これは財政収支の税収や政府支出だけを変更しても財政赤字はな
くならないことを意味しています。財政赤字を削減するには民間の消費
や投資を増やして余るカネを減らす必要があります（12-4）。

　フローとしての金融収支は蓄積するとストックとしての対外資産負債
残高になります。日本は世界一，対外純資産を保有している国です。2022
年末で日本の対外純資産は418.6兆円であり，中国とドイツが続きます。
第一次所得収支が大きいのは対外純資産が大きく，その金利収入も大き
いからで，すでに日本はものづくり立国よりも金融資産で立国している
と言えます。

　不思議なのはアメリカで，経常収支が赤字なので累積すればゆくゆく
は破産しそうにも思われますが，その気配はありません。アメリカは，
確かに対外純資産はマイナスです。対外総資産を対外総負債が上回って
いるからですが，驚くべきことに対外総資産の運用で巨額のキャピタ
ル・ゲインを得ており，それが対外総負債の利子支払いを上回って，所
得収支がプラスになっているのです。[14]

　対外純資産というのは多種多様な資産のポートフォリオ（証券を入れ
る鞄で，資産の組み合わせのたとえ）でできており，それを巧みに組み

---

[14]　岩本武和（2012）『国際経済学　国際金融編』ミネルヴァ書房

合わせることが資産運用です。アメリカが金融で立国しているというの
は，たんに対外資産を持っていることを指すのではなく，その運用に長
けていることです。2000年代に入って運用は規制が及ばず情報も開示さ
れないシャドーバンキングを中心に行われたため，サブプライム・
ショックを発生させました。

　アメリカは基軸通貨国ですから対外債務を自国通貨のドルで支払い，
ドル高になろうがドル安だろうが，為替レートの変化は痛みを伴いませ
ん。ところが日本の場合，世界最大の債権国でありながら，対外債権は
債務国の米ドル建てで保有しています。それゆえ自国通貨の円が強くな
り円高になると，円で評価した対外債権の価値が下落するという為替リ

日本	418兆6,285億円	（令和4年末）
ドイツ	389兆509億円	（令和4年末）
中国	335兆7,807億円	（令和4年末）
香港	233兆6,321億円	（令和4年末）
ノルウェー	156兆8,544億円	（令和4年末）
ロシア	102兆1,886億円	（令和4年末）
カナダ	81兆8,994億円	（令和4年末）
イタリア	10兆4,271億円	（令和4年末）
英　国	▲43兆142億円	（令和4年末）
フランス	▲97兆9,490億円	（令和4年末）
アメリカ合衆国	▲2,137兆9,298億円	（令和4年末）

（注）　1．日本以外の計数は，IMFで公表されている年末の為替レートにて円換
　　　　　算。
　　　　2．一部中東諸国等については計数が公表されていない。
（出所）日本：財務省，ロシア：Bank of Russia，その他：IMF

表13-2　主要国（地域）の対外純資産　　出所：財務省

スクを抱えています。これが，日本人がいくら働いて輸出しても豊かになったという実感を持てなかった原因の一つでした。

　歴史的にもこれは例外的な現象で，1870年から1914年までの金本位制下のイギリスにせよ，戦後に債権国であった頃のアメリカにせよ，対外債権は自国（ポンド，ドル）建てで保有していました。それゆえ経済が成長し通貨も強くなるほどに，対外債権の価値は増大していました。

　その点，ドイツは立場が違います。以前は輸出しても自国通貨のマルク高を招いたので日本と同様の立場でした。しかし欧州連合でユーロを通貨として共有するようになってからは，ドイツが貿易黒字でもユーロ高にはなりません。金融政策は連合諸国を無視して自は国の自由にはできなくなりましたが，ユーロ導入のメリットは，ドイツには小さくありません。

✎ 理論のまとめ

　自由貿易主義は，イギリスの国力とリカードの比較優位説を背景に提唱されました。両財とも生産性が低く国際競争力が弱いと，いずれの商品も外国に買ってもらえなさそうに思えます。そうした考え方を「絶対優位説」とみなし，それに対抗して比較優位説は，どんな国でも比較優位を持つ財に特化すれば輸出しうることを説明しました。

　けれどもリカードの説明においても自由貿易には犠牲者が存在します。リカードのモデルでは，ポルトガルのラシャ産業は生産性においてイギリスのラシャ業者に比べ絶対優位にあるにもかかわらず，廃業させられます。また産業の特化は不確実性を考慮しておらず，貿易自由化には「食糧安全保障論」の観点から懸念があります。

　また消費者の自由な欲求をかなえるといっても社会秩序を乱すような財であれば容認できないということがあります。イギリスは1839年に清とアヘン戦争を開戦，1842年に勝利すると清国にアヘンを大量輸出しました。アヘンの取引は化石燃料と蒸気機関を装備した戦艦による脅迫によって実現した貿易であり，比較優位説が唱えるような綺麗事ではありません。

　では発展途上国が自由貿易に新規参入する場合に何が起きるのでしょうか。日本が選んだのが，キャッチアップを急ぎ短期間で先進国になる道でした。対等な通商条約という経済的規制を実現するために欧米の制度を受け入れ，社会的規制を捨てていったのです。

　変動相場制において，基軸通貨のドルは金という商品の裏付けを欠き，アメリカの負債でしかなくなりましたが，基軸通貨として流通しています。商品貨幣説に代わって紙幣に額面の価値を保障するものとしてMMT は税の支払い手段であることを挙げていますが，国際貿易は資金の貸借と表裏一体であり，基軸通貨を中心とする国際金融に対する信用

も通貨を裏付けています。

参考文献

D.リカード，羽鳥卓也，吉沢芳樹訳（1987）『経済学および課税の原理』上・下，岩波文庫

K.ポメランツ，S.トピック（2013）『グローバル経済の誕生』筑摩書房

マリー＝モニク・ロバン（2015），村澤真保呂・上尾真道訳『モンサント―世界の農業を支配する遺伝子組み換え企業』作品社

リカードは消費者の利益から貿易自由化（グローバリズム）を支持しましたが，歴史的には歴史学の大家ポメランツが述べるように大航海時代以降のポルトガル，スペインの植民地支配には過酷なものがあったし，ロバンが公開データだけを使って暴いたように大企業による支配は現代も続いていると言えます。

国際経済学のよく整理された教科書として澤田康幸（2003）『国際経済学』新世社，日本の経済発展を途上国段階から解説した大野健一（2005）『途上国ニッポンの歩み』有斐閣が有益です。

14 | 成長と分配

14-1　経済成長理論
14-2　経済成長の源泉
14-3　何が経済成長を制約するのか
14-4　格差はいかにして生まれるのか——分配の理論

《**要約**》　一国の経済規模の成長はなぜ起きるのか。R.ハロッドは設備投資に注目，需要の一部でありながら資本ストックを増加させ生産力を高めて総供給 Y を増やすという二面性を分析しました。現実の成長率が「保証成長率」よりも大きくても小さくても発散し，また人口成長率よりも大きければ人手不足，小さければ失業が出ると，市場の不安定性を指摘しました。それに対し新古典派の R.ソローは労働が設備資本と代替的な場合，貯蓄率と人口成長率に応じて安定的に成長すると主張しました。またソローは「人的資本」に対する教育投資にも注目しました。新古典派は長期的には生産した財はすべて需要されるとしているため，2000年代以降の日本のように長期にわたり投資や消費が低迷する事はあり得ないとしています。けれどもケインズは「一般理論」として，総需要が総供給を下回ることがありうると指摘しました。経済危機を経験すると設備資本の売却可能性が下がり，収益率が「流動性プレミアム」だけ低下します。成長の果実は，国民各人へ分配されます。格差が生じる理由を，分配の理論に探ります。

《**キーワード**》　経済成長／自然成長率／ナイフ・エッジ／資本装備率／技術進歩／全要素生産性／成長会計／研究開発費／人的資本／内生的経済成長論／人的資本／教育投資／ニュー・ケインジアン／構造／構造改革／恒常所得／流動性プレミアム／アニマル・スピリット／格差／ローレンツ曲線／ジニ係数／ポスト・ケインジアン／レギュラシオン派／マーク・アップ

14-1　経済成長理論

　景気循環の模式図（図12-2）では，国民総生産 GDP と同額になる国民所得は一定の水平な線を中心に振幅するかのように描かれました。けれども GDP の趨勢は多くは右肩上がりで，こうした経済の発展を「**経済成長**」と呼びます。成長の果実としての所得の伸びや分配がどうなっているのかも考えてみます。

　日本における GDP およびその名目と実質の成長率は，趨勢としては図14-1 に示すものになります。日本経済は1955年から1973年まで年率10％を超える高度経済成長を経験しました。ただしそれは円で表示したGDP の成長率で，円ドルの為替レートは1973年に変動相場制へと転換され，それまでの1ドル360円から1980年代後半には1ドル120円に近づ

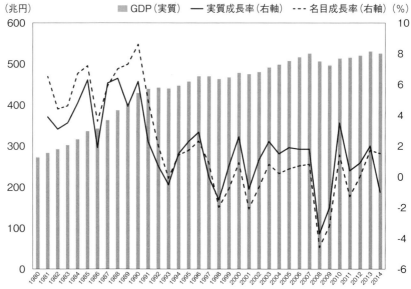

(注) 1　実質（連鎖方式）による値。
　　 2　2000年基準における2001年の数値と2005年基準における2001年の数値の比率により，1980年～2000年までの数値を調整している。
資料) 内閣府「国民経済計算」より国土交通省作成

図14-1　日本の GDP 成長率　　出所：国土交通省

いています。つまりドルで評価すれば円の価値はその間に約3倍に増価し，日本では低成長時代に入ったとされましたが，ドル圏から見れば40年間にわたり高度経済成長は続いていました。そして1990年代末から一般物価水準がマイナスに転じ，GDPも横ばいの状態が続いています。

こうした経済成長を景気循環とことさらに区別する理由には，成長においてはたんに景気が良くなるだけでなく，停滞のデメリットが払拭されることがあります。戦前には暴力による植民地化が世界中で強行されましたが，現在でも成長が滞り発展途上国にとどまって貧困から抜け出せずにいる国は，隣国の圧力に屈したり政治的にも不安定になりがちです。

ところが20世紀後半には東アジア諸国が「東アジアの奇跡」と呼ばれる成長を遂げ，またBRICSと称されるブラジル，ロシア，インド，中国，南アフリカも21世紀に入ると次々に経済的離陸を果たしました。それでも南アジアやラテンアメリカ，中東北アフリカの成長率は高くはなく，とりわけサハラ以南のアフリカは経済成長から取り残されています。その違いは何に由来するのでしょうか。

景気循環が発生する原因の説明には需要側に注目するケインズと，供給側に注目するシュンペーター，投機さえも混乱を招かないと考える新古典派経済学（リアル・ビジネス・サイクル）の各理論があります。しかし循環するだけでなく趨勢として成長が生じるのには，別の要因が必要となります。そこではハロッドは設備投資に注目しました。景気循環においても8-10年で循環するジュグラー・サイクルは設備投資の増減が原因だとみられていますが，経済成長においても設備資本への投資 I には，総需要の一部であり，しかも資本ストック K を増加させ生産力を高めて総供給 Y を増やすという二面性があります。設備投資には需要側と供給側の双方を関係づける役割があり，それが経済成長を不安定

にしてもいるというのです。

ハロッドの成長理論[1]

　成長理論の出発点となったのは，ケインズの弟子である R. ハロッド
の考察でした。乗数理論は設備投資につき需要を押し上げる効果だけに
注目しましたが，投資は生産力も増強します。ハロッドの成長理論は需
要と生産の両面をモデルに取り込みました。設備資本のストックの大き
さを K とし，産出量(GDP) Y との間には資本係数 v(>0)を定数として
比例関係にあり，生産関数を構成しているとします[2]。つまり K はその
v 倍だけ Y を生産するとします。

　$K = vY$

　企業は Y を成長させるために資本ストックを適切な水準に増やさね
ばならず，そのために設備投資を I だけ行うとします。I はフローとし
てストックである K を増やし

　$I = \Delta K = v\Delta Y$ となっています。これは供給側の関係式です。

　企業はこの I を，機械設備を製造する他企業から購入し，そのとき有
効需要が拡大します。民間部門だけを考え国民所得 Y に対して消費関
数が $C = cY$ で $c + s = 1$ とすると，有効需要の原理によって $Y = C + I = cY + I$ であり，

　$(1-c)Y = I$ から $Y = \dfrac{I}{s}$ です。これが財市場の需給均衡条件です。

　ハロッドは供給の関係式と有効需要の原理の双方が成り立つときに何
が起きるかを考察しました。双方の式から $sY = I = v\Delta Y$ で $\dfrac{\Delta Y}{Y} = \dfrac{s}{v}$ とな
ります。ハロッドはこの Y の成長率を「保証成長率」と名付け，G_w と
記しました。「保証」というのは，I による生産力の伸びは G_w だけ Y が
成長すれば吸収を保証されるという意味です。

　けれども現実の成長率が仮に $G < G_w$ とすると，企業は生産力が伸び

---

[1]　ロイ・ハロッド（2011，原著1936）宮崎義一訳『景気循環論』中央公論社，中公
クラシックス

[2]　この投資関数は「加速度原理」と呼ばれる。

たほどは生産物が需要されず，次期にはIを減らすでしょう。Iが減ると有効需要が減って現実のGは下がり，さらに乖離は広がってしまいます。逆にG>G_wならば生産力の伸び以上に需要が成長するため，企業はIを増やし，Gがさらに大きくなって乖離が拡がります。結局のところ，現実の成長率GはGwより大きくとも小さくともG_wから離れて行き，経済を不安定化させることになります。ここからハロッドは，市場は自由放任すれば発散し，安定状態（定常状態）にはたどりつかないと結論しました。

さらにハロッドは労働人口の成長率G_nを「**自然成長率**」と呼びます。もし現実の成長率が$G<G_n$だとすると，当初は完全雇用されていても次期には失業者が出ます。$G>G_n$なら完全雇用にはなりますがその後人手不足で成長は持続できません。$G=G_n$であるときにのみ経済成長は持続可能になります。これはどういった場合に成り立つでしょうか。

G_nの大きさがnであるとして，それと$G_w=\frac{s}{v}$のs，vはそれぞれが独立の数値です。つまり$G=G_n=G_w$は偶然にしか成り立ちません。成長率の目標値であるnと$\frac{s}{v}$は独立の値であるため，偶然に$n=\frac{s}{v}$でない限り，双方を同時に満たすことはないのです。財市場が均衡して労働市場で失業を出さないためには経済政策による調整が必要で，その運営はナイフの刃の上を渡るようなもの（**ナイフ・エッジ**）だとハロッドは結論しました。

新古典派の成長理論（ソロー）

ハロッドは労働人口の成長率や技術水準を反映する資本係数は独立した変数だと仮定しました。そこで総需要は政策的に管理しなければ総供給と乖離して成長率は不安定になり，失業は常態になるというのです。けれども資本設備ストックKと労働力Lは代替される可能性がありま

す。人手不足が厳しくなり人件費が高騰すると飲食店で注文のやりとりは従業員からタッチパネルに替わり，運び手がロボットになって生身の労働を設備が代替します。R.ソローは資本設備Kと労働力Lが代替的な生産関数を想定して経済成長を論じました。

新古典派は財市場で需要と供給が一致するとき，資本と労働が代替することで失業が出ないと主張しました（数式を多用するため，慣れない方は結論だけお読みください）。

まず生産関数が「規模にかんして収穫一定」と仮定します。それは生産関数
$Y = F(K, L)$が資本Kと労働力Lについて「一次同次」で，正のa>0について
$aY = F(aK, aL)$が成り立つということです。

ここで$a = \frac{1}{L}$とすると$\frac{Y}{L} = F(\frac{K}{L}, 1)$です。労働者一人当たりの資本装備率$\frac{K}{L}$をk，労働者一人当たりの総生産$\frac{Y}{L}$をyとすると，生産関数は

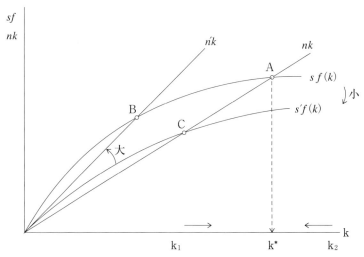

図14-2 新古典派の成長理論

$y=f(k)$ となり，資本と労働が代替すると k が変化します。労働力の成長率は $\frac{\Delta L}{L}=n$ とし，財市場の均衡条件はハロッドと同じく $\Delta K=I=sY$ とします。これら3本の式を変形すると次式になります[3]。

$\Delta k=sf(k)-nk$

　資本装備率が変化しないときには $\Delta k=0$ ですから $sf(k)=nk$ です。これを満たす k を k^* とすると，$k<k^*$ ならば図12-5では k_1 にあるように $sf(k)>nk$ で，$\Delta k>0$ ですから k は上がります。逆に $k>k^*$ ならば図12-5では k_2 にあるように $sf(k)<nk$ で，$\Delta k<0$ ですから k は下がります。結局，k は k^* より大きいと下がり小さいと上がるため長期的には k^* に達し，安定します。k^* では $\Delta k=0$ ですから $\frac{\Delta K}{K}=\frac{\Delta L}{L}=n$，また生産関数が一次同時なので，GDPと資本は人口と同じ率で成長します。

　このようにソローは新古典派を代表して，資本 K と労働 L が代替的であるならば，その比である資本装備率（一人当りの資本設備量）が調整し，GDPと資本は同じ率で成長すると主張しました。ただしその成長率は経済にとっては外部にあたる人口成長率 n と貯蓄率 s に左右されます。

　ここで先進国が A 点で定常状態にあるとして，より人口成長率 n が高い，ないし貯蓄率 s が低い途上国を考えましょう。B 点や C 点へ移行して定常状態になり，それぞれ一人当たり資本装備率 k と一人当たり総生産 y は下がります。それが「貧しさ」の表れだということになります。逆に先進国が豊かなのは貯蓄率が高いとか人口成長率が低いせいだということになります。

　けれどもこの設定では，自由な市場において経済成長は財市場と労働市場を均衡させるとしても，成長率の高さを決めるのは貯蓄率と人口増加率で，経済政策で操作することは容易ではありません。そこでさらに

---

[3]　分数の変化率は引き算になるので $k=\frac{K}{L}$ から $\frac{\Delta k}{k}=\frac{\Delta K}{K}-\frac{\Delta L}{L}$

$\frac{\Delta K}{K}=\frac{sY}{K}=\frac{sYL}{KL}=s\frac{Y}{L}\frac{L}{K}=\frac{sf(k)}{k}$ で $\Delta k=(\frac{sf(k)}{k}-n)k=sf(k)-nk$

別の成長理論が模索されました。

14-2　経済成長の源泉

　ハロッドの成長理論では，経済成長は自然成長率と保証成長率に阻まれ，定常状態にはたどり着かず停滞か加熱かの二極に発散します。けれども世界経済はそうした二極にあるようには見えません。

　一方，R.ソローは，労働と資本ストックが代替可能だと仮定し，GDPと設備資本のストックが労働と同じ率で成長するという定常状態に落ち着くと結論しています。1人当たりのGDPと資本ストックは，経済の外部で家族やコミュニティが決める労働力の成長率や，政策的には操作できない貯蓄率に依存して大きさが決まると言うのです。先進国の一部は人口増加率が下がってもなお経済成長を続けています。労働や資本だけでは説明できない要因がありそうに思われます。

　そこでソローは1人当たりGDPの成長を説明する要因として，「**技術進歩** technical progress」を加えました。KとLの増加では説明されない産出量の増加は技術進歩によるものとすれば，技術進歩は生産関数を用い，Aと定義できます。

$$Y = AF(K, L)$$

　Aが上昇すると，KやLが不変であっても生産量は増大します。このAを「**全要素生産性**（Total Factor Productivity：TFP）」と呼びます。ここで生産関数が，KとLがそれぞれ$\lambda(>0)$倍になるとYもλ倍になって規模にかんし収穫が一定である**コブ＝ダグラス型**だとします。

$$Y = AK^a L^{1-a}　　a は資本分配率，1 - a は労働分配率[4]で 0 < a < 1 です。$$

　そのときコブ＝ダグラス型生産関数の特徴として$\dfrac{\Delta Y}{Y} = \dfrac{\Delta A}{A} + a\dfrac{\Delta K}{K} + (1-a)\dfrac{\Delta L}{L}$

---

[4]　対数を取った $\log Y = \log A + a\log K + (1-a)\log L$
の両辺につき時間にかんして微分すると，$\dfrac{\Delta Y}{Y} = \dfrac{\Delta A}{A} + a\dfrac{\Delta K}{K} + (1-a)\dfrac{\Delta L}{L}$

すなわち　GDP の成長率＝技術進歩率＋a・資本の増加率＋$(1-a)$・労働の増加率
となります。これを経済成長にそれぞれの要因が貢献した度合いを示す式とみなし，ソローは「**成長会計**」と呼びました。

このモデルに実際の数値を当てはめると，高度成長期の1970年までは，GDP の成長率に特に貢献度が大きかったのは技術進歩（全要素生産性上昇率）と資本ストックでした。人口の増加率も高い水準にあったものの，貢献度は技術進歩や資本ストックと比べると大きくありませんでした。高度経済成長は，技術進歩と資本設備への積極的な投資に負う部分が大きかったことになります。

ところが1980年代の日本では**研究開発費**が旺盛に投じられたのに，全要素生産性は下がりました。これは謎ですが，そもそも技術進歩率は直接に計測されてはいません。生産量の増加率のうち資本ストックの増加率と労働の増加率では説明できない部分に「技術進歩」と名付けただけ

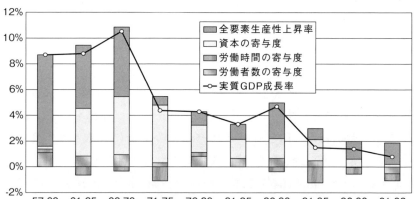

（注）　85年までは68SNA ベース，86年以降は93SNA ベースの歴年毎の計測値を期間平均（年率）
（資料）内閣府「国民経済計算年報」等に基づいて作成

図14-3　成長会計に基づく日本経済成長の歩み　　　出所：財務省[5]

---

[5] ニッセイ基礎研究所（2005）「我が国における「団塊の世代」退職及び少子高齢化が，経済・金融に与える影響について」財務省委嘱調査

で，正確には「残余」です。ここから2つの解釈が生まれます。

第一は，研究に投資したものの技術進歩に結びつけるような文化が日本にはなかったという見方です。それに比べて1990年代のアメリカでは，研究開発費が技術革新に結実しています。これは日本の企業組織内の研究開発がIT革命のように新機軸に相当する抜本的な技術革新を起こせなかったことを示唆しているのかもしれません。

第二には，残余は技術進歩や物的資本，労働以外の何かだという解釈です。投資にも物的ではない**人的資本**への投資があるのかもしれません。コブ＝ダグラス型の生産関数において労働と資本についてはそれぞれ限界生産性が逓減すると仮定されているため，資本ストックが十分に蓄積された後に投資を行ってもそれほどは生産量が成長しません。この仮定のもとでは先進国の成長率には技術進歩以外の差はありえません。

けれども現実に資本ストックがすでに相当量蓄積された国においても成長率には相違があります。そこでD.ローマーは「**内生的経済成長論**」を唱え，資本ストックの限界生産力を逓減から「一定」へと見直しました。その上で資本ストックには物的資本とともに知識や技術，熟練を修得した「**人的資本**」を加えたのです[6]。人的資本への投資とは**教育投資**のことで，労働者が機械の操作に詳しくなると増加します。このように教育投資が人的資本を増やし生産力の向上に寄与する可能性が示されました。

14-3　何が経済成長を制約するのか

経済成長理論において不均衡に注目したのがハロッドで，資本装備率（一人当たりの設備量）が調整せず，経済の成長経路は発散し二極化すると主張しました。それに対し新古典派は，経済が資本装備率（一人当たりの設備量）によって調整され，外部にある人口成長率nと貯蓄率s

---

[6]　Romer, P. M. (1989) "Capital Accumulation in the Theory of Long-run Growth," in R. J. Barro, ed., Modern Business Cycle Theory, Oxford : Basil Blakwell.

に規定されて成長すると唱えました。

　これらは労働が資本を代替しうるか否かで総需要の成長率と総供給の成長率が一致するのかを論じました。成長の行く末が収束か発散かを問うたのですが，そもそもマクロ経済が成長可能であると前提していることには注意が必要です。経済の成長は市場の内部で資本装備率という変数が決めるという以前に，その外部が許容するのかを問う必要があります。ハロッドと新古典派は，人口成長率 n と貯蓄率 s という市場の外部で決まる数値が経済成長率の高さを左右するとみなしています。だが経済の外部に共有資本が存在していると考えると，それ以外にも注目すべき制約があります。

　第一は自然資本が GDP に合わせて成長するのかという点です。諸産業の原材料は同じ成長率で増産できるのでしょうか。原材料の生産にも原材料があり，それをたどっていくと化石燃料や鉱物，水などの有限な資源に立ち戻ります。それらが有限であることは D. H. メドウス等が1971年に著した『ローマクラブ「人類の危機」レポート　成長の限界』[7]の「人は幾何級数的に増価するが，食料は算術級数的にしか増産しない」という文言で知られるようになりました。

　似た議論はすでに 3 - 4 で紹介したように R. マルサスが『人口論』で行いましたが，食料は有機農業で生産されることが前提されていました。その後，世界は化石燃料によって工業化し化学肥料と農薬が開発されたため，食料は人口成長率に足並みを揃えて増産されると期待されました。それに対しローマクラブは工業にもとづく成長にも資源の制約があることを指摘したのです。その指摘は当然，地球や海洋，大気が廃棄物や排出物を許容しうる範囲にも限界があることへと拡張されます。一括りにして言えば「地球環境問題」の制約です。

　けれども海産物のように，生態系が持続しさえすれば長期的に生産が

---

[7]　D. H. メドウス（1972）『ローマクラブ「人類の危機」レポート　成長の限界』ダイヤモンド社

維持されるものもあります。それは工業的に生産性を高めるのではなく，適切に漁獲量を規制することによります。これは日本がもっとも不得意とする分野で，売れる魚種は次々に獲りすぎて不漁になっています。世界的に水産業は適切な規制によって成長産業に転じているのとは対照的に，乱獲を止められていません。[8]

　第二は金融資本です。貸すことは信頼にもとづきますが，返済は経済が成長すると期待していることにもとづきます。将来には成長が期待されているならば金銭収入が約束されるので，投資や消費にカネを使うことに躊躇しないでしょう。企業が設備投資に家計が消費にカネを使わないという現象は，経済が成長すると期待されていないことの反映とも言えます。「将来不安」です。

　経済が成長すると信じられていない社会では，生産よりも消費すなわち需要が成長すると考えられていないのでしょう。新古典派は「生産と消費は価格が調整する」としか言いませんが，そもそも消費需要が頭打ちになるならば，生産しても在庫が増え価格が下がるだけになり，設備投資をして増産することに意味がありません。「将来不安」を払拭することは可能でしょうか。

　そこで第三に文化資本を考えてみましょう。新古典派経済学では商品の「良さ」は個人が抱く効用によって規定されるとしていますが，大量にモノが売れるとき，その消費は文化によって裏付けられています。アニメーションが成長産業であるのは，カネの支出を厭わず，もしくは低賃金労働であってもアニメや漫画を評価し，製作し消費しようと情熱を傾ける文化が定着しているからです。日本で全般的に需要が停滞しているのは，アニメーション以外の領域で消費を模索し支持する文化が弱体化しているからでしょう。

　第5章で述べたように，ガーシェンクロンは先進国が開発した技術を

---

[8]　勝川俊雄（2012）『漁業という日本の問題』NTT出版，片野歩・阪口功（2019）『日本の水産資源管理』慶應義塾大学出版会等。

模倣することで後発国は素早い成長を実現すると説明しました。けれどもみずからが先進国となると、模倣すべき先進国はなくなります。模倣は技術についてのみなされるのではありません。高度な技術であっても生産された商品で売れないものは無数にあります。後発国にとっては先進国で売れた商品をなぞれば良いのですが、先進国の成長にとっての難問は何がヒット商品となるか、欲望の対象となるかが根本的に不明であることです。企業にとっての最大の不確実性は、「何が売れるか分からない」ことです。シュンペーターは新機軸と言いましたが、いくら新しい技術であってもそれを利用した商品がヒットしなければ需要は喚起されません。

これは生産する側が、家計が何を消費したいのかを分かっていないことによります。文化資本の例として第2章で挙げた「民藝」は、作ると同時に暮らしで使う道具でした。「民藝」を唱えた柳宗悦は西欧近代美術の中には暮らしの中で使われない不健全な芸術があると対比し、暮らしの中で需要される民藝の健全さを称揚しました。いまだ存在しないものの、暮らしで使われる商品をいかに開発するかが企業の使命だと言えます。

第四が人間関係資本ですが、それは生産の面と暮らしの面があります。生産における人間関係は、戦後の日本では会社の人間関係に結晶していました。長い時間労働し休暇も十分には取らないならば、当然暮らしの中で行う消費は縮小します。消費と言っても会社主義の社会においては、似たような柄のスーツや飲み会での飲食に偏ります。暮らしの消費は主婦が担っていたのかもしれませんが、女性の社会進出でそれにも限界があります。

暮らしの中で家族や地域、友人とともにどうしても使いたいものが、人間関係における消費です。消費社会学はヴェブレンの「見せびらかし

の消費」やブルデューの社会的格差を表現するための消費等を検討してきましたが，それらの不健全な消費は既存の「格差」をもとに裕福であることや権力を持つことを見せつけるもので，人と人の関係を豊かにするものではありません。暮らしの健全性について考えるには，格差が何故生じるのかを検討する必要があります。

14-4　格差はいかにして生まれるのか──分配の理論

　近年，世界中で**格差**が広がり，日本も例外ではないとされています。日本経済は21世紀に入って以降停滞しており，様々な改革が断行されましたが，いますが，いずれも成功したとはみなされていません。そうした中で着実に進んでいるが格差の拡大です。

　「不平等さ」を表すとされる指標に**ジニ係数**があります。所得の低い

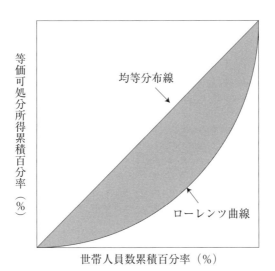

図14-4　等価可処分所得の世帯人員分布のローレンツ曲線[9]
出所：総務省統計局

---

[9]　総務省統計局。等価可処分所得とは，世帯の年間可処分所得を当該世帯の世帯人員数の平方根で割って調整したものをいう。

方から高い方へと世帯を順に並べ，それぞれの世帯の所得を国民の全所得で割った比率を順次加えていくと，所得の累積構成比が求められます。それを縦軸に，世帯人員の累積構成比を横軸にとると，両者の関係は逓増する曲線（**ローレンツ曲線**）として描かれます。所得が完全に均等であれば世帯人員が累積するのに合わせて所得も累積するので，ロー

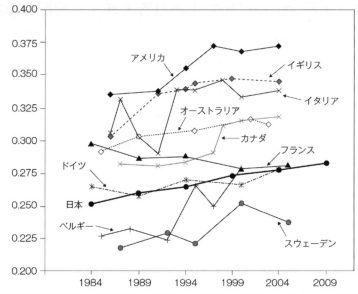

国名〈調査年〉		ジニ係数	国名〈調査年〉		ジニ係数
アメリカ	〈2004年〉	0.372	日本	〈2009年〉	0.283
イギリス	〈2004年〉	0.345	フランス	〈2005年〉	0.281
イタリア	〈2004年〉	0.338	ベルギー	〈2000年〉	0.279
カナダ	〈2004年〉	0.318	ドイツ	〈2004年〉	0.278
オーストラリア	〈2003年〉	0.312	スウェーデン	〈2005年〉	0.237

※調査年は，LIS公表データ（直近値）
出所：総務省統計局「平成21年全国消費実態調査　各種係数及び所得分布に関する結果」
　　　日本は全国消費実態調査結果，1994年以前は経済企画庁の「視点シリーズ11」より
　　　日本以外はルクセンブルク所得研究所（LIS）より

図14-5　等価可処分所得のジニ係数の国際比較（総世帯）[10]

---

[10] 総務省統計局「平成21年全国消費実態調査」。

レンツ曲線は45度線になります。所得格差が大きいと下方に膨らみます。45度線とローレンツ曲線とで囲まれるのは弓形になり，ジニ係数は弓形の面積と45度線と縦・横軸で作られる三角形の面積の比率と定義され，所得格差が小さいときは0に近づき（三日月型の領域が縮小し），大きいときは1に近づきます。

　ジニ係数の推移を見ると，日本でも1980年代から一貫して高まり，2009年段階で先進国ではフランス・ドイツと同水準となっています。これは当初の所得ではなく再分配を経た可処分所得の推移で，再分配は課税により実施されます。では再分配以前の所得や格差はどのように決まるのでしょうか。理論的な説明を見ていきましょう。

　新古典派では，労働や資本をそれぞれ1単位増やしたとして，増産される生産物を販売し得られた収益を限界生産性もしくは限界効率と呼び，それが報酬に一致すると考えます。労働については最後に雇用された人に支払われる単位時間の賃金 w は，その人が増やした会社の売り上げに一致するということです。

　設備資本については，新古典派は機械を購入するのではなくレンタルし，ストックとして時間差なく最適な水準が保たれていると考えます。そこで資本ストックの報酬すなわち借入価格 r は，追加的に1単位をレンタルして得られた売上額に相当するとします。[11]

　生産された商品の販売価格を1，生産関数がコブ＝ダグラス型の $Y = K^a L^{1-a}$ とすると，r，w はそれぞれの限界収入だから

$$r = \frac{\Delta Y}{\Delta K} = aK^{a-1}L^{1-a}$$

---

[11]　ケインズの投資関数と新古典派の最適な資本ストックは無関係に見えますが，投資をして最適な資本ストックへ調整するまでに時間と費用がかかり，スピードを速めるためにより大きい調整費用がかかるという「ペンローズ効果」を考慮すると，将来における資本の限界効率や資本の限界費用を予測しなければならなくなります。(Uzawa, H. (1969), "Time Preference and the Penrose Effect in a Two-Class Model of Economic Growth," Journal of Political Economy 77, No.4, pp628-652.)。8‐4参照のこと。

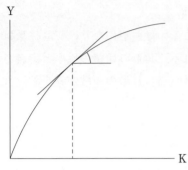 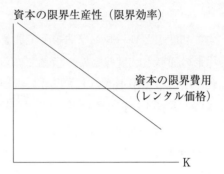

図14-6 資本ストックの最適な需要量

$w = \frac{\Delta Y}{\Delta L} = K^a(1-a)L^{-a}$ であり[12]，

$rK + wL = aK^aL^{1-a} + K^a(1-a)L^{1-a} = K^aL^{1-a} = Y$ となります。つまり生産物は資本と労働にすべて分配されると考えます。これも数式はともかく結論を理解してください。

　新古典派ではこのように，形式的に採用した生産関数だけで所得の分配を説明できるとしています。資本にせよ労働にせよ，雇用されたことで企業に即座に追加する収益によって能力が測られ，その能力に見合った報酬が借入費用や賃金として与えられるため，それが実現している限り不当な格差は存在しないと考えるのです。その背後には将来に不確実性がなく的確に予測でき，調整にも時間を要さないという仮定があります。

　これに対しケインズの影響を受けて総需要と総供給を区別する経済学者たち，マーシャルの伝統を継ぐイギリスのケンブリッジ大学でケインズに学んだハロッド以降の**ポスト・ケインジアン**や，フランス系で制度による調整に注目する**レギュラシオン派**等は，より現実に近い仮定を立てて所得分配や格差について考えています[13]。価格は伸縮的に需給を均

---

[12] 正確にはKもしくはLの一方だけが微小量変化したときのYの変化分である偏微分。

[13] そうした反主流派の経済学については，佐野誠・柴田徳太郎（編，2008）『現代経済学　市場・制度・組織』岩波テキストブックスが紹介しています。

衡させるのでなく硬直的で，企業が賃金費用に**マーク・アップ**（上乗せ）して決めるであるとか，ケインズにならい貯蓄を投資から独立させ有効需要の原理を採用する，資本家と労働者では貯蓄率が異なる等です。

たとえば N.カルドアは分配についての限界生産力説を放棄し，

$Y = Y(K, L)$

$Y = P + w \cdot L$

$I = s_r P + s_w wL$

$I = \bar{I}$

という式から成るモデルを提案しました。それぞれの式は産出高(Y)は利潤(P)と賃金(w・L)に完全分配され(Y＝P＋w・L)，財市場の均衡条件としては投資(I)と貯蓄が等しく，貯蓄は利潤からの貯蓄と賃金からの貯蓄から構成され(I＝s_rP＋s_wwL)，資本家と労働者それぞれの貯蓄率 s_r と s_w は 0 から 1 の間にあり，投資は外生的に決定される(I＝$\bar{I}$)としたのです[14]。ここでは資本と労働への分配は限界生産力ではなく，資本家と労働者それぞれの貯蓄率によって決まっています。

また T.ピケティ （2014）[15]は民間の資産収益率 r に注目し，それが所得の成長率 g を上回るとして格差を説明しています。現在のアメリカや日本は収入の多くを海外に投資した資産ストックの運用収益である第一次所得収支から挙げており，そうした資産の蓄積が進んだ先進国については説得力があります。

以上のうち格差がどのように決まるのだとしても，それが市場の働きで決まるのだとすれば，それを補正するのは政治的な決定で，税による再分配やカネを支払わなくても享受しうる公共財の供給です。どれくらいのジニ係数の格差をもって良しとするかは国により地域により価値観が異なりますが，民主主義においてはその価値観を反映して税率や公共

---

[14]　N.カルドア （1989，原著1978）笹原昭五訳『経済成長と分配理論』日本経済評論社

[15]　T.ピケティ （2014，原著2013）『21世紀の資本』みすず書房

財供給が決定されることが政治に期待されています。ここで格差が抜き差しならないものになるのは，再分配や公共財供給のあり方を支配する政府の考え方にもよります。共有資本のあり方も含め，第15章で扱いましょう。

理論のまとめ

　差異が消滅した「均衡」では，新規軸を打ち出すことで差異が復活します。そうした利潤の開発が経済発展の実態です。ではマクロ経済学では，経済発展はどう表現されるのでしょうか。

・R.ハロッドの場合。設備投資には，需要の一部でありながら資本ストックを増加させ生産力を高めて総供給Yを増やすという二面性があります。そうだとすれば現実の成長率が「保証成長率」よりも大きくても小さくても発散し，また人口成長率よりも大きければ人手不足，小さければ失業が出ます。そうした不安定性が市場経済につきまとうため政策的に調整する必要があるとしました。

・新古典派のR.ソローは，労働が設備資本と代替的であれば，現実の成長率は貯蓄率と人口成長率に応じて安定的に成長すると主張しました。けれども貯蓄率も人口成長率も政策では変更できません。そこでソローは「人的資本」に対する教育投資に注目します。

・しかし市場が需要と供給を均衡させるとしても，需要が生産に合わせて成長するとは限りません。資源の限界，廃棄の限界，欲望の不確かさがあるからです。

・成長の果実は国民各人へ所得として分配されますが，新古典派では格差は能力の反映でしかありえず正当です。ケインズ派のN.カルドアは，所得階層ごとに貯蓄率に差があることで分配率にも相違があるとみなしました。T.ピケティは所得からの貯蓄よりも資産ストックからの収益率が実物経済からの収益率よりも高いことに注目しました。現代のアメリカや日本のように対外資産からの収益が大きな国についてはあてはまる議論です。

参考文献

ロイ・ハロッド（2011，原著1936）宮崎義一訳『景気循環論』中央公論社，中公クラシックス

C.I. ジョーンズ（2011）宮川努他訳『ジョーンズマクロ経済学 I ―長期成長編』東洋経済新報社

　経済の危機をはらんだ成長についてはハロッド，平時の安定成長についてのソローモデルはジョーンズが平易に解説しています。

15 | 私たちはいまどこにいるのか
──共有資本の衰退と持続

15-1　公共財と準公共財，シェアとコモンズ
15-2　準公共財と共有資本の対立
15-3　私的財と共有資本の対立　コモンズの悲劇とシェアの悲劇
15-4　成長の源泉はいかに維持されるか

《要約》　私的財に当てる金銭収入が乏しい人でも共有できる財が「公共財」と「準公共財」です。準公共財には意図的に供給されるコモンプール財とクラブ財があり，自生する共有資本として自然資本（コモン）と文化資本（シェア）があります。後者の共有資本は，日本経済の欧米化の過程で衰退を余儀なくされました。「公」が取ってかわったのは林野の「入会」で，文化においても西洋音楽の義務教育化が伝統音楽の軽視を進めました。農業においては農薬や化学肥料を用い工業化された慣行農業が国の方針に従って優先され，伝統的な生産法の代替財が提供されました。そうした中で公害に代表される外部不経済は認識され是正されましたが，水産資源の乱獲のような自然におけるコモンズの悲劇，上空のスカイラインの眺望を私有化し換金する高層ビル建設のように文化におけるシェアの悲劇が続いています。共有資本は生産要素を生み出す温床であり，生産活動によって摩耗するのは資本主義経済にとって根本的な矛盾で，社会的規制を課し持続させることが必要です。
《キーワード》　公共財／準公共財／私的財／競合性／排除性／純粋公共財／クラブ財／コモンプール財／自生／意図／シェア／コモン／衒示的消費／社会的規制／経済的規制／外部経済／外部不経済／コースの定理／無形資産／スピルオーバー／シナジー／スケーラビリティ／サンクコスト／創発的／幸福

15-1　公共財と準公共財，シェアとコモンズ

　経済成長で拡大するのは GDP に相当する付加価値で，私的財が消費者に与えた効用に対応します。けれども広がる格差のもと私的財に当てる収入が乏しい人が依然として存在し，それを補うように誰もが共有する財があります。公共財と準公共財です。政府はその提供によって「資源配分の調整」を行い，格差を補うことができます。

　経済学は財を「**公共財**」「**準公共財**」，「**私的財**」に分類し，そのうち「私的財」は**競合性**および**排除性**によって性格づけられます[1]。「公共財（public goods）」はこれら二つの属性を欠いています。

　R. A. マスグレイブは公共財の特徴を「非競合性」に見出しました。伝染病の蔓延を防ぐ「防疫」の利益は，何人が助けられても減ることがないという意味で非競合性を持つ公共財（サービス）です。P. サムエルソンは別の見方で，公共財の特徴を「非排除性」に置きました。ある人が消費するときに他人が消費するのを排除できない，もしくは排除するのに無視しえぬ費用がかかるという性質です。伝染病が蔓延している状況では，防疫の効果を特定個人に与え，他の人には与えないという線引きは困難でしょう。これら「非競合性」と「非排除性」を同時に満たすような財・サービスが「**純粋公共財**」で，国営の地上波テレビ放送や国防や伝染病の蔓延を防ぐ措置等が挙げられます。[2]

　純粋公共財からすれば「非競合性」もしくは「非排除性」のいずれかが欠けている公共財がありえて，それが「準公共財」です。財政政策が想定する分類を表にしてみます。

　準公共財として経済学は一般に，クラブ財とコモンプール財を挙げます。排除性はあるが競合性がない「**クラブ財**」は，対価を支払った人だ

---

[1]　松原隆一郎『経済政策』放送大学教育振興会，2017，第 6 章。実際の運用では細部にさまざまな差異がありますが，ここでは理念の「型」を述べます。

[2]　公的福祉，ナショナルミニマムも公共財として提供されています。民放の地上波テレビ放送は，スポンサーが広告と抱き合わせで放映する私的財です。

	競合性	非競合性
排除性	**私的財**（消費財，迂回資本）	**クラブ財**（映画館，衛星テレビ・地方公共財等）
		文化資本（シェア：手仕事の技能，景観の記憶等）
非排除性（サムエルソン）	**コモンプール財**（道路・公園，社会インフラ）	**純粋公共財**（国防，感染症病の防疫，公共テレビ放送，ナショナルミニマム（警察・義務教育），財政金融政策）
	自然資本（コモン，コモンズ：海洋の生態系，農地の自然循環等）	

表15-1　公共財の分類

けが等量消費できる財で，会員制の施設や有料道路・衛星放送や映画館のサービスが該当します。地方自治体のサービスは地方公共財とも呼ばれ，地域住民が排他的に利用しうるので，クラブ財です。

　逆に排除性はないが競合性を持つ「**コモンプール財**」は，一般に開放されている道路や公園などで，誰もが利用できる非排除性を持つが，消費者が混雑してくれば競合性が働き，個々人が消費できるサービスの量が減っていきます。コモンプール財においては排除性がないため排他的には私有できず，クラブ財は競合性がなく同時に消費されています。経済学周辺で「共有」と言えば，多くの場合，コモンプール財やクラブ財を指し，地方における公共財としては公園や公立学校等を自治体が供給しています。

　けれども経済学では準公共財と呼ばれるべき財のうち，看過されている財があります。「**意図**」しては生産されず，「**自生**」し共有される共有資本です。映画館や衛星放送といったクラブ財は意図的に設置されて有料制で排除性があります。心打つ民謡やまちの記憶，「くさや」の味覚といった文化資本は自生しますが，馴染まない人には音階や記憶，味覚

が障壁となって排除性があります。クラブ財と文化資本は他を排除しますが，仲間内では非競合的で共有されます。

コモンプール財である道路や公園は国や自治体が意図して設置，管理しますが，海洋の生態系や土地の自然循環といった自然資本はもともと人の占有にさらされる前から自生しています。ともに非排除的であるため誰でも利用できますが，競合的であって乱獲，濫用すれば混雑したり枯渇します。

文化資本と自然資本は近代以前から自生していました。近代に入り国は私的財に私的所有権を付与し保護するようになり，公共財やクラブ財，コモンプール財だけを共有すべきものとみなして，意図的に提供するようになります。その一方で従前から存在した共有資本は衰退しても放置しました。人工的な道路や映画館は予算や資源があれば創出したり再生産することが可能ですが，漁業資源や古い樹木，伝統文化や地域の街並み，景観などは破壊されれば再生は困難，もしくは時間がかかります。

15-2 準公共財と共有資本の対立

経済成長は実現されたとしても，他方で犠牲になるものがあります。4-4に描いたように江戸時代末まで，日本では自然と文化が地域により多様性にあふれ，米や道具は回船により全国を循環していました。ところが帝国主義の過酷さに気づいた明治政府は，早急にキャッチアップして先進国たらんと「模倣」に励みます。それは欧米化であり，共有資本としての家族やコミュニティ（人間関係資本），生態系（自然資本），伝統の建築や街並み，味覚や音階（文化資本），信頼にもとづく融資（金融資本）といった伝統的な仕組みを捨て去り，欧米文化を移植しようとしました（脱亜入欧）。

共有資本のうち，排除性と非競合性から成るものを「**シェア**」（文化資本），非排除性と競合性を併せ持つものを「**コモン**」（自然資本，コモンズとも言う）と呼んでおきます[3]。自然資本が「共有されている」というのは，誰かが占有し手を加える以前から存在しており，誰もが接近しうる非排除的な状態を指します。その一方で誰かが独占すれば他の人は利用できなくなり競合性があります。海洋の生態系や農地における自然循環がコモンとして共有されてきました。

文化資本が「共有されている」というのは，個人消費される文化財や文化サービスを生み出す技能が必ずしも言語表現されない潜在的・抽象的な勘やコツとして，地域や集団に行き渡っている状態を指します。典型的なのは方言で，地域で誰もがシェアし伝承されていますが，同時に他の地域の人は口にしにくい排除性があります。「くさや」のような味覚も地域で「旨い」とする感覚も共有されていますが，他の地方の人には受け付けられない排除性があります。また景観や街並みの秩序は家屋が集まり全体において自生しますが，規制が課されるか合意がないと秩序は失われます。

欧米化の過程で，それら自生的に生成した共有資本は衰退の道をたどりました。まず，「公」が「共」を浸食していきました。明治維新後の日本に近代的な土地所有制度が導入されると，土地を所有するのは「私」か「公」かに二分され，「共」による管理・配分は困難になりました[4]。2－4で述べたように，林野の下草については「共」を管理する「入会」が「公」に簒奪（さんだつ）されていきました。

人工的に生み出されるコモンプール財には，コモンとしての自然資本と「意図」と「自生」で対立し，その価値を毀損する可能性があります。コモンプール財であるダム建設によりコモンである川の上流から土

---

[3] 人間関係資本はコモン，金融資本はシェアに属すると考えられるが，ここでは論じない。

[4] 吉岡詳光（2006）「法学的入会権論の『源流』―中田総有権論ノート―」，鈴木龍也・富野暉一郎編著『コモンズ論再考』晃洋書房

砂が河口へ運ばれなくなり，魚が遡上できなくなるといった事態です。

　クラブ財とシェアされる文化も政策次第で対立します。工業化・近代化とともに開始されたクラブ財としての地方自治体の公教育では標準語が強制的に教えられ，時には方言を排除することさえありました（沖縄方言については論争の対象とされました）。[5]

　音楽教育においても７音階の西洋音楽が重視されました。ところが音楽学者の小泉文夫によれば，日本の音階は民謡音階を始め律音階，都節音階，琉球音階までいずれも５音で，差別にさらされました。木下恵介監督，原節子・佐野周二主演による1949年の映画『お嬢さん乾杯！』を観てみましょう。原は没落名家の令嬢で，家屋は借金で没収される瀬戸際にあり，佐野は自動車修理工場を経営する成金でした。二人はお見合いで出会い，惹かれあいます。佐野は原にピアノを贈り，原は招いたお嬢様友だちに囲まれてショパンの「幻想即興曲　嬰ハ短調　作品66」を弾きます。原の友だちは佐野に歌の披露を求め，佐野が歌ったのが故郷の民謡「土佐の高知のはりまや橋で・・・」という「よさこい節」でした。

　苦労人が民謡にふるさとへの思いを託したのですが，それまでの和やかな雰囲気はしらけてしまいます。お嬢様たちは佐野にクラシック音楽を唄うことを期待し文化的な優越感の共有を求めたのに，佐野は非高等文化の象徴である民謡を歌ってしまったのです。故郷の「うた」を唄えば侮蔑されるような屈折を引き起こしたのが，欧米重視の公教育でした。

　本講では各地域で民衆が育んだ文化体系の方を文化資本と呼んでいま

---

[5]　昭和15（1940）年に沖縄県が義務教育で標準語強制を施行，同年に沖縄と東京のマスコミで「沖縄方言論争」が展開されました。標準語励行を象徴するのが「方言札」で，主に小学校で方言を話した児童は方言札を首からぶら下げられ，その児童は方言を話した児童を見つけて札を渡すというように使用されたといいます。これを批判したのが柳宗悦でした。日本民藝館監修（2022）『琉球の富』ちくま学芸文庫参照。沖縄県の学務部が県民は標準語をまともに喋られないために少なからぬ不利益を被り劣等感も抱くに至ったとし，方言をいたずらに言挙げするのは沖縄人が置かれた現実を見ない学者や文化人の手前勝手な主張にすぎないと反撃しました。

すが，文化資本は（卓越した）社会的地位にあることを誇示するための趣味の体系として見せびらかされることがあります。P.ブルデューは，文化資本（capital cultural）をこちらの意味で用い，T.ヴェブレンはそうした消費行動を「**衒示的消費**」と呼びました。

賑いを醸し出す街の文化は長い時間をかけて，不思議なことに一見したところ古くゴミゴミした密集地帯，商店街や飲み屋横丁に自生します。そうした都市のあり方を外国人の視点から再評価したV.アルマザンは，密集地域を一人経営の飲食店等スモールビジネスの温床ととらえ，「**創発的**」と評価しています。それが官主導の再開発により断ち切られ戻らなくなることは珍しくありません[6]。神戸市長田区の商店街は狭い通路が賑わっていましたが，阪神淡路大震災で被災し，市が復興を目指して高層ビルを何棟も建てたものの，広々としたフロアに入居した商店には元の賑いが見られなくなりました。復旧にはさらに時間を要するでしょう。

15-3　私的財と共有資本の対立　コモンズの悲劇とシェアの悲劇

自然資本と文化資本は，民間経済における私的財の生産においても破壊され，消耗することが珍しくありません。

外部不経済

経済学では一般に，公害は「**外部不経済**（external diseconomy）」として扱われます。「外部性」とは，ある経済主体の活動が，他の経済主体に負担もしくは利益を与えながらも市場取引に反映されないような現象を指します。外部性のうち他の経済主体にとって好ましい影響を与える場合が「**外部経済**（external economy）」，疎ましい影響を与える場合

---

[6]　ホルヘ・アルマザン＋Studiolab（2022）『東京の創造的アーバニズム』学芸出版社

は「外部不経済」です。外部経済についてはしばしば養蜂業者と果樹農家の例があります。企業と消費者は他の主体と直接には関係を持たず合理的に計算して利潤や効用を最大化すると仮定してきましたが，外部性に言及することで補ってきました。

　外部不経済は，深刻さがどう認識されるかで区分が変わります。共有資本としての自然を毀損したことが公益を損なうと広く認められた時，「公害」と認定されます。とりわけ廃棄物を費用負担なく自然環境に廃棄し，廃棄量が自然の分解する力を超える場合に問題が生じます。汚染物を海洋に廃棄することは，当初は企業にとって権利であるかに考えられていましたが，自然の損壊が害であると公認されるようになって以降，海洋汚染は「公害」へと認識が転換しました。それに対し農薬の散布は危険性が確認された成分は使用禁止されるものの，有用性が上回るとながらく認識されてきました。外部不経済であることが認識されても，どのレベルにあるのか区別が必要です。三つの分類を挙げると，

(1) 外部不経済を受ける側がある程度までは我慢しうる，すなわち受忍の限度内にあり，補償との交換でどの程度まで外部不経済を容認するかを交渉で決めうるケースです。工場の騒音などがそれに当たり，「**コースの定理**」で論じられました。

(2) 外部不経済が受忍限度を超えて深刻であるケース。評価が時の経過とともに変化することもあります。水俣病では，当初は外部不経済が存在するか否かも明確ではありませんでした。被害の深刻度や因果関係が時を追って明るみに出ると，因果関係の認定とともに交渉の前提となる「排水を海に投棄する」権限が企業に与えられるのかが見直されました。被害が受忍しうる限度を超えることが明確になると，加害者には道徳的な責任も問われました。公害が公的に認定されると，最終的には製造禁止に至ることもあります。

第15章　私たちはいまどこにいるのか——共有資本の衰退と持続 | **321**

(3) 被害が甚大過ぎ，企業が責任を負いきれず，国にも責任の一端があるとみなされるケース。国策によって推進された原子力発電所が激甚事故を起こし，放射能汚染を環境に拡散させるような場合です。[7]

　外部不経済が受忍の範囲内か否か，交渉の取引費用を無視できるか否かを明確にせず，とくに(2)や(3)で扱うべき事例を(1)と見誤ると，社会通念と齟齬を来してしまいます。(2)で想定するのは激甚な公害で，鉱山の製錬に用いられた排水が未処理のまま河川に廃棄されて起きたイタイイタイ病（富山県，1955年報告），排水に含まれた水銀が海洋に投棄されたため生じた水俣病（熊本県，1956年報告）等が該当します。

　こうした公害に対し被害者と加害者が契約で解決しうるとする(1)の分類を当てはめると，被害者（患者）が金銭を支払って加害者企業に生産量（水銀の排出量）を減らさせることと，加害者企業が外部不経済を排除するための装置に費用負担するのとでは社会的余剰では同等（資源配分のみ異なる）といった議論が導かれます。けれども障害を負って人生を送ることに事前に合意していなかった被害者やその家族は，賠償金をもらっても精神的苦痛は消えず，まして加害者に金銭を支払ってまで減産を依頼するのは納得いかないでしょう。一方，公害病について原因が長らく判明しなかったのも事実で，誰も認識しえなかった範囲まで企業側が責任を負わされるのは不当という考え方もありえます。

コモンズ（自然資本）の悲劇

　公害はコモンとしての自然資本に廃棄物を投棄して汚染し，自然の分解力を超えるときに他者に悪影響を与えるとされますが，生態系が再生産する能力を超えて資源を乱獲すると，資源が枯渇します。生物学者G.ハーディンが論文「コモンズの悲劇」(1968)で示したアイデアに従って「コモンの枯渇」がどのようなメカニズムで生じるのかを説明し

---

[7]　齋藤誠（2018）『危機の領域』勁草書房参照。

ます[8]。牛飼いたちが牧草地を共同利用しているとします。牧草地には私的所有権も利用規則も定まっておらず，牛飼いたちが自由で出入りできる（非排除性）としたときに，悲劇が起きます。

　牛飼い農家があり，それぞれが牛を飼って共有地で放牧しているとします。牛の数と共有地の牧草は均衡しており，これ以上牛を増やすと草が現状の量を維持できないが，牛を1頭増やすごとに農家には目先の利益があるとしましょう。簡単なゲーム理論のモデルでここで牛飼いのAとBが牛の頭数を現状維持する場合と，増加させる場合について考えます。二人が2つの選択肢を持っているから，組み合わせれば4つの状況があります。

　それぞれの利益が図15-1の利得行列で示されるとします。左側の数値はAの利益，右側の数値はBの利益だとして，A，B双方が現状維持するとすれば，それぞれが6の利益を得ます。ここでAが牛を増やしてBが維持すると，Aは9へと増収，Bは−4へ減収。逆にBが増やしてAが維持するとAは−4へと減収，Bは9へと増収となります。A，Bが競って増やすと双方が−2に落ち込みます。

　この利得表を双方が理解しているとして，共同行動を取るという協調解に合意するならば，双方は現状を維持して6の利得を得るでしょう。

| | | 牛飼いBの選択 | |
		頭数維持	頭数増加
牛飼いA の選択	頭数維持	6,　6	−4,　9
	頭数増加	9, −4	−2, −2

注：左側が牛飼いAの利益（損失），右側が牛飼いBの利益（損失）

図15-1　コモンズの悲劇

---

[8]　Hardin, Garrett（1968）。ゲーム論による説明は入会地を調査した政治学者 E. オストロムが用いています。Elinor Ostrom（1990）"Governing the Commons: the Evolution of Institutions for Collective Action."

けれどもこの状況は不安定です。というのも協調の約束を破れば6から9へと利益が増えるのだからです。いつ合意を破り抜け駆けが起きるかは分かりません。これに対して皮肉なことに，双方が牛を増やす状況は安定的です。自分だけが現状維持に戻しても相手は増やしたままなら利得が−2から−4へと悪化してしまうため，そうした行動は墓穴を掘るのです。私的所有権が指定されておらず自由に出入りできる共有地としての牧草地では，合理的な牛飼いが「悲劇」を起こしてしまう可能性があるのです。

　現実に「コモンズの悲劇」が懸念される分野もあります。近年，日本の漁業は危機に瀕していると，一部の研究者や有識者委員会が警鐘を鳴らしています[9]。日本の漁業では，20世紀には技術革新が進み，戦前には海底に接する網を引く「汽船トロール」によって東シナ海のマダイ，レンコダイが根こそぎにされました。1980年代には「大型巻き網漁」によりマサバが激減し，小さな未成魚も探知できるソナーまでが次々に開発されると，生態系が変わるまで乱獲が進みました。沖合底引き網漁業で獲られる魚の代表とされるキチジ（キンキ）は，1980年代半ば以降の25年ほどで10分の1まで資源量が減っています。成魚は取り尽くされ，漁獲の90％が小型で，捕獲金額は1％にしかならないといわれています[10]。大半の国々で漁業は厳しい規制が課され成長産業となっているのとは対照的です。

　日本は1996年に国際海洋法を批准，国が年間の漁獲量の上限を設定し資源を管理することとなって，現在，7魚種につき漁獲可能量（TAC；Total Allowable Catch）を指定しています[11]。まず漁獲量を魚種の増加

---

[9]　勝川俊雄（2012），片野歩（2013），小松正之（2011）「水産業の改革と海洋環境の改善」『地球環境』Vol.1，No1/2011，水産業改革高木委員会（2007）「魚食をまもる水産業の戦略的な抜本改革を急げ」日本経済調査協議会他。

[10]　水産業改革高木委員会（2007）

[11]　サンマ，スケソウダラ，マアジ，マイワシ，マサバ・ゴマサバ，スルメイカ，ズワイガニ

分以下に止まらせるという趣旨で，研究者が生物学的許容漁獲量（ABC；Acceptable Biological Catch）を科学的に算定します。TAC はそこから指定されるため本来は ABC を下回るべきものですが，ABC を厳格に守ると漁業者の収益が激減してしまうため，経営にも配慮して，日本ではサンマ以外の TAC はしばしば ABC を大幅に上回って設定されています。そのうえ現実の漁獲量は，TAC すら超えることが珍しくありません。乱獲は国策で支持されているのです。

　それでも漁獲の総量を決めた上で自由競争にする方式ではなく，漁業者もしくは漁船ごとに漁獲可能量を割り当てる個別割当（IQ；Individual Quota）方式が，ミナミクロマグロ，大西洋クロマグロ（遠洋はえ縄漁業），ベニズワイガニ（日本海）に部分的に導入されるようになりました。

　ところが IQ では割当量を公的に決めねばならず，紛糾を避けられません。分配比率が無事決まっても漁業者は当面は収入が減ってしまい，好転が期待されるとしても時間を要します。既存の漁業者に対しては，公的な金銭的援助が必要になります。将来的に漁獲が回復すれば税金で確実に回収が見込まれるのですから，そうした公的援助には合理性があります。乱獲への社会的規制は漁業を高収益化するのです。

シェアの悲劇

　シェアされてきた文化財を生み出す技能は「勘」や「コツ」に類し，対面で人から人へと伝達されてきました。自然環境を利用し地域によって異なる技能の分布を，食については近藤弘が『日本人の味覚』で，工藝については柳宗悦が『手仕事の日本』[12]で，日本地図として描いています。多くは庶民の暮らしに根付いていました。

　そうした技能は「非競合性」を特徴とし，特許や法で守られていませ

---

[12]　柳宗悦（1985，原著1948）『手仕事の日本』岩波文庫，近藤弘（1976）『日本人の味覚』中公新書

ん。発酵食品は発酵菌や寒さといった自然環境を手仕事で利用してきた有機的な産品でしたが、旨み成分がグルタミン酸、イノシン酸、グアニル酸のような純粋で単純な成分からなると分析されると調味料に置き換えられ、安価に販売されるようになりました。農産物に農薬や化学肥料を用いる慣行農業では、収量を飛躍的に増加されました。安全性には問題がないものの、野菜の味は平板化し産地の自然環境からはトンボやカエルが消滅しました。「民藝」と呼ばれた手仕事の工藝品は「型」を用いた機械製造で大量生産され、安価さから多くが駆逐されました。自生する文化資本が衰退したとしても、代替財を併用する知恵があれば消費者にとっては文化の向上です。その知恵が育っていない状態を、「シェアの悲劇」と呼んでおきましょう。「シェアの悲劇」は、日本の近代化の過程で外国文化を模倣し、自国文化を代替することで生じました。

景観や街並みは合意や規制のもとで形成されますが、合意があっても規制がない場合には合意に従わない建築物によって毀損を受ける場合があり、規制は不可欠で、日本では建築基準法や都市計画法が中心となってきました。ところがそうした規制が一部企業の要望で改変され、景観や街並みが地域の万人に共有されるものではなくなっています。

上空を左手から右手まで大きく広がる青空は、誰もがカネの支出なしに享受できる詩情を感じる自然資本にして文化資本です。ところが規制緩和で高さ制限が解除されると高層ビルが林立し、共有されていたはずの広々とした青空は高層階の住人だけが独占するようになり、賃貸料がビルの所有者に支払われます。これは共有されていた大空を高層ビルで遮って金銭化し、地上からは見えなくして、特定個人（ビル建設会社の株主等）が占有したことを意味しています。地方が衰退し東京に一極集中する圧力がかかる状況では、都心でビルを高層化した建設会社は、増設した階数だけリスク負うことなく金銭収入とすることができます。高

層ビルが突然都心に建つのは1990年代以降に「都市再生」と称する政策で都市計画法や建築基準法における高さ制限が緩和されたことに由来します。

ながらく眺望されてきた大空のスカイラインや景観や街並みにかんする記憶は，住民の人格を核心において支える共有資本です。原発事故が起きた土地であっても老人ほど故郷に帰りたいと願うのは，記憶に残る文化がかけがえないからです。

また公道に林立する電柱にしても，電線・通信線を地中化せずに安く架空するために日本に顕著な経済現象です。公道を広く使うという歩行者に共有されているはずの権利を電力事業者や通信事業者が費用削減のために1本当たり月々に約200円といった少額の賃貸料を道路管理者に支払い，独占利用しているのです。京都市についての調査では，無電柱化事業（地中線埋設に係る本体工事）を完了させると，因果的影響として，範囲50m で12.5%，範囲200m で7.5%だけの地価上昇が見られました[13]。電柱により電気料金や通信料金が下がっているというのは表面的な事柄で，下降した額の地価は事業者が地主や道路利用者から搾取し配当に回しているといえます。このように電柱が林立するようになったのは，昭和27年に道路法が制定され，電柱による「占用」が道路管理者にとって義務とされてきたからです。

このように「シェアの悲劇」は，私的財の供給という私企業の利益追求によって引き起こされ，公認されてきました。

15-4　成長の源泉はいかに維持されるか

このように日本では共有資本につき，「コモンズの悲劇」と「シェアの悲劇」が進行しました。それは需要をかさ上げするため自然資本や文

---

[13]　大庭哲治『着手・完了・抜柱時点を考慮した無電柱化事業が周辺地価に及ぼす因果的影響』土木計画学研究・論文集　第37巻。2000年度から2018年度までの地価公示データと2017年度までの京都市電線類地中化実績データを用い，分析期間は2010-2018年度。

化資本を犠牲にしてきたことを意味しています。

　シュンペーターは成長の源泉として，利潤を生み出すための新機軸（イノベーション）を上げました。そして先進国となれば，自然資本や文化資本は生産要素の源であり，共有資本もまた成長の源泉といえます。そこで共有資本が持続可能であるには，所有権を共有している関係者が規制に同意する必要があります。そうした条件を「**社会的規制**」と呼び，幼稚産業の保護や輸出入にかかる関税のような「**経済的規制**」とは区別しましょう。近年，コモンやシェアの毀損が進んでいますが，一方ではそれを押しとどめようとする社会的規制の整備も見られます。

景観法（平成16（2004）年）
有機農業推進法（平成18（2006）年）
無電柱化推進法（平成28（2016）年）
新漁業法（平成30（2018）年）

　景観については地域においてまちづくりや街並みを保護する条例がありますが，多くはマンションや高層ビルの建築の前では無力でした。条例は権能としては法よりも弱く，緩和され合法となったマンションの建設を差し止めるには力不足でした。けれども法に条例のような具体的な規定を与えようとすると，景観は全国で一律になるというジレンマに陥ります。平成16（2004）年制定の景観法は，地域で定められた条例等をいわば格上げし，法の権能を与えようとする点で画期的です。この法の登場により，条例には景観保全に実行力が伴うことが期待されています。

　有機農業を完全に慣行農業に置き換え，生産性を高めることが戦後の農林水産省の方針でした。ところが平成18（2006）年に突如方針の転換

が起き，「有機農業の推進に関する法律」が制定されました。「有機農業推進法」は，農薬や化学肥料，遺伝子組み換え技術を用いる「慣行農業」を改め，農薬及び肥料の適正な使用，家畜排せつ物等の有効利用による地力の増進，その他必要な施策を国が講ずる，としています。かつて農水省と農協が慣行農業に邁進したことを思えば，正反対方向へと行政が舵を切った印象があります。

　農水省が2021年に公表した「みどりの食料システム戦略」では，2050年までに耕地面積に占める有機農業の割合を25％（100万 ha）に拡大するという方針を打ち出しています。農地を有機農業に適するように休ませるにも農業従事者の費用負担が大きいため有機農産物を公費で買い上げ，学校給食で提供することも計画されています。しかし有機農業に戻ることで生産性が下がると予測されており，それに甘んじることなく生産性を高めるようデータにもとづく技術革新を進めることも必要です。

　道路法は平成25（2013）年に改正され，その37条で平成30年から防災上の重要な道路では新設電柱による占用を禁止することにしました。平成28（2016）年に制定された無電柱化推進法は，既設電柱の撤廃にも踏み込んで取り組もうとしています。新漁業法では TAC の遵守や IQ の導入が検討されています。いずれも即効性には限界がありますが，それでも一歩を踏み出したことは事実です。

　もっとも文化資本については，すべて伝統として保護すべきということにはなりません。実用品は社会環境の変化に即して形を変えるべきものであり，伝統工藝で大家族用に揃えられてきた一式の食器などは時代に即して変化しなければなりません。また，工業化をすべて均質的として貶めようというのでもありません。工業製品であっても金型は精密な手仕事で作られます。卓越した工業デザインを施された生活用品であれば，所有者の心を和ませてくれます。秀逸な工業デザインには，手仕事

の感覚が宿っています。

1979年に発売された「ウォークマン」は，機械的な構造よりも，工業デザインがリードした画期的な商品として世界に大きな衝撃を与えた例です。技術的には簡単な製品で，応接間に置くようなステレオが全盛の時代だっただけに，販売元でも売れ行きが懸念されましたが，いったん発表されると外出時に携帯して音楽を聴くという新たなライフスタイルが消費者の潜在的な欲求に強く訴え，「戦後日本最大の発明」と賞賛されるほどの成功を収めました。

さらに手仕事と印刷機械による大量の複製という組み合わせには，漫画やアニメーションは画期的です。漫画は原画とコミックスという複製には落差がありますが，複製でも原画に込められた抽象的，潜在的な秩序が十分に読者に伝わって，文化資本ではもっとも成功を収めた分野となりました。漫画家はパソコンを多用しようと，最終的には手先の技術を競い合っています。漫画家のイラスト集はアート作品としても美術界で評価されるに至っています[14]。アニメーションにしても日本のそれは繊細な手仕事で，機械的な工程は完成した原画を複製する過程に過ぎません。人間くさい手仕事の大半は機械的工程以前に集中しています。

以上，日本経済においては，利潤確保のために共有資本を毀損しながらも，新機軸の開発と共有資本の持続が図られています。

無形資産の台頭

その背後で私的財の領域においても大きな変動が起きています。「無形資産」の台頭です。20世紀いっぱい経済価値の対象とされていたのは農業や工業における「有形資産」すなわちモノ，無形であってもサービスでしたが，21世紀に入ってからの経済で顕著なのが「**無形資産**」への移行です。近年の世界経済を支配するITプラットフォーム企業，GAFA

---

[14]　大友克洋，江口寿史，寺田克也ら。

（グーグル，アマゾン，フェイスブック（現メタ），アップル）では，財やサービスを生み出す資本が，機械のような有形資産（設備）から，ソフトウェアや社内のノウハウ，研究開発，ブランド，ネットワークといった無形資産へとシフトしているのです。これら4社だけですでに2021年には株式の時価総額は日本株の全体を超えるに至っており，無視できません[15]。マイクロソフト社は700億ドルの総資産のうち工場や設備の価値はわずか4％，時価総額の1％にすぎません（残りは現預金や金融資産）。

　無形資産のうちこれまでに経済学が扱ってきたのは知的財産や「のれん代」までで，ソフトウェアや社内のノウハウ，研究開発，ブランド，ネットワークが包括的に分析されたとはいえません。ハスケル，ウェストレイク（2020，原著は2018）[16]に従って紹介しておきましょう。無形資産の特質には，有形資産にはないものとして次の4つがあります。

「**スピルオーバー**」：私的な投資のはずが財産権で囲い込めず，競合他社にも便益を与えてしまう波及効果。

「**シナジー**」：音楽メーカーが病院と組んで開発したCTスキャンのように，他分野のアイデアと組み合わせて得られる創発性。

「**スケーラビリティ**」：スターバックスの店舗マニュアルのように，どの国でも翻案できることに象徴される拡張可能性。

「**サンクコスト**」：当該企業にのみ利用可能で転売できない埋没性。

　有形資産だけで計測すればGDP成長率が低下するように見えても，背後では無形資産の成長が存在しています。それを示唆する研究としてD.ローマーは，資本ストックの限界生産性は逓減しても，経済全体に対しては限界生産性が逓減しないと主張しています。技術や知識という文化資本は人的資本のように労働者個人の能力として組み込まれるのではなく，外部性を持つからです。

---

[15]　総務省『令和4年　情報通信に関する現状報告の概要』第2部3章6節
[16]　ハスケル，ウェストレイク（2020，原著は2018）『無形資産が経済を支配する』東洋経済

第15章　私たちはいまどこにいるのか──共有資本の衰退と持続 | **331**

　生産技術についての無形資産である知識はある企業において教育投資により人的資本に蓄積されたと考えられてきました。ところが企業間で連携して商品を開発したり従業員が転社したりするときにシナジーやスピルオーバーが生じているとすれば，無償で他社の生産に正の効果を与え，共有されます。IT や AI の技術にかんする知識の多くは無形であり，特許で私有化しているとは言っても境界は曖昧で，文化的な技能と同類の新興の共有資本だとも言えます。

　このように無形資産には，共有される部分が小さくありません。共有資本は衰退にさらされつつも，SNS を経由して趣味を同じくする人々の支持を受けるようになっています。共有資本は無形資本を経由し，継承される可能性があります。

　物的な経済成長や資本の蓄積だけが人々に効用をもたらすのではありません。GDP の成長は，格差の広がりの元で国民全般の幸福にはさほど貢献しなくなっています。拡大しつつある無形資産のもと，コモンとしての古くからある街並みやスカイライン，シェアされる音楽の型としての音階や基本的なデザイン等の共有資本の持続が GDP よりも人間の幸福に資する可能正規小さくありません。共有資本を無形資本のもとで刷新し継承することで，GDP には表れない記憶や幸福が享受されることが期待されています。

332

✎ 理論のまとめ

・私的財に当てる収入が乏しい人であっても誰もが共有できる財が「公共財」と「準公共財」で，政府はその提供によって「資源配分の調整」を行い，格差を補正することができます。

・準公共財には意図的に供給されるコモンプール財とクラブ財があり，自生する共有資本として自然資本（コモン）と文化資本（シェア）があります。

・共有資本も準公共財ですが，コモンプール財やクラブ財は意図的に生産され共有される物的資本であるのに対し，自生します。海洋の生態系や土地の自然循環は競合的ですが非排除的で，誰かの占有にさらされがちな「コモン」（自然資本）です。

・心打つ民謡やまちの記憶，「くさや」の干物といった文化は自生したもので非競合的ですが，馴染まない人には文化的障壁により排除性があり，「シェア」（文化資本）されます。

・人工的に生み出されるコモンプール財には，コモンとしての自然資本と「意図」と「自生」で対立し，クラブ財とシェアされる文化も政策次第で対立します。景観や街並みにかんする記憶は，住民の人格を核心において支える共有資本であり，再開発された街並みは容易には再生しません。ともに「コモンズの悲劇」です。

・J. A. シュンペーターは企業が利潤を上げるのはイノベーションによるとしましたが，文化資本としての技能に対する代替品の開発が少なくない部分を占めました。これは「シェアの悲劇」と呼べます。

・新機軸は，近年は多くが「無形資産」です。生産技術についての無形資産である知識は，従来はある企業において教育投資により人的資本に蓄積されたと考えられてきました。

・共有資本には近年に創出された無形資本と共通点を持ちます。そのも

とで刷新し継承することで，GDP には表れない記憶や幸福が享受されると期待されます。

参考文献

　ホルヘ・アルマザン＋Studiolab（2022）『東京の創発的アーバニズム』学芸出版社は，最新の東京論であり，雑居ビルや横丁のような一見したところ雑然とした地域にこそ安い賃貸料で創発的な店舗が出来るという斬新な都市論です。「ルールの下の自由」を唱えたハイエクの社会秩序論（『法と立法と自由』ⅠⅡⅢ，春秋社ハイエク全集1‐8，9，10）に通じ，都市景観の秩序が同一性を維持しつつ変容を遂げる様を活写しています。

索引

●配列は五十音順。欧文は ABC 順。

●欧　文
flow　37
GDE　183
GDI　184
MMT　261
stock　37

●あ　行
赤字国債　255
粗　184
安定条件　191
一般均衡分析　136
一般政府　225
イデオロギー　17
意図　315
入会　44
入会権　44
因果関係　10
裏書き譲渡　103
エコロジー経済学　36
遠隔地商業　54
大きな社会　12
オークショナー　134

●か　行
会計　71
解釈図式　16
外生的貨幣供給説　204
開発経済学　273
開発主義　278
外部経済　319
外部性　32
外部不経済　319
価格メカニズム　79

格差　305
確実　79
囲い込み　58
貸付資金説　187
寡占　171
可塑性　270
株式会社　70, 157
貨幣経済　189
貨幣乗数理論　205
貨幣数量説　204
貨幣鋳造益　55
可変費用　118
為替　55
為替相場の安定　199
為替手形　58
慣行農業　162
完全情報　32
機会費用　128
危機　180
企業家　246
技術進歩　299
技術的限界代替率　143
基数的効用　96
基礎消費　253
記帳　51
キッチン・サイクル　251
機能的財政　262
規模の経済　166
逆選択　236
キャピタルゲイン　72
教育投資　301
競合性　165, 314
共助　230
共有　58

共有資本　38
銀行信用　104
銀行の金融仲介機能　104
金本位制　268, 280
金融危機　215
金融恐慌　23
金融資本　40, 42
金融収支　284
金融政策　105
金利操作　199
クラブ財　314
景気動向指数　251
景気の安定　199
景気の安定化　223
経済成長　293
経済的規制　327
計算単位　53
経常収支　284
決済　52, 73
限界効用　96
限界効用の逓減　97
限界消費性向　252
限界生産力　50
限界生産力の逓減　51, 63
限界代替率　141
限界代替率の一致　142
限界代替率の逓減　98, 101
限界費用　120
限界費用価格形成原理　167
減価償却　157
研究開発費　300
現金通貨　199
衒示的消費　319
建設国債　227
建設循環　251
現代貨幣理論　261

公開市場操作　199
交換手段　177
好況　249, 265
公教育　94
公共財　165, 314
後屈型労働供給曲線　129
公助　230
工場　91
厚生経済学の基本定理　143
公的医療保険　237
公的企業　226
公的福祉　230
公的扶助　230, 231
行動経済学　13
後発国の優位性　276
合本会社　156
公有　59
効用　96
コースの定理　320
国際収支　284
国際収支表　284
国内　184
国内総支出　183
国内総所得　184
国内総生産　182
国民　184
穀物　35
「個人間の効用比較」の不可能性　141
固定資本　156
固定資本減耗　184
固定費用　118
コブ=ダグラス型　299
コモン　317
コモンズの悲劇　321
コモンプール財　315
コンテスタブル市場　167

コンドラチェフ・サイクル　251

●さ　行
債権　51
最後の貸し手機能　199
財政危機　215
差異法　11
債務　51
財務内容のディスクロージャー　159
差額地代説　65
産業革命　88
産業組織論　144
サンクコスト　126, 167, 330
三面等価　184
シェア　317
シェアの悲劇　324
時間　33
資源配分の調整　223
自己資本比率規制　216
自助　230
市場需要曲線　124
市場の失敗の修正　223
自生　315
自生的　39
自生的秩序　148
自然　33
自然科学　10
自然資本　39
自然資本の悲劇　321
自然成長率　296
自然独占　166
失業保険　237
実験　10
実験経済学　13
私的財　165, 314
シナジー　330

ジニ係数　305
資本　35
資本移転等収支　284
資本家　72
資本充実の原則　159
資本調達勘定　184
社会　33
社会経済　31
社会資本整備　228
社会的規制　44, 327
社会福祉　230
社会保険　237
私有　58
重商主義　77
ジュグラー・サイクル　251
需要の価格弾力性　170
純　184
循環　246
準公共財　165, 314
順序　98
純粋公共財　314
準備率　201
正金配分の自動調節機構　281
条件の不平等　145
消費可能領域　270
消費関数　252
消費社会化　96
消費税　227
商品貨幣説　19
序数　98
所得効果　129
所得支出勘定　184
所得税　226
所得の再分配　223
所有と経営の分離　72, 158
自律分散型　147

新機軸　247
新古典派の成長理論　296
新自由主義　169, 233
人的資本　301
信認　33, 178, 196
人文学　10
信用　52
信用創造　104
信用リスク　53
推測的歴史　17
スケーラビリティ　330
ストック　37
スピルオーバー　330
静学　246
生活保護法　230
政策的経費　261, 266
清算　73
生産可能領域　269
生産関数　119
政治経済学　93
正常利潤　126
生存費　63
静態　246
成長会計　300
セーフティネット　217
世界システム論　273
設計主義　148
絶対優位説　268
全要素生産性　299
操業停止点　120
総効用　96
創造的破壊　247
相対価格　137, 150
創発的　319
贈与　34
即時グロス決済方式　203

租税　226
ソブリンマネー　55
損益分岐点　120
存在条件　191

●た　行
大航海時代　70
代替効果　102, 129
代替財　102, 163
ダンピング　170
小さな社会　12
地代　63
地方政府　225
中央銀行　105
中央政府　225
長期平均費用の逓減　278
貯蓄　184
通貨危機　215
積立方式　240
帝国主義　273
投機　160, 250, 266
投資の調整費用　168
堂島米市場　81
動態論　247
時と所による相違　148
独占禁止法　144
独占的競争　171
特例国債　255
特化　268
取引費用　19

●な　行
内生的経済成長論　301
ナイフ・エッジ　296
ナショナル・ミニマム　228
日銀当座預金　200

人間関係資本　39
年金　239

●は　行

排除性　165, 314
ハイパワードマネー　201
パレート最適　141
ハロッドの成長理論　295
反トラスト法　144
ピール条例　105
比較優位説　268
比較優位の理論　89
東インド会社　70
引受　75, 103
平均費用価格形成原理　167
美人投票　160
不確実　79
不確実性　179
賦課方式　240
複式簿記　71
福祉6法　231
複占　171
不胎化政策　281
物価水準の安定　199
物々交換　18
プライマリー・バランス　261, 266
振替決済システム　76
プルーデンス政策　215
ブレトン・ウッズ体制　281
フロー　37
文化　33
文化資本　40
分業　18
分散投資　158
ペイオフ　217
平時　180

変動相場制　282
ペンローズ効果　307
貿易収支　284
法人税　226
法定準備率操作　199
法の下の自由　148
包絡線　124
他の条件が同じなら　134
補完財　102
ポスト・ケインジアン　308

●ま　行

マーク・アップ　309
マクロ経済調整スライド　242
マネーストック　201
マネタリーベース　201
マルサスの罠　63
未納問題　242
無形資産　329
無形資産の台頭　329
無差別曲線　99
モデル　13
モラルハザード　236

●や　行

有機経済　56
有限責任　72
有効需要　190
輸入代替　89
要求払い　104
要求払い預金　199, 201
幼稚産業の保護　90
預金必須説　209
預金振替　103
欲望の二重一致の困難　19
余剰　35, 115

予測 10

●ら 行
リアル・ビジネス・サイクル 251
利潤 179
リスク 179
流通 161
流動性 75, 178, 196
流動性選好説 192

流動性の罠 193
レギュラシオン派 308
レント 127
労働移動支援 271
ローレンツ曲線 306

●わ 行
ワルラスの安定条件 135
ワルラスの調整過程 134

著者紹介

松原隆一郎（まつばら・りゅういちろう）

1956年　神戸市生まれ。
東京大学工学部都市工学科卒，同大学院経済学研究科博士課程単位取得退学。
東京大学大学院総合文化研究科教授を経て現在は放送大学教授。
無電柱化推進のあり方検討委員会委員，東京都広告物審議会委員，杉並区芸術会館運営評価委員会座長を務める。

専　攻　社会経済学，経済思想
主な著書　『経済政策』（放送大学教育振興会），『経済思想入門』（ちくま学芸文庫），『ケインズとハイエク』（講談社新書），『日本経済論』（NHK新書），『頼介伝』（苦楽堂），共著に『無電柱革命』（PHP新書），『書庫を建てる』（新潮社）等がある。

放送大学教材　1730207-1-2511（ラジオ）

社会経済の基礎

発　行　　2025 年 3 月 20 日　第 1 刷

著　者　　松原隆一郎

発行所　　一般財団法人　放送大学教育振興会

　　　　　〒 105-0001　東京都港区虎ノ門 1-14-1　郵政福祉琴平ビル

　　　　　電話　03（3502）2750

市販用は放送大学教材と同じ内容です。定価はカバーに表示してあります。

落丁本・乱丁本はお取り替えいたします。

Printed in Japan　ISBN978-4-595-32519-9　C1333